Perfect Solutions for the Intermediate Level TOEFLers

iBT
M+ *plus*
TOEFL
READING

LinguaForum Research Center
In Young Joo, Eun Sun Park, Soo Bin Cho, Seung Hyun Lee

LinguaForum

TOEFL READING

지은이	링구아포럼 연구소
수석연구원	주인영
책임연구원	박은선
선임연구원	조수빈
연구원	이승현
집필	Craig Smith, Esther Nam, 이주영, 최혜선, 이신혜, 장소윤
감수	James Kapper, Jayme J. Brown, 마도경, 정회진
편집인	김경문
발행인	이길호
발행처	LinguaForum

교재문의 02)3480-6613   대표전화 02)590-6900   ISBN 978-89-286-3457-6 [13740]   가격 17,000원

Copyright © 2016 by LinguaForum
No unauthorized photocopying.
All rights reserved. No part of this book may be reproduced or transmitted in any form or by any means, electronic or mechanical, including photocopying, recording, or any other information storage and retrieval system without the written permission of the publisher.

이 책은 링구아포럼이 독창적으로 개발하였습니다. 이 책의 내용 일부 혹은 전체 내용을 어떠한 방법으로도 무단 복사, 복제, 전재하는 것이 저작권법에 의해 금지되어 있습니다.

Printed in the Republic of Korea

PREFACE

전 세계적으로 가장 많이 채택되고 있는 영어능력시험인 TOEFL은 1964년 처음 시행된 이래 계속적으로 진화해왔다. TOEFL은 비영어권 국가의 학생들이 영어권 국가의 대학에서 학업을 이수할 수 있는지에 대한 영어 능력을 알아보기 위해 개발된 시험이므로 단순히 일상생활에서 사용하는 영어 수준과는 확연히 다른 고급 학술적 내용들을 다룬다. 읽기와 듣기 영역으로는 비영어권 국가 학생들의 영어 실력을 정확히 파악하기 어렵다는 점에서 점차 쓰기와 말하기를 추가하게 되었고, 오늘날에 이르러서는 다양한 영어권의 억양을 추가하고 대학 수업에 접하게 되는 다양한 형식의 학술 논문, 교과서 지문 등을 활용하여 전 영역에 걸친 영어 능력을 측정하게 되었다.

M⁺ TOEFL은 이렇듯 점점 더 까다롭고 정확하게 영어 실력을 측정하고자 하는 ETS의 의도를 명확히 이해하고, ETS가 제공하는 TOEFL Research 자료들을 분석하여 기존의 교재들이 제공하지 못하는 부분까지 보완함으로써 탄탄한 TOEFL 중급 레벨을 다질 수 있도록 제작되었다. 특히 M⁺ TOEFL Reading은 Exposition, Argumentation, Historical/Biographical Narrative에 이르기까지 다양한 형태의 Academic Text를 수험자들이 필수적으로 알아야 하는 130여 개의 다양한 Academic Topic으로 제공하는 전략과 전략 연습을 통해 효율적으로 시험에 대비할 수 있도록 설계하였다.

그간 막연히 공부했으나 TOEFL 고급 단계로 나아가지 못하고 힘들어하던 모든 중급자 TOEFL 수험자들에게 이 교재가 돌파구를 열어주기를 기대한다.

LinguaForum 연구소

Table of **CONTENTS**

M+ TOEFL Reading Structure ······ 06

iBT TOEFL ······ 08

iBT TOEFL Reading ······ 09

Diagnostic Test ······ 10

PART 1 Basic Comprehension Types

Chapter 01 Vocabulary ······ 34

Chapter 02 Factual Information ······ 44

Chapter 03 Negative Fact ······ 54

Chapter 04 Reference ······ 64

Chapter 05 Sentence Simplification ······ 74

M+ TOEFL READING

PART 2 Inferencing Item Types

Chapter 06 Inference 86

Chapter 07 Rhetorical Purpose 96

Chapter 08 Text Insertion 106

PART 3 Reading to Learn Item Types

Chapter 09 Prose Summary 118

Chapter 10 Schematic Table Chart 134

Actual Test 1 150

Actual Test 2 168

ANSWER KEYS .... 별책

M⁺ TOEFL Reading Structure

❶ DIAGNOSTIC TEST

실제 시험의 구성 및 난이도로 제작된 Diagnostic test를 통하여 학습자가 자신의 실력을 스스로 점검할 수 있도록 하였으며, 이 결과에 따라 수준에 맞는 학습을 진행할 수 있도록 하였다.

❷ OVERVIEW

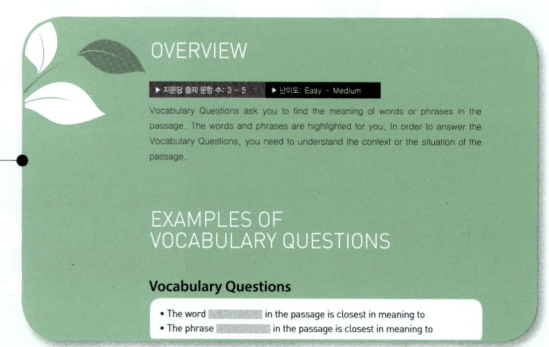

각 문제 유형에 따른 기본 개념과 접근 방법을 알아보고, 예제를 통해 실제 TOEFL iBT 문제를 경험한다.

❸ STRATEGY APPLICATION

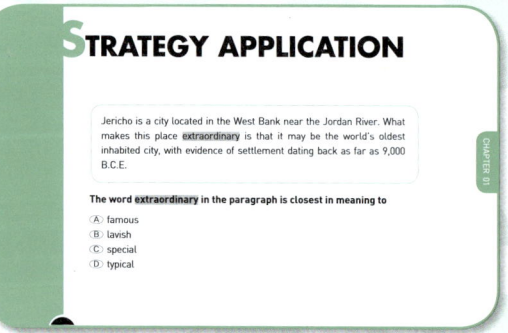

예시 문제를 통해 구체적이며 단계적인 문제 풀이 전략을 활용해보고 연습한다.

❹ BUILDING SKILLS

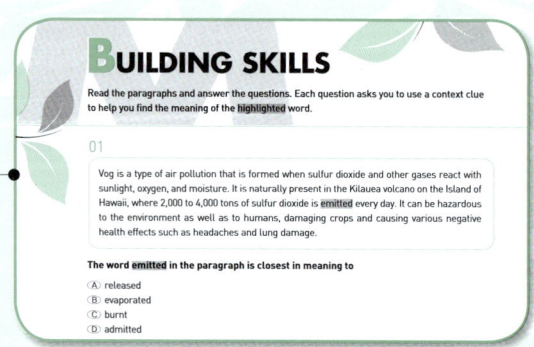

각 문제 유형에 필요한 기초 스킬을 익히고, 간단한 연습문제를 통해 이를 점검한다.

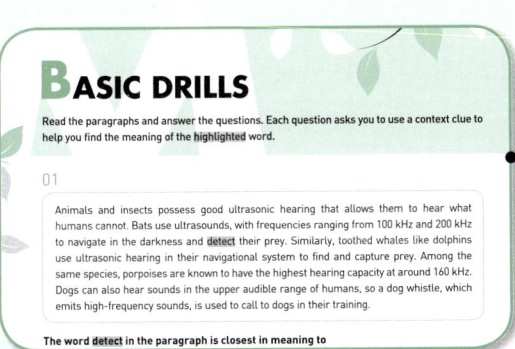

❺ BASIC DRILLS

해당 문제 유형에 맞춘 짧은 독해문을 통해 앞서 배운 기초 스킬을 반복한다.

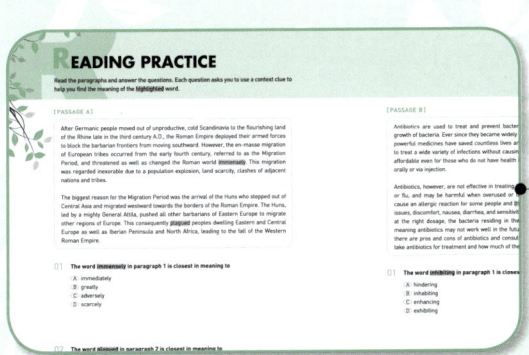

❻ READING PRACTICE

실제 TOEFL iBT에서 제시되는 다양한 주제의 독해 지문들을 통해 본격적으로 독해 연습을 해본다.

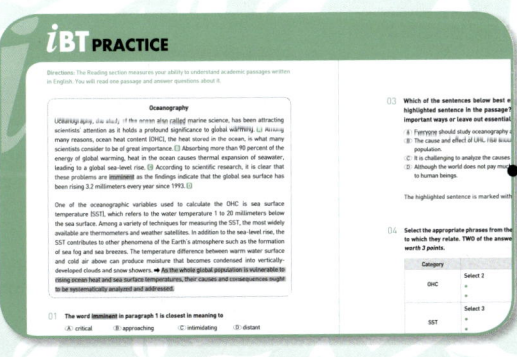

❼ iBT PRACTICE

실제 토플 시험과 같은 긴 지문을 읽고 문제를 풀며, 각 장에서 연습한 실력을 최종적으로 점검한다.

❽ ACTUAL TEST

2회분의 Actual Test를 통해 실전에서의 자신의 예상 점수를 가늠해 보고 실전 적응력을 높인다.

M+ TOEFL READING STRUCTURE   07

TOEFL iBT

TOEFL iBT® 시험은 대학 수준의 영어를 사용하고 이해할 수 있는 능력을 측정합니다. 그리고 학술적 주제의 과제를 수행하는 데 듣기, 읽기, 말하기 및 쓰기 실력을 얼마나 잘 결합하는지를 평가합니다.

한국 내 응시

- **응시료** $185 (USD)
- **지불 형식**   신용/직불카드 – American Express®, Discover®, JCB®, MasterCard® 또는 VISA®
  전자 수표(e-수표) 또는 PayPal® 계정
- **등록**   www.ets.org/toefl에서 온라인 계정 등록
- **유효 신분증**   여권 (유효기간, 서명 확인 필수), 주민등록증
- **소요시간**   총 4시간 30분 소요

시험 영역

영역	제한 시간	질문	과제
Reading*	60-80분	36-56개 문제	3-4개의 대학 교재의 글을 읽고 질문에 답하기
Listening	60-90분	34-51개 문제	강의, 교실 토론 및 대화를 듣고 질문에 답하기
휴식	10분	—	—
Speaking	20분	6개 과제	익숙한 주제에 대한 의견을 표현하기, 읽기와 듣기 과제를 바탕으로 말하기
Writing	50분	2개 과제	읽기 및 듣기 과제를 바탕으로 답안 에세이 쓰기, 의견을 글로 뒷받침하기

TOEFL iBT Reading

Reading 구성 총 3~4개 지문, 각 지문당 12~14문제 출제

화면 구성

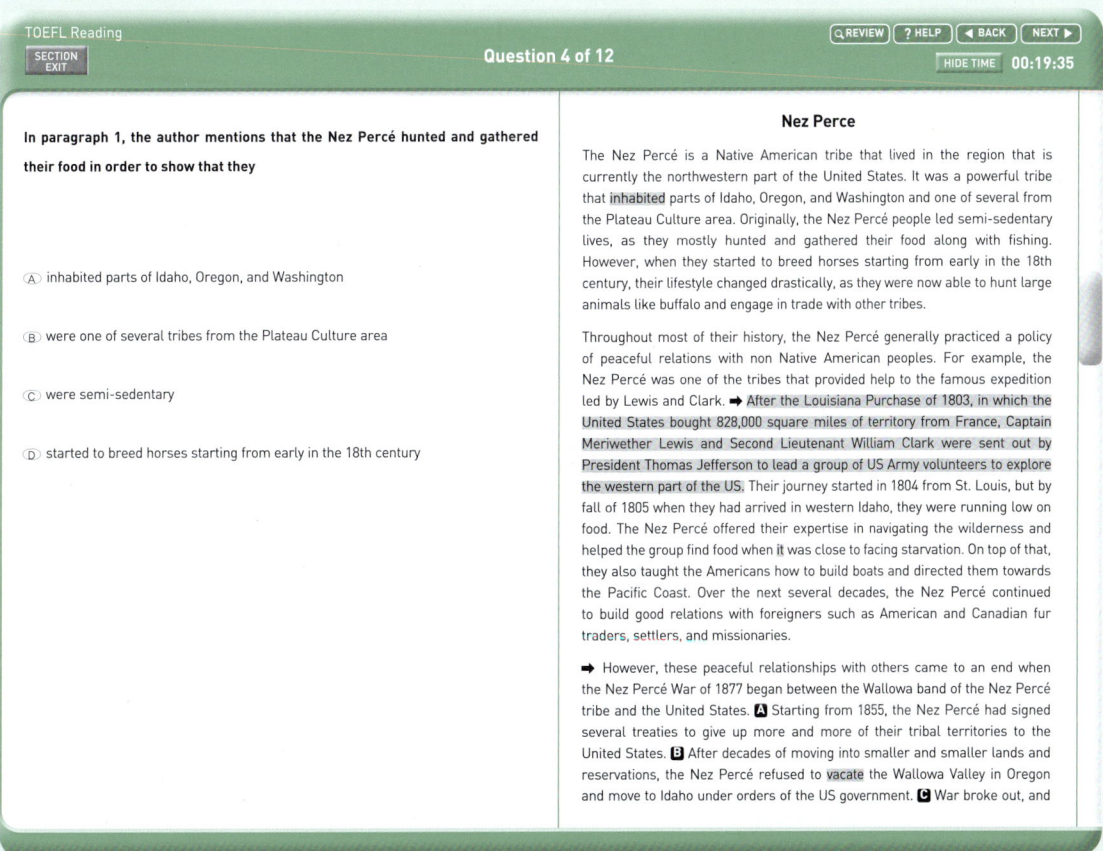

문제 유형 총 10가지 유형 문제 출제

- **Basic Comprehension** Vocabulary (3~5), Factual Information (3~6), Negative Fact (0~2), Reference (0~2), Sentence Simplification (0~1)
- **Inferencing Items** Inference (1~3), Rhetorical Purpose (1~2), Text Insertion (1)
- **Reading to Learn Items** Prose Summary (0~1), Schematic Table Chart (0~1)

M+plus
TOEFL READING

DIAGNOSTIC TEST

The Reading section measures your ability to understand academic passages written in English. You will read **3 passages** and there are **12 to 14 questions** per passage. Most questions are worth 1 point each, but the last question for each passage is worth more than 1 point. The points for the last question will be indicated in the directions. In the actual *TOEFL iBT®* test, you would have **60 minutes** to read the passages and answer all the questions. Test takers with disabilities can request a time extension. You can skip questions and go back to them later as long as there is time remaining. Now begin the Reading section.

PASSAGE 1

Animal Communication

Scientists have identified several distinct forms of communication animals use to either send or receive information in their environments. These methods of communication inherent to various animals are genetic adaptations to specific environments, providing animals with necessary tools for survival and perpetuation of their species.

Electro-communication, the ability to produce and receive electric signals, is a method of communication used by some aquatic species for courtship, and marking territorial boundaries, as well as a means of aggression and defense. Several species of fish are known for possessing an electric organ that gives them the ability to create electric fields and receive electric signals by the means of electro receptors located throughout their bodies. One of the most well-known examples is the electric eel, which is able to stun its predators and prey by generating electric shocks that may contain up to several hundred volts of electricity.

Another unique form of animal communication is referred to as thermal communication. Some species have the ability to sense infrared radiation which allows them to detect prey even in total darkness. Although this physiological adaptation is most commonly seen in serpents such as rattlesnakes, boas and pythons, other types of animals are also found to possess this ability including several species of beetles, vampire bats and bed bugs. In the case of snakes, heat-sensitive pit organs in their face can detect and respond to the slightest thermal fluctuation in the environment, allowing them to accurately measure the distance of the heat source. ➡ Some snakes are even known to detect potential prey at a distance of about one meter and use their facial pit organs for orienting and striking towards it.

➡ Seismic communication refers to the ability to detect vibrations emitted in a particular environment. Elephants demonstrate this ability through the strong rumbling sounds they produce, which are not only transmitted through the air, but also through the ground. **A** Other elephants are able to pick up these rumbling sounds in the ground and discern the location of elephants producing the vibrations. **B** Studies have also shown that elephants can respond to seismic vibrations created by their environment. **C** Elephants are able to follow seismic vibrations to an area of rainfall when they search for water. **D**

Echolocation is the ability of an animal to send out sound waves which hit objects and then bounce back as vibrations to the animal. Consequently, these allow animals to identify where objects are located in their surroundings. Bats, toothed-whales and dolphins have all shown the ability to use echolocation. In the case of dolphins, they produce high-frequency clicks to echolocate objects nearby. In addition to determining the shape and size of an object, this ability allows dolphins to determine the speed, distance, direction of travel and even some basic facts about the internal structure of objects in the water around them. This information is critical for dolphins to find food and navigate in dark or murky waters.

01
The word inherent in paragraph 1 is closest in meaning to

Ⓐ insolent
Ⓑ indigenous
Ⓒ inept
Ⓓ innate

02
Why have animals developed distinct means of communication?

Ⓐ As a means of establishing territorial boundaries
Ⓑ As a response to other species' genetic adaptations
Ⓒ As a response to the primary need of finding a habitat
Ⓓ As a means of ensuring the propagation of their species

03
The word them in paragraph 2 refers to

Ⓐ electric fields
Ⓑ species of fish
Ⓒ electric signals
Ⓓ territorial boundaries

04
Which of the following is NOT mentioned as a purpose of electro-communication?

Ⓐ To designate territorial limits
Ⓑ To identify the location of prey
Ⓒ To acquire a mate
Ⓓ To attack predators

05
The word fluctuation in paragraph 3 is closest in meaning to

Ⓐ florescent
Ⓑ surroundings
Ⓒ disclosure
Ⓓ variation

06
How do snakes use thermal communication to locate prey?

Ⓐ Facial organs allow them to detect a prey's scent.
Ⓑ Facial organs sense changes in temperature of surrounding environments.
Ⓒ Facial organs sense vibrations given off by their prey.
Ⓓ Facial organs produce heat to locate prey.

07
Which of the following can be inferred from paragraph 3 about the ability to use thermal communication?

Ⓐ It is an ability restricted to reptile species.
Ⓑ Animals can detect prey even if blind.
Ⓒ Facial pit organs are necessary for reptiles to detect heat.
Ⓓ The possible distance to locate prey is up to one meter.

08

Which of the sentences below best expresses the essential information in the highlighted sentence in the passage? Incorrect choices change the meaning in important ways or leave out essential information.

- Ⓐ Certain snakes are able to sense their prey roughly a meter away and use their facial organs to determine its location and attack it.
- Ⓑ Some snakes have the ability to sense the exact location of their prey, regardless of the distance, due to infrared radiation.
- Ⓒ Determining the location of their prey is a relatively easy job for some snakes even with prey up to one meter away from them.
- Ⓓ The use of the snake's facial pit organs is essential in determining the location of prey and successfully catching it.

The highlighted sentence is marked with an arrow (➡).

09

How do elephants use seismic communication to locate other elephants?

- Ⓐ By detecting seismic vibrations transmitted through the water
- Ⓑ By following rainfall patterns in their environment
- Ⓒ By emitting loud rumbling cries audible to other elephants
- Ⓓ By reading rumbling sounds sent through the ground

10

Why does the author mention an area of rainfall in paragraph 4?

- Ⓐ To illustrate different methods of detecting the source of rain
- Ⓑ To show how elephants use seismic vibrations from the environment for survival
- Ⓒ To emphasize the importance of rain in the elephant's survival
- Ⓓ To explain the reason why the elephants inhabit near the water source

11
The word these in paragraph 5 refers to

Ⓐ animals
Ⓑ sound waves
Ⓒ vibrations
Ⓓ objects

12
All of the following are mentioned as types of information acquired by echolocation EXCEPT

Ⓐ amount of heat emitted by an object
Ⓑ location of an object
Ⓒ shape and size of an object
Ⓓ internal components of an object

13
Look at the four squares [■] that indicate where the following sentence could be added to paragraph 4.

> For example, some African elephants are able to sense underground vibrations generated by thunder during distant thunderstorms.

Where would the sentence best fit?

Ⓐ A
Ⓑ B
Ⓒ C
Ⓓ D

Paragraph 4 is marked with an arrow (➡).

14

Directions: An introductory sentence for a brief summary of the passage is provided below. Complete the summary by selecting the THREE answer choices that express the most important ideas in the passage. Some sentences do not belong in the summary because they express ideas that are not presented in the passage or are minor ideas in the passage.

This question is worth 2 points.

Several animal species have developed unique forms of communication.

-
-
-

Answer Choices

Ⓐ Different species of animals use different methods of communication.
Ⓑ The primary purpose of animal communication is attack and defense.
Ⓒ One application of animal communication is detecting prey's location.
Ⓓ Methods of animal communication is vital for their survival.
Ⓔ Animal's means of communication is determined by their environment.
Ⓕ The use of communication among animals is continually evolving.

PASSAGE 2

The Origin of Language

➡ **A** Several theories have been proposed to explain why human language has evolved into the complex mechanism as it is today. **B** Although linguistic experts do not have sufficient evidence to pinpoint the exact date language came into existence, current research suggests that language first evolved around 350,000 to 150,000 years ago. **C** Some of the earliest theories put forth include humans' mimicking animal noises, which later developed into words. **D** Another theory is that nonverbal emotional vocalizations, such as gasping in surprise or screaming out in pain, gradually evolved into more specific forms of communication. In the past century, however, the debate among linguistic scientists is comprised of two main theories to explain the origin of language, namely the Continuity Theory and the Discontinuity Theory.

The Continuity Theory of language evolution argues that language must have developed over time, beginning with humans' earliest ancestors, with various aspects of language developing at different stages until it resembled present speech. Supporters of this theory have made a correlation of humans' ability for abstract and complex thought and expression to Darwin's theory of evolution. This builds on the idea that language exhibits so much complexity that one cannot imagine it simply appearing from nothing. The most significant argument asserted by continuity theorists is that human language evolved from an innate ability within us and that without this innate linguistic device, we would never have developed the capacity to speak.

To prove their belief that language developed from our primate ancestor's innate ability for language, the proponents of the Continuity Theory point out experiments in which various kinds of non-spoken languages were taught over extended periods of time to primates. In accordance with the researchers' claim that even though the primates do not speak in the wild, they have a mind inherently capable of learning language, primates were able to learn how to communicate different kinds of situations, primarily with the researchers, but also with fellow primates and their offspring by means of sign language. Furthermore, although no primates have been able to learn any spoken language, they have demonstrated a degree of language capacity by using arbitrary symbols to denote physical objects.

On the other hand, the Discontinuity Theory suggests that language must have appeared suddenly within humankind's history. Supporters of this theory postulate this may have come about due to a genetic mutation in humans, which was subsequently passed on through their ancestors, eventually turning into an inherent ability.

➡ In order to support this theory, several linguists conducted research which revealed that the gene essential to the development of language and speech is significantly different in humans compared to other primates. They assert that the amino-acid composition of the gene changed rapidly at roughly the same time humans began to develop the ability to speak. They also discovered and claim that this gene functions and looks different in humans and primates, meaning that the human brain is wired for language use, while the primate's brain is not. Despite their strong claims about a genetic mutation creating the capacity for speech in humans, the specific event, if any, that could have caused such a genetic mutation is still not known.

15

The word it in paragraph 1 refers to

Ⓐ evidence
Ⓑ theory
Ⓒ human language
Ⓓ complex mechanism

16

The word mimicking in paragraph 1 is closest in meaning to

Ⓐ emitting
Ⓑ imitating
Ⓒ repeating
Ⓓ chanting

17

Why does the author mention nonverbal emotional vocalizations in paragraph 1?

Ⓐ To show one of the arguments regarding the origin of human language
Ⓑ To differentiate the use of communication between humans and animals
Ⓒ To compare the evolution of communication between humans and animals
Ⓓ To elucidate the first incident of nonverbal human vocalization in history

18

What do supporters of the Continuity Theory believe about language evolution?

Ⓐ Not all humans have the ability to acquire linguistic skills.
Ⓑ Language use in human suddenly appeared at a certain stage of evolution.
Ⓒ Humans have developed their specific language ability over a short time.
Ⓓ Humans possess an inborn ability to use language.

19

Why does the author mention sign language in paragraph 3?

Ⓐ To highlight the importance of non-spoken language among primates
Ⓑ To assert humans' various communicative tools
Ⓒ To demonstrate that primates also have a linguistic device
Ⓓ To illustrate the complexity of the primates' ability to communicate

20

The word arbitrary in paragraph 3 is closest in meaning to

Ⓐ dignified
Ⓑ explicit
Ⓒ random
Ⓓ crude

21

The word which in paragraph 4 refers to

Ⓐ the Discontinuity Theory
Ⓑ humankind's history
Ⓒ inherent ability
Ⓓ genetic mutation

22

What do supporters of the Discontinuity Theory believe about human's acquisition of language?

Ⓐ It is a result of a genetic mutation in humans.
Ⓑ It is a result of a recessive gene in humans.
Ⓒ It is a result of a learned behavior in humans.
Ⓓ It is a result of a ceaseless effort in humans.

23

The passage supports all of the following statements about the Discontinuity Theory EXCEPT

Ⓐ only the human brain is wired for language use, not the primate brain.
Ⓑ the ability to use language is an inheritable ability.
Ⓒ a sudden mutation occurred as a result of environmental adaptation.
Ⓓ language appeared suddenly in the evolution of human.

24

Which of the sentences below best expresses the essential information in the highlighted sentence in the passage? Incorrect choices change the meaning in important ways or leave out essential information.

Ⓐ Supporters of the theory carried out significant research about the nature of the human language gene.
Ⓑ The gene necessary for language in humans has been shown by supporters of the theory to be different from primates'.
Ⓒ Researchers still argue over whether the genetic make up for the language is different between humans and primates.
Ⓓ Researchers are still not ready to prove why the language gene in humans is different from primates.

The highlighted sentence is marked with an arrow (➡).

25

Which of the following can be inferred from paragraph 5 about the Discontinuity Theory?

Ⓐ The existence of amino acid guarantees language use in a species.
Ⓑ Supporters of the theory are unconcerned about the cause of the genetic mutation.
Ⓒ The evolutions of humans and primates are not correlated.
Ⓓ Humans are genetically predisposed to language while primates are not.

26

Look at the four squares [■] that indicate where the following sentence could be added to paragraph 1.

> This is roughly the same time when modern Homo sapiens appeared.

Where would the sentence best fit?

Ⓐ A
Ⓑ B
Ⓒ C
Ⓓ D

Paragraph 1 is marked with an arrow (➡).

27

Directions: **Select the appropriate phrases from the answer choices and match them to the type of theory to which they relate. TWO of the answer choices will NOT be used.**

This question is worth 3 points.

> Drag your answer choices to the spaces where they belong. This question type fills the computer screen. To review the passage, click on **View Text**.

Category	Statements
Continuity Theory	Select 3 • • •
Discontinuity Theory	Select 2 • •

Answer Choices

Ⓐ Language developed at different stages over a period of time.
Ⓑ Primates are able to use complex language as humans do.
Ⓒ Primates have been shown to demonstrate inherent language abilities.
Ⓓ Language appeared suddenly in the course of human history.
Ⓔ The ability for language can be taught in a lab.
Ⓕ Language evolved from an innate human ability.
Ⓖ Language was caused by a genetic mutation.

PASSAGE 2

The Code of Hammurabi

One of the first known records of a penal code was established by Hammurabi more than 3,000 years ago. Hammurabi, who reigned from 1792 to 1750 B.C., expanded the city-state of Babylon along the Euphrates River to unite all of Mesopotamia, an area in what is now modern-day Iraq. Hammurabi is best known for the creation of a new code of Babylonian law, referred to as the Code of Hammurabi. This code is a series of 282 laws and standards which instituted rules for a variety of social issues, as well as laying down fines and punishments for infractions of the code.

As one of the earliest surviving codes of law ever recorded in history, it was inscribed on a stele, which was a massive, black, finger-shaped, stone pillar. These were erected as a monument, usually for funerary or commemorative purposes. At the top of the stele there is a carving that depicts Hammurabi receiving the laws from the Babylonian gods. It proclaims that the gods chose Hammurabi to bring the laws to his people, in much the same way Moses was instructed in the Bible to bring the Ten Commandments to his people. During Hammurabi's reign, the code was installed in a public place, although researchers assert the fact that very few people would have actually been literate at that time.

➡ The laws established by Hammurabi cover a wide array of social spheres, ranging from administrative law to family law. Laws were also prevalent in the making of contracts, payments, liability, property, employment-related issues and military service. **A** Hammurabi made sure that each offense described in the code had a very specific accompanying punishment. **B** The punishments, which were beatings, fines, exile and execution, tended to be extremely harsh compared to modern judiciary standards and often resulted in death and physical disfigurement. **C** The punishments often followed the philosophy of "an eye for an eye, a tooth for a tooth." **D** ➡ These rather barbaric practices were meant to instill fear inside the Babylonian people so they would not ever consider breaking the law.

Different standards of justice, however, were set forth for each of the three classes of Babylonian society: those with property, freedmen and slaves. For instance, if a doctor killed a rich patient his hand would be cut off, but if he killed a slave, he was only required to pay a sum of money as a fine.

The legacy of Hammurabi's code still has very significant implications today. He is regarded as the man who created the earliest legal code which sought humanitarian application of law and due to this reputation as one of the pioneering lawgivers, Hammurabi's depiction can even be found in several U.S. government buildings, most notably the U.S. Supreme Court building as Hammurabi is featured on the marble bas relief of historic lawgivers on the south wall of the courtroom.

28

The word expanded in paragraph 1 is closest in meaning to

Ⓐ enlarged
Ⓑ curtailed
Ⓒ straightened
Ⓓ modified

29

The word it in paragraph 2 refers to

Ⓐ stele
Ⓑ code of law
Ⓒ punishment
Ⓓ history

30

The word depicts in paragraph 2 is closest in meaning to

Ⓐ carves
Ⓑ installs
Ⓒ shows
Ⓓ deprecates

31
According to the passage, who chose Hammurabi to give the laws to the Babylonians?

Ⓐ Moses
Ⓑ Mesopotamians
Ⓒ The public
Ⓓ Babylonian gods

32
Why does the author mention the Bible in paragraph 2?

Ⓐ To show similarity in creation between the Code of Hammurabi and the Ten Commandments
Ⓑ To give more weight to the importance of the Code of Hammurabi in comparison to the Bible
Ⓒ To underline the god's role in both the cases of Hammurabi and Moses
Ⓓ To contrast two different historical figures' achievements

33
Which of the following can be inferred from paragraph 2 about the code?

Ⓐ It was disclosed to the public on a special occasion.
Ⓑ It could be read by few people.
Ⓒ It was installed in most public places.
Ⓓ It stated Hammurabi was a god.

34
The word prevalent in paragraph 3 is closest in meaning to

Ⓐ critical
Ⓑ universal
Ⓒ ineffective
Ⓓ useful

35

Which of the following is NOT mentioned as a punishment in Hammurabi's code?

Ⓐ Exile
Ⓑ Execution
Ⓒ Fine
Ⓓ Imprisonment

36

Which of the sentences below best expresses the essential information in the highlighted sentence in the passage? Incorrect choices change the meaning in important ways or leave out essential information.

Ⓐ It is still believed that the barbaric codes are the reasons for low crime rates in Babylon.
Ⓑ The purpose of the harsh punishments was to prevent Babylonians from committing a crime.
Ⓒ The fear of cruel punishment effectively lowered the crime rates among the Babylonians.
Ⓓ Because of the harsh punishments, no Babylonians were willing to plot against Hammurabi.

The highlighted sentence is marked with an arrow (➡).

37

The word he in paragraph 4 refers to

Ⓐ patient
Ⓑ slave
Ⓒ freedman
Ⓓ doctor

38

The following are mentioned as classes in Babylonian society EXCEPT

Ⓐ slaves
Ⓑ property owners
Ⓒ women
Ⓓ freedmen

39

Which of the following can be inferred from paragraph 5 about Hammurabi?

Ⓐ His code is still in use today.
Ⓑ Hammurabi is still honored today.
Ⓒ Hammurabi failed to make his city, Babylon, prosper.
Ⓓ The judicial system in the U.S. reflects his code.

40

Look at the four squares [■] that indicate where the following sentence could be added to paragraph 3.

> An example of this philosophy is if a man harms another man, then he too should be harmed.

Where would the sentence best fit?

Ⓐ A
Ⓑ B
Ⓒ C
Ⓓ D

Paragraph 3 is marked with an arrow (➡).

DIAGNOSTIC TEST

41

Directions: An introductory sentence for a brief summary of the passage is provided below. Complete the summary by selecting the THREE answer choices that express the most important ideas in the passage. Some sentences do not belong in the summary because they express ideas that are not presented in the passage or are minor ideas in the passage.

This question is worth 2 points.

The first known record of a penal code is the Code of Hammurabi.

-
-
-

Ⓐ Hammurabi expanded his empire along the Euphrates River to Mesopotamia.
Ⓑ The depiction on the stele says the code was passed from the Babylonian gods to Hammurabi.
Ⓒ The punishments of the Code of Hammurabi often included death and physical disfigurement.
Ⓓ The pillar of the Code of Hammurabi was erected as a monument.
Ⓔ The Code of Hammurabi is very cruel and specific to crime.
Ⓕ Hammurabi's achievement of creating the first legal code is still highly regarded.

DIAGNOSTIC TEST ANSWERS

[PASSAGE 1]
01 Ⓓ   02 Ⓓ   03 Ⓑ   04 Ⓑ   05 Ⓓ   06 Ⓑ   07 Ⓑ   08 Ⓐ   09 Ⓓ   10 Ⓑ
11 Ⓒ   12 Ⓐ   13 Ⓒ   14 Ⓐ, Ⓓ, Ⓔ

[PASSAGE 2]
15 Ⓒ   16 Ⓑ   17 Ⓐ   18 Ⓓ   19 Ⓒ   20 Ⓒ   21 Ⓓ   22 Ⓐ   23 Ⓒ   24 Ⓑ
25 Ⓓ   26 Ⓒ   27 [Continuity Theory – Ⓐ, Ⓒ, Ⓕ], [Discontinuity Theory – Ⓓ, Ⓖ]

[PASSAGE 3]
28 Ⓐ   29 Ⓑ   30 Ⓒ   31 Ⓓ   32 Ⓐ   33 Ⓑ   34 Ⓑ   35 Ⓓ   36 Ⓑ   37 Ⓓ
38 Ⓒ   39 Ⓑ   40 Ⓓ   41 Ⓑ, Ⓔ, Ⓕ

DIAGNOSTIC TEST

SELF-ASSESSMENT

Find out which TOEFL book you should study based on the diagnostic test score.

My Score (Number of Correct Answers)	My Level	TOEFL Level	Target Score (Total 30)
26 ~	M⁺ TOEFL iBT Reading	Intermediate	18 ~ 23
21 ~ 25	M TOEFL iBT Reading		
16 ~ 20	b⁺ TOEFL iBT Reading	Pre-intermediate	11 ~ 17
11 ~ 15	b TOEFL iBT Reading		
~ 10	e TOEFL iBT Reading	Beginner	0 ~ 10

M⁺plus
TOEFL READING

PART 1

Basic Comprehension Types

Chapter 01 **Vocabulary**

Chapter 02 **Factual Information**

Chapter 03 **Negative Fact**

Chapter 04 **Reference**

Chapter 05 **Sentence Simplification**

CHAPTER 01 Vocabulary

OVERVIEW

▶ 지문당 출제 문항 수: 3 - 5   ▶ 난이도: Easy - Medium

Vocabulary Questions ask you to find the meaning of words or phrases in the passage. The words and phrases are highlighted for you. In order to answer the Vocabulary Questions, you need to understand the context or the situation of the passage.

EXAMPLES OF VOCABULARY QUESTIONS

Vocabulary Questions

- The word _____ in the passage is closest in meaning to
- The phrase _____ in the passage is closest in meaning to

STRATEGY APPLICATION

Jericho is a city located in the West Bank near the Jordan River. What makes this place extraordinary is that it may be the world's oldest inhabited city, with evidence of settlement dating back as far as 9,000 B.C.E.

The word extraordinary in the paragraph is closest in meaning to

Ⓐ famous
Ⓑ lavish
Ⓒ special
Ⓓ typical

Point 01 — Find the Meaning of the Sentence with a Target Word

"What makes this place extraordinary …"
⋯▸ "… it may be the world's oldest inhabited city …"

Point 02 — Find Clues from Supportive Sentences

"… with evidence of settlement dating back as far as 9,000 B.C.E."
⋯▸ the world's oldest inhabited city ⋯▸ not ordinary

Point 03 — Word Analysis- Roots, Prefix, Suffix

extra + ordinary ⋯▸ extra- (outside, beyond) + ordinary (normal, usual, typical)
⋯▸ very unusual, remarkable, unusually great, special

Point 04 — Conclusion – Eliminate Wrong Answers

extraordinary = not normal or ordinary
⋯▸ This word means greater or better than normal as being the oldest occupied city in the world. The most suitable answer is Ⓒ, which is a synonym for extraordinary.

정답 Ⓒ
어휘 ☐ **extraordinary** 특별한, 비상한, 보기 드문　☐ **famous** 유명한　☐ **lavish** 호화로운
　　☐ **special** 특별한, 독특한　☐ **typical** 전형적인

Building Skills

Read the paragraphs and answer the questions. Each question asks you to use a context clue to help you find the meaning of the highlighted word.

01

Vog is a type of air pollution that is formed when sulfur dioxide and other gases react with sunlight, oxygen, and moisture. It is naturally present in the Kilauea volcano on the Island of Hawaii, where 2,000 to 4,000 tons of sulfur dioxide is emitted every day. It can be hazardous to the environment as well as to humans, damaging crops and causing various negative health effects such as headaches and lung damage.

The word emitted in the paragraph is closest in meaning to

- Ⓐ released
- Ⓑ evaporated
- Ⓒ burnt
- Ⓓ admitted

02

People's tendency to be reluctant to help those who are in need or distress has raised a major question as to whether or not humans can be truly altruistic like a good Samaritan. Some claim that people tend to perform selfless acts such as helping or sharing when the ultimate reward is to benefit the self, or to serve the individual's personal gratification. However, socialists find that people's reluctancy comes from a helper's good intentions often being misunderstood, and then sued or punished for helping.

The word gratification in the paragraph is closest in meaning to

- Ⓐ gratitude
- Ⓑ suffering
- Ⓒ satisfaction
- Ⓓ emotion

03

Catacombs are underground passageways and cemeteries made by humans for religious practice. The most notable are the catacombs of Rome, where many religious figures such as martyrs, popes and Christians were buried in the middle of the second century. The official cemetery of the Church of Rome is called the Catacombs of St. Callixtus, named after the man who Pope Zephyrinus appointed as administrator in the third century.

The word notable in the paragraph is closest in meaning to

Ⓐ immense
Ⓑ renowned
Ⓒ noble
Ⓓ insignificant

04

The state of the number of people neither growing nor declining is referred to as Zero Population Growth (ZPG). This condition of demographic balance is created when the sum of births and immigrants together is equal to that of deaths and emigrants. ZPG is considered ideal for accomplishing long-term environmental sustainability of the planet; less human competition will eventually leave surroundings less damaged and therefore there will be more resources.

The word ideal in the paragraph is closest in meaning to

Ⓐ helpful
Ⓑ creative
Ⓒ challenging
Ⓓ optimal

Basic Drills

Read the paragraphs and answer the questions. Each question asks you to use a context clue to help you find the meaning of the highlighted word.

01

Animals and insects possess good ultrasonic hearing that allows them to hear what humans cannot. Bats use ultrasounds, with frequencies ranging from 100 kHz and 200 kHz to navigate in the darkness and detect their prey. Similarly, toothed whales like dolphins use ultrasonic hearing in their navigational system to find and capture prey. Among the same species, porpoises are known to have the highest hearing capacity at around 160 kHz. Dogs can also hear sounds in the upper audible range of humans, so a dog whistle, which emits high-frequency sounds, is used to call to dogs in their training.

The word detect in the paragraph is closest in meaning to

Ⓐ locate
Ⓑ test
Ⓒ attract
Ⓓ lighten

02

The time before significant European influence on the cultures of the America is known as the pre-Columbian era. While it is literally referred to as the period preceding Christopher Columbus's exploration in 1492, the term pre-Columbian in practice includes decades and even centuries after the discovery of the American continents, during which indigenous cultures continued to develop. Asian nomads are thought to be the first to enter the Americas, crossing the Bering Land Bridge via watercraft along the Northwest coast. The theory of multiple genetic populations of Asiatic migration is supported by evidence found in mitochondrial DNA of the indigenous peoples of the Americas.

The word indigenous in the paragraph is closest in meaning to

Ⓐ genuine
Ⓑ native
Ⓒ exotic
Ⓓ diverse

03

Aestheticism, or the aesthetic movement of the 19th century, placed a strong emphasis on aesthetic values in the production of furniture, metalwork, ceramics, stained glass, textiles, wallpapers, and books. With the cult of beauty regarded as the basic factor of art, the aim of this extraordinary artistic movement was to escape the ugliness and materialism of the Victorian era. The artists and writers of Aesthetic style believed that art did not need to convey moral or sentimental messages, but needed to be only beautiful and sensuously pleasurable. One of the most dominant characteristics of aestheticism was a great use of symbols, which later influenced other movements such as symbolism in France.

The word influenced in the paragraph is closest in meaning to

Ⓐ inspired
Ⓑ forced
Ⓒ involved
Ⓓ disturbed

04

A black hole is a spacetime where the law of physics is no longer valid. Due to strong gravitational forces, no such matter like light or particles can get away from a black hole when close to it; it draws everything near it like a vacuum. On the other hand, a white hole is the reversed spacetime of a black hole where matters and lights are expelled from it. It is a hypothetical region suggested as a solution of a black hole – as a way out from a black hole. However, a black hole is understood as a horizontal event that draws everything in and a white hole as a horizontal event that drives everything out, which suggests that a white hole can't be present in the existence of a black hole.

The word expelled in the paragraph is closest in meaning to

Ⓐ inserted
Ⓑ absorbed
Ⓒ ejected
Ⓓ exerted

READING PRACTICE

Read the paragraphs and answer the questions. Each question asks you to use a context clue to help you find the meaning of the highlighted word.

[PASSAGE A]

After Germanic people moved out of unproductive, cold Scandinavia to the flourishing land of the Rhine late in the third century A.D., the Roman Empire deployed their armed forces to block the barbarian frontiers from moving southward. However, the en-masse migration of European tribes occurred from the early fourth century, referred to as the Migration Period, and threatened as well as changed the Roman world immensely. This migration was regarded inexorable due to a population explosion, land scarcity, clashes of adjacent nations and tribes.

The biggest reason for the Migration Period was the arrival of the Huns who stepped out of Central Asia and migrated westward towards the borders of the Roman Empire. The Huns, led by a mighty General Attila, pushed all other barbarians of Eastern Europe to migrate other regions of Europe. This consequently plagued peoples dwelling Eastern and Central Europe as well as Iberian Peninsula and North Africa, leading to the fall of the Western Roman Empire.

01 The word immensely in paragraph 1 is closest in meaning to

   Ⓐ immediately
   Ⓑ greatly
   Ⓒ adversely
   Ⓓ scarcely

02 The word plagued in paragraph 2 is closest in meaning to

   Ⓐ infected
   Ⓑ affected
   Ⓒ argued
   Ⓓ tormented

[PASSAGE B]

Antibiotics are used to treat and prevent bacterial infection by killing or inhibiting the growth of bacteria. Ever since they became widely available in the mid-1940s, antibiotics as powerful medicines have saved countless lives around the world. Antibiotics can be used to treat a wide variety of infections without causing many side effects. They are also quite affordable even for those who do not have health insurance and easy to administer, either orally or via injection.

Antibiotics, however, are not effective in treating infections caused by viruses such as cold or flu, and may be harmful when overused or taken inappropriately. They can possibly cause an allergic reaction for some people and trigger other symptoms such as digestion issues, discomfort, nausea, diarrhea, and sensitivity to light. If antibiotics are not prescribed at the right dosage, the bacteria residing in the patient's body can build a resistance, meaning antibiotics may not work well in the future. Hence one should keep in mind that there are pros and cons of antibiotics and consult the doctor to decide whether or not to take antibiotics for treatment and how much of them to take.

01 The word inhibiting in paragraph 1 is closest in meaning to

Ⓐ hindering
Ⓑ inhabiting
Ⓒ enhancing
Ⓓ exhibiting

02 The word trigger in paragraph 2 is closest in meaning to

Ⓐ impede
Ⓑ discharge
Ⓒ induce
Ⓓ intrigue

iBT PRACTICE

Directions: The Reading section measures your ability to understand academic passages written in English. You will read one passage and answer questions about it.

Oceanography

Oceanography, the study of the ocean also called marine science, has been attracting scientists' attention as it holds a profound significance to global warming. **A** Among many reasons, ocean heat content (OHC), the heat stored in the ocean, is what many scientists consider to be of great importance. **B** Absorbing more than 90 percent of the energy of global warming, heat in the ocean causes thermal expansion of seawater, leading to a global sea-level rise. **C** According to scientific research, it is clear that these problems are imminent as the findings indicate that the global sea surface has been rising 3.2 millimeters every year since 1993. **D**

One of the oceanographic variables used to calculate the OHC is sea surface temperature (SST), which refers to the water temperature 1 to 20 millimeters below the sea surface. Among a variety of techniques for measuring the SST, the most widely available are thermometers and weather satellites. In addition to the sea-level rise, the SST contributes to other phenomena of the Earth's atmosphere such as the formation of sea fog and sea breezes. The temperature difference between warm water surface and cold air above can produce moisture that becomes condensed into vertically-developed clouds and snow showers. ➡ As the whole global population is vulnerable to rising ocean heat and sea surface temperatures, their causes and consequences ought to be systematically analyzed and addressed.

---

01 The word **imminent** in paragraph 1 is closest in meaning to

Ⓐ critical Ⓑ approaching Ⓒ intimidating Ⓓ distant

02 Look at the four squares [ ] that indicate where the following sentence could be added to paragraph 1.

> This phenomenon of rising sea levels is a serious environmental issue because it threatens coastal ecosystems and wildlife populations.

Where would the sentence best fit?

Ⓐ A Ⓑ B Ⓒ C Ⓓ D

03 **Which of the sentences below best expresses the essential information in the highlighted sentence in the passage? Incorrect choices change the meaning in important ways or leave out essential information.**

   Ⓐ Everyone should study oceanography as all humanity is responsible for OHC rise.
   Ⓑ The cause and effect of OHC rise should be examined as it threatens the world population.
   Ⓒ It is challenging to analyze the causes and consequences of OHC rise.
   Ⓓ Although the world does not pay much attention to OHC rise, its analysis is valuable to human beings.

   The highlighted sentence is marked with an arrow [➡].

04 **Select the appropriate phrases from the answer choices and match them to the term to which they relate. TWO of the answer choices will NOT be used.** *This question is worth 3 points.*

Category	Statements
OHC	Select 2 • •
SST	Select 3 • • •

Answer Choices

Ⓐ It comprises a large amount of heat from global warming.
Ⓑ It can be measured by satellites.
Ⓒ Its only consequence is sea level rise.
Ⓓ It is a variable that has an effect on coastal winds and fog.
Ⓔ It is a major cause of flooding.
Ⓕ It contributes to thermal expansion.
Ⓖ It forms moisture that turns into clouds and rain.

CHAPTER 02

Factual Information

OVERVIEW

▶ 지문당 출제 문항 수: 3 – 6　　▶ 난이도: Easy – Medium

Factual Information Questions are based on the specific information in a passage. This type of question asks you to choose 1 or 2 statements that are correct according to the passage.

EXAMPLES OF FACTUAL INFORMATION QUESTIONS

Basic Questions

- According to the passage, what is _____?
- According to paragraph _____, which of the following statements about _____ is true?
- According to paragraph _____, which of the following is true about _____?
- The author supports which of the following statements about _____?
- Which of the following statements about _____ is supported by the passage?

Modified Questions

- The author mentions _____ as an example of
- In the paragraph, it is stated that _____
- The author mentions _____ in the passage as examples of items that
- Which of the following differences between _____ and _____ is mentioned in the passage?

STRATEGY APPLICATION

> There are two different types of winds, local wind and global wind. Local wind is common, as is regional wind, such as sea, land, and mountain winds. In contrast, global wind occurs around the globe, such as the prevailing westerlies, the trade winds, and the polar easterlies.

According to the paragraph, which of the following statements about the wind is true?

Ⓐ The polar easterlies blow from the east.
Ⓑ Local wind does not happen near land.
Ⓒ Global wind is a type of trade wind.
Ⓓ Sea wind belongs to the category of local wind.

Point 01 Keywords
local, global, regional, globe

Point 02 Comparison & Contrast

Ⓐ The polar easterlies blow from the east. (Not Given)
⋯▸ It is not mentioned in the passage.
Ⓑ Local wind does not happen near land. (X)
⋯▸ Local wind includes land winds.
Ⓒ Global wind is a type of trade wind. (X)
⋯▸ The trade wind is a type of global wind.
Ⓓ Sea wind belongs to the category of local wind. (O)
⋯▸ "Local wind is common, regional wind, such as sea, land, and mountain winds."

정답 Ⓓ
어휘 ☐ prevailing 우세한 ☐ westerly 서풍 ☐ easterly 동풍

BUILDING SKILLS

Read the paragraphs and answer the questions. Use context clues to help you find the correct answers to the questions.

01

Native Americans lived on North America's northeast coast. Abundant resources in the habitat helped their tribal culture thrive. One of the most significant cultural products was the totem pole which showed respect for ancestors. Totem poles were very similar to each other, but not a single pair was identical. Another cultural product was the mask. Different tribes made different masks in relation to their own cultural values.

According to the paragraph, what is true about the cultural products of Native Americans?

Ⓐ The totem poles looked the same as each other.
Ⓑ The totem poles represented respect for tribal forefathers.
Ⓒ The masks were used when tribes had a gathering.
Ⓓ The masks were made regardless of cultural values.

02

Savant syndrome is a very rare condition in which a person with significant mental disabilities including autistic disorder shows genius-level abilities in some areas. Individuals typically excel at art, rapid calculation, or music. There is no accepted cognitive theory that explains these talents, although many scientists believe it could be related to enhanced detail-processing in the brain. Brain damage or certain neuropsychological conditions are also thought to be responsible.

According to the paragraph, which of the following is true about savant syndrome?

Ⓐ Savant syndrome is caused by damage to the brain.
Ⓑ Savant syndrome is found in people classified as geniuses.
Ⓒ Individuals with savant syndrome excel in a wide range of skills.
Ⓓ Savant syndrome is thought to be related to an enhanced ability to process details .

03

England's economy started to improve in the 16th century for many reasons. First, there were fewer problems in the country, such as wars and plagues. Also, more agricultural resources were available. In addition, England's economic development was based more on colonial expansion than that of other European countries. Economic development in England included international trade, land speculation, and more. Furthermore, England took the lead in the textile market by exporting textiles to other countries in Europe.

According to the paragraph, which of the following statements about England is true?

Ⓐ It exported domesticated animals and crops.
Ⓑ Its fewer wars and infectious diseases helped boost its economy.
Ⓒ Its economic development took place later than other European countries.
Ⓓ It was often invaded by neighboring states due to its rich resources.

04

The Julian calendar is considered the most practical among the most widely used early solar calendars. Before it was created, people used the Roman calendar, which was so complicated that it took lots of time and effort to keep the calendar in track with the seasons. Therefore, Julius Caesar, a Roman statesman, invented the Julian calendar. It was based completely on the Earth's revolutions around the sun. It was used worldwide for more than 1,500 years until it was replaced by the Gregorian calendar.

According to the paragraph, which of the following is true about the Julian calendar?

Ⓐ It was replaced by the Roman calendar.
Ⓑ It was too complicated to remain in track with the seasons.
Ⓒ It was followed by the Gregorian calendar.
Ⓓ It was based on the rotation of the Earth on its axis.

Basic Drills

Read the paragraphs and answer the questions. Use context clues to help you find the correct answers to the questions.

01

Ornithologists studying song development in white-crowned sparrows have found evidence that they inherit some songs and learn others. These sparrows are unable to learn songs of non-sparrow species, indicating the existence of a neurological template that is inherited. Additionally, males and females sing different songs, corresponding with measurable differences in the brain that control singing. As these differences exist as hatchlings, before they are able to learn, this hints that genes determine singing. Interestingly, however, as populations of white-crowned sparrows have dialects, it has been found that males living in areas where two song dialects overlap develop the ability to sing both songs. This finding indicates white-crowned sparrows are able to learn songs, demonstrating that not all singing is genetically based.

According to the paragraph, which of the following is true about white-crowned sparrows?

Ⓐ They learn to sing exclusively from other birds around them.
Ⓑ The males have developed the ability to mimic nearby species.
Ⓒ They combine songs from other species to create their own dialect.
Ⓓ Their genetic makeup significantly determines the kinds of songs they sing.

02

One of the most promising areas in robotics is the use of robots in disaster situations to do tasks that are either too dangerous or difficult for human rescuers to tackle. Researchers are developing robots that in the aftermath of an earthquake would be able to enter buildings, remove rubble, and locate people trapped inside. In the case of flooding, small amphibious robots have been developed that can easily travel over water and floating debris to provide first aid and emergency supplies to people. Firefighting robots are now being tested by some fire departments that fight hazardous chemical fires and fires in areas where human firefighters simply cannot get to.

According to the paragraph, which of the following statements is true about robots used in disaster situations?

Ⓐ Robots are used to locate people trapped in rubble.
Ⓑ Robots work side-by-side with humans in dangerous situations.
Ⓒ The use of firefighting robots for hazardous chemical fires has been authorized.
Ⓓ Flooding presents serious challenges to the use of disaster relief robots.

03

The Silk Road was a network of trade routes that connected the regions of China, middle east, India, and western Europe from 130 B.C.E. to 1453 C.E. All manner of items travelled along these routes: spices, pottery, textiles, and precious metals. Perhaps the most famous and most valuable was silk, hence the name. Although there were great economic benefits from this early form of trans-global trade, the greatest contribution of the Silk Road is considered to be the exchange of cultures. Civilizations and cultures along its routes saw huge developments through this cross-pollination of cultures and ideas. Art, religion, technology, science, language, and philosophy are just some of the aspects of culture that flourished during its time.

The author mentions art and technology in the paragraph as examples of

Ⓐ how silk was used in Silk Road societies.
Ⓑ what China traded through the Silk Road.
Ⓒ how the Silk Road became a network of trade routes.
Ⓓ culture spreading and mixing along the Silk Road.

04

From approximately 500 to 1,800 years ago, Central and South America saw three great civilizations. The first of these was the Maya, who were in central Mexico. They were organized into large city-states. Deeply religious, they built large temples to worship their gods and performed human sacrifices. Also religious, but inhabiting the mountains of Peru, the Inca empire is the largest among the three civilizations. They built roads, tunnels, and bridges and developed irrigation methods to enable them to farm in the difficult mountainous landscape. They are perhaps best known for the mountain fortress of Machu Picchu. Finally, the Aztec civilization occupied the Yucatan Peninsula in modern-day Mexico. Known as fierce warriors, they fought against the Spanish.

Which of the following statements about Central American civilizations is supported by the paragraph?

Ⓐ The Aztecs struggled to construct large temples.
Ⓑ The Mayans built extensive road networks in Peru.
Ⓒ The Incas developed innovative farming techniques.
Ⓓ The Aztec civilization won the war against Spain.

READING PRACTICE

Read the passages and answer the questions. Use context clues to help you find the correct answers to the questions.

[PASSAGE A]

Rembrandt Harmenszoon van Rijn was one of the best artists in Europe in his time and definitely one of the most important Dutch painters of all time. He was born in 1606 during the Baroque period. He left various kinds of art works, such as paintings, etchings, and drawings. He also left portraits and self-portraits. In addition, he made religious art works in which he was praised for narrating religious events well, especially in illustrating emotions and details.

Rembrandt's main painting styles were narrative, landscape, and portrait. His painting style changed according to different periods. For example, until the 1630's, his landscape paintings were composed of natural dramatic scenes, such as a gloomy sky. However, starting from 1640, his style became more realistic and moderate, and in the 1650's, his paintings became more rich in color and featured more distinct brush strokes. In addition, his religious painting styles changed as time went on. In the early years, his biblical works focused on dramatic religious scenes. However, in later years, his biblical works focused on portraits of religious persons.

01 The word distinct in paragraph 2 is closest in meaning to

Ⓐ instinct
Ⓑ discrete
Ⓒ diverse
Ⓓ noticeable

02 According to the passage, which of the following is true about Rembrandt's painting style?

Ⓐ In the 1630's, he only drew imaginary items.
Ⓑ In the 1640's, his painting styles became more realistic.
Ⓒ In the 1650's, he devoted himself to drawing religious paintings.
Ⓓ In the 1670's, he drew biblical portraits.

[PASSAGE B]

Loggerhead sea turtles begin a 12,000 km journey across the world's oceans when they leave their nests on the beach for the first time. Scientists are just now understanding how these creatures are able to navigate the expanse of the ocean. Early theories believed that turtles used their sight to find their way. However, since the wide open ocean provides little in the way of visual cues, scientists are relying less and less on this theory. It was also thought that the sea turtles used water temperature to guide themselves, but the huge variance in temperatures is proving this to be unlikely.

Scientists are now leaning towards the theory that young turtles inherit a magnetic map at birth. Inside the turtle's brain is a navigation receptor that is sensitive to magnetic fields. The Earth has a magnetic field which varies across the globe, so when the turtles are at specific locations, their magnetic map tells which way to go. In other words, differences in the magnetic field at different locations tell the turtles to change their directions so they can follow the correct route.

01 According to the passage, which of the following is true about loggerhead sea turtles?

Ⓐ They are taught migration routes by parents and other turtles.
Ⓑ Water temperature is an important factor in how they navigate.
Ⓒ Sight and visual cues are essential in being able to find their way.
Ⓓ They find their way across oceans using the Earth's magnetic field.

02 In the passage, it is stated that

Ⓐ loggerhead sea turtles rely on each other to navigate to nesting grounds.
Ⓑ there are several competing theories as to how sea turtles endure the journey of great distances.
Ⓒ the navigation receptor in the turtle's brain helps them to navigate the open ocean.
Ⓓ loggerhead sea turtles develop a magnetic map after hatched from an egg.

iBT PRACTICE

Directions: The Reading section measures your ability to understand academic passages written in English. You will read one passage and answer questions about it.

The Drillship

As its name implies, a drillship is a purpose-designed ship used for exploring new oil and gas deposits below the surface of the ocean. Technologically quite advanced, these ships are able to drill up to 12,000 foot deep holes in the ocean floor. To be able to keep a fixed position on the moving ocean, drillships are equipped with a dynamic positioning system. This computer-controlled system automatically maintains the ship's position by using sensors to sense waves, wind, and other environmental forces, and then activates propellers and thrusters to counteract these forces and essentially keep the ship in the same spot.

Drillships are different from other drilling platforms in that they are very mobile. For example, semi-submersible platforms and drilling rigs need to be fixed to the ocean floor in some way. This is usually done with anchors or some type of superstructure. In addition, these structures typically lack any form of propulsion and require tugs or other large vessels to move them long distances. Drillships, on the other hand, due to their dynamic positioning systems, do not require any attachment to the seabed in order to stabilize their position, allowing them to quickly begin to explore an area.

Drillships are distinguished by large drilling platforms mounted in the center of the vessel. Below this platform is a large opening in the hull of the ship called a moon-pool. It is through this hole that pipes and equipment are lowered to the seabed. Typically, a marine-riser is lowered to the floor, which is what the pipes connect to. This type of connection is non-permanent and is designed purely for exploratory purposes. As such, drillships are not designed to extract large amounts of resources. Instead, once a viable deposit has been identified by a drillship, a larger and more stable drilling rig is brought in to begin extraction.

01 **According to the passage, what is dynamic positioning?**

Ⓐ The technology used to travel to a specific location on the ocean surface
Ⓑ A ship's ability to maintain a particular position on the ocean surface
Ⓒ Sensors and computers used to locate oil and gas on the sea floor
Ⓓ The technology a ship uses to detect a position with environmental risk elements

02 Why does the author mention the semi-submersible platforms in paragraph 2?

- Ⓐ To highlight the unique abilities and advantages of drillships
- Ⓑ To explain how ships maintain a position on the surface of the ocean
- Ⓒ To illustrate how oil exploration is different from oil extraction
- Ⓓ To indicate how natural resources are extracted from the ocean floor

03 According to the passage, which of the following is true about drillships?

- Ⓐ They must be fixed to the ocean floor by using anchors.
- Ⓑ The main purpose of their drilling platforms is to extract oil and gas.
- Ⓒ Waves and other environmental factors affect their ability to work.
- Ⓓ They can quickly move to an area and begin exploration.

04 The word purely in paragraph 3 is closest in meaning to

- Ⓐ decently
- Ⓑ only
- Ⓒ correctly
- Ⓓ clearly

CHAPTER 03
Negative Fact

OVERVIEW

▶ 지문당 출제 문항 수: 0 – 2   ▶ 난이도: Medium

Although both Negative Fact Questions and Factual Information Questions are drawn from information that is directly stated in the passage, Negative Fact Questions require more time and caution because you need to find a false statement from correct statements. Negative Fact Questions ask you to choose a statement that is either untrue according to the passage or contains information not mentioned in the passage.

EXAMPLES OF NEGATIVE FACT QUESTIONS

'EXCEPT' Questions

- All of the following are mentioned in the passage about _____ EXCEPT
- _____ has all of the following characteristics EXCEPT
- The passage supports all of the following statements about _____ EXCEPT
- The following are mentioned as _____ EXCEPT

'NOT' Question

- Which of the following is NOT mentioned as _____?

'LEAST' Question

- Which of the following is LEAST likely to be true about _____?

STRATEGY APPLICATION

> The question of "nature vs nurture" is an old debate among those seeking to explain human behavior and personality. One theory states that one's natural personality affects behavior while the other states that human behavior is affected by conditions one faced while growing up.

All of the following are mentioned about personality in the paragraph EXCEPT

Ⓐ people question whether personality affects human behavior.
Ⓑ one theory supports a direct relationship between personality and human behavior.
Ⓒ it is proven that personality is inherited.
Ⓓ one theory believes human behavior is affected by the childhood environment.

Point 01 Read the Question First

Read the question first, and then skim the passage to find the key words. By reading the question first, you will be able to expect the content of the passage.

Point 02 Compare and Contrast

The answer may be arrived at by the process of elimination. Compare the statements one by one to the passage, and find the incorrect one.

정답 Ⓒ
어휘 ☐ state 진술하다 ☐ condition 상황, 사정

BUILDING SKILLS

Read the paragraphs and answer the questions. Use context clues to help you find the correct answers of the questions.

01

Insects are invertebrates that have three parts in their body: head, thorax, and abdomen. Most of them follow a life cycle of the following stages: egg, larva, pupa, adult. An insect hatches from an egg and becomes a larva. Then larva becomes a pupa where it goes through immense changes and becomes an adult afterwards. Insects with wings undergo considerable change in their form during their life span. This is called metamorphosis.

All of the following are mentioned in the paragraph EXCEPT

Ⓐ insects have three-body parts.
Ⓑ insects with wings go through metamorphosis.
Ⓒ insects go through four major life stages.
Ⓓ insects undergo the most change in the larva stage.

02

Wrestling is a combat-style sport that probably originated thousands of years ago. In this sport, two or more people fight to win the best position to dominate the opponent. Wrestling was a main sport in the ancient Olympic Games. Later in the late 1800's the first national wrestling match happened in New York City. In addition, wrestling became a modern Olympic sport in the early 1900's.

All of the following are mentioned in the paragraph as facts of wrestling EXCEPT

Ⓐ its first national game was held 1800 years ago.
Ⓑ its origin is in ancient times.
Ⓒ it was one of the major sports in the Olympic Games a long time ago.
Ⓓ its first national game was held in New York City.

03

One of the African kingdoms was located in a place called Nubia, which is found between today's Sudan and Egypt. The word "Nubia" comes from the Noba wanderers who inhabited the place after the fall of the Meroë kingdom. Nubia was also called Kush or Ethiopia before the fourth century, and in the past, Nubian people spoke varieties of the Nubian language.

The paragraph supports all of the following statements about Nubia EXCEPT

Ⓐ Nubia is located between Sudan and Egypt.
Ⓑ the name "Nubia" comes from the nomads who settled after the fall of the the Meroë kingdom.
Ⓒ Nubian people spoke only one dialect.
Ⓓ Kush and Ethiopia were different names of Nubia.

04

In Native American culture, gender roles differed according to different tribes. Traditionally, in most tribes, men brought home food by hunting and trading while women took care of family members. In other tribes, women planted and gathered herbs to cure illnesses, and also made clothes and instruments. However, in some other tribes, the gender roles were not clearly defined, and there was no clear boundary between men and women's role.

The paragraph supports all of the following statements about Native Americans EXCEPT

Ⓐ gender roles differed according to each tribe.
Ⓑ all Native American tribes had clearly defined gender roles.
Ⓒ in some tribes, men took traditional roles like hunting and trading.
Ⓓ women cultivated plants to cure illnesses in some tribes.

BASIC DRILLS

Read the paragraphs given and answer the questions. Use context clues to help you find the correct answers of the questions.

01

The artistic movements of Classicism and Romanticism have influenced literature and the arts over several centuries. These two movements address the concepts of beauty and emotion from two different points of view. Classicism originates from ancient Greek and Roman cultures and defines beauty as an expression of balance, order, and technical perfection, expressing emotion in a more distant manner. Accordingly, it places great importance on traditional forms and structures. Romanticism, on the other hand, is primarily concerned with expression of strong emotions. It values the search for beauty in all aspects of life, and in particular, saw imagination as the greatest tool for finding beauty. Romantics also differed from Classicists in that they valued the expression of emotion over technical perfection.

According to the paragraph, which of the following is LEAST likely to be true about Romanticism?

Ⓐ It defined beauty as an expression of strong emotions.
Ⓑ It maintained that beauty could be found in all parts of life.
Ⓒ It saw imagination as an important tool for expressing beauty.
Ⓓ It believed in tradition and balance as a kind of beauty.

02

Camels, the icon of the desert, have adapted uniquely to their harsh environment. For example, their eyelashes evolved to be longer to keep the sand out of their eyes, while their eyebrows evolved to be larger and thicker to protect their eyes from the sunlight. They also have long legs to keep their bodies away from the heated ground. Their nostrils have a flap that can be closed to stop sand from entering, and their ears are also covered with hair inside and out to protect from sand entering. As herbivores, they eat desert vegetation, which is often prickly with thorns. Accordingly, their lips evolved to be larger and thicker to help them eat thorny vegetation without feeling pain.

The paragraph supports all of the following statements about camels EXCEPT

Ⓐ their nostrils and ears are designed to prevent sand from entering the openings.
Ⓑ their thick eyebrows are an adaptation to prevent sand from entering the eyes.
Ⓒ their lips have adapted to comfortably eat the type of vegetation growing in the desert.
Ⓓ their long legs keep their torso from the heated sand.

03

Pollen is a powder that contains fertilizing elements of flowering plants that transfers from one plant to another for fertilization. Because pollen itself is static, help from other agents is needed in order to achieve fertilization. There are two main classifications of pollination, one which depends on aid from living organisms, zoophily, and another which relies on abiotic forces such as wind, anemophily. Zoophily is needed in 80 percent of total pollen dispersal. To lure as many agents as possible, these types of plants tend to have large and colorful flowers with a strong smell. Plants in anemophily depend on the slight chance of landing on the same species hence their pollen grains tend to be very small, light and large in number.

According to the paragraph, all of the following are true EXCEPT

Ⓐ pollen is a fine spore containing necessary elements for flower fertilization.
Ⓑ 80 percent of zoophilous plants have large colorful flowers.
Ⓒ pollen from anemophilous plants is transported by air currents.
Ⓓ pollenation often requires the involvement of other organisms.

04

Tornadoes are rotating columns of air moving across the land. The most violent of storms, tornadoes, have winds that can reach speeds of over 480 kph which is an enough speed to destroy buildings, uproot trees, and throw cars. Their path of destruction can be over a kilometer wide and hundreds of kilometers long, with its longest path records of 352km. They typically form in thunderstorms when warm, moist air meets cool, dry air. The resulting increase in wind speed eventually creates a column of fast moving air that moves vertically along the land. As the updraft gets stronger, more air is pulled into the base to replace the rising air and causes spinning.

Which of the following is LEAST likely true about tornadoes?

Ⓐ They are created when warm, moist air meets cool, dry air.
Ⓑ They are formed when columns of air begin to rotate rapidly.
Ⓒ They can leave a trail of destruction hundreds of kilometers long.
Ⓓ They spin when more air is pulled into the base to replace the rising air.

READING PRACTICE

Read the passages and answer the questions. Use context clues to help you find the correct answers to the questions.

[PASSAGE A]

Selma Lagerlöf was the first woman author to win the Nobel Prize for literature. She is famous for her romantic and imaginative style of writing about the peasant life and landscape of Northern Sweden. Her most famous book is *The Wonderful Adventures of Nils* which was intended as a geography primer for elementary schools and has become a classic in children's literature.

Selma started writing literature, such as poetry, when she was young, but she did not publish anything until later. She worked as a girls' high school teacher for about ten years, and during these years, she tried to find ways to retell the fairy tales and legends that she had heard from her grandmother when she was young. She finally found a way and published her first book, *Gösta Berling's Saga*, in 1891. This book shows her writing style moving away from naturalism and focusing more on clear description, romanticism, and Christianity. Even though it did not receive wide-spread praise in the beginning, it received high praise from one famous critic named Georg Brandes for its unique and rhythmic style in contrast to the realism that dominated Swedish literature. In 1893, with following this attention, Lagerlöf's career as writer truly began.

01 **All of the following are mentioned in the passage EXCEPT**

   Ⓐ Selma used to write poems even at a young age.
   Ⓑ the Wonderful Adventures of Nils is intended for sophisticated readers.
   Ⓒ Selma's career as a writer began after a favorable review from Georg Brandes.
   Ⓓ Gösta Berling's Saga was written when Selma was a high school teacher.

02 **Which of the following is LEAST likely to be true about Selma's writing style?**

   Ⓐ It was distinct from other literatures of the time in Sweden.
   Ⓑ It reflected romanticism and Christianity.
   Ⓒ It is greatly influenced by her childhood memories.
   Ⓓ It mirrored people's concerns at that time.

[PASSAGE B]

Life on earth was only able to begin once the planet cooled enough for a rocky crust to be formed. Water vapor from volcanoes condensed as rain; and, along with other gases, the basic elements of life became dominant in the atmosphere: carbon, hydrogen, oxygen, and nitrogen. Over eons, molecules started to transform to complex single cells that lack a nucleus and a cell membrane, of which microorganisms called Archaea are considered to be the first organism on earth. Although it was once considered to be as a type of bacteria, soon it was discovered that their genetic makeup and evolutionary history differ from that of bacteria, and they are no longer referred to as Archaebacteria. Still with us today, Archaea, thought to be over 4 billion years old, are extremely abundant in a wide range of habitats. They are able to live in harsh environments, similar to what they must have encountered when they first emerged. They are found in extremely cold and hot locations such as geothermal vents at the bottom of the ocean, or in extremely alkaline or acidic waters where most of the animals would not survive.

01   Which of the following is LEAST likely true about Archaea?

Ⓐ They can live in extremely hot environments.
Ⓑ They are a class of bacteria.
Ⓒ They lack a nucleus and a membrane.
Ⓓ They can be easily found in a broad range of habitats.

02   Which of the following is NOT mentioned as a habitable condition for Archaea?

Ⓐ High temperature
Ⓑ Acidic
Ⓒ Alkaline
Ⓓ High altitude

iBT PRACTICE

Directions: The Reading section measures your ability to understand academic passages written in English. You will read one passage and asnwer questions about it.

Asian Musical Dramas

Korea, China and Japan are known to share many common values and cultures throughout the history due to their proximate geographical location in Northeast Asia. But these values and cultures cannot be seen as identical since the cultures are unique and independent. A good example of such cultural differences can be seen in musical dramas which are: 1. Pansori, 2. Beijing opera, and 3. Noh.

Pansori is a Korean musical drama featuring a singer and a drummer. The singer sings while the drummer plays a Korean drum called *buk*. Pansori started in the middle of the Joseon Dynasty, which was around the 17th century. It continued to develop and reached its peak in popularity and skills in the 19th century. However, in the 20th century, Pansori began to lose popularity due to influences of western culture and Japanese government. Fortunately, in the 21st century, Pansori was recognized as a Masterpiece of the Oral and Intangible Heritage of Humanity (MOIHH) by UNESCO.

Beijing opera, also known as Peking opera, is a traditional Chinese musical performance. Many elements are combined in this performance, such as music, mime, dance, and even acrobatics. It started in the late 18th century and was developed and become well known to the public in the middle of the 19th century. The performances are mainly found in Beijing and Shanghai, but also seen in other regions like the U.S., Japan, and Taiwan.

Noh, also known as Nogaku, is a traditional Japanese musical drama that started in the 14th century. It was created by Kan'ami and his son, and it remains as the oldest form of theatrical performance in Japan. It incorporates masks, music, dances, and costumes. Usually, it adapts traditional stories related to a supernatural creature turned into a human hero. Actors use gestures to show emotions, and masks illustrate different characters in the performance.

01 The word peak in paragraph 2 is closest in meaning to

Ⓐ priority
Ⓑ nadir
Ⓒ summit
Ⓓ spike

02 **The passage supports all of the following statements about musical dramas in northeast asia EXCEPT**

   Ⓐ Pansori prospered in the 20th century.
   Ⓑ Beijing opera is mostly performed in Beijing and Shanghai.
   Ⓒ actors in Noh uses gestures and masks.
   Ⓓ Pansori is included in the UNESCO's list of the MOIHH.

03 **The word it in paragraph 3 refers to**

   Ⓐ music
   Ⓑ Beijing opera
   Ⓒ musical performance
   Ⓓ mime

04 **The purpose of the passage is to**

   Ⓐ describe the historical background of musical drama in Northeast Asia
   Ⓑ illustrate the role of different types of musical drama on the history of Northeast Asia.
   Ⓒ explain the origins of different types of musical drama in Northeast Asia
   Ⓓ compare different types of musical dramas in Northeast Asia

CHAPTER 04 Reference

OVERVIEW

▶ 지문당 출제 문항 수: 0 – 2   ▶ 난이도: Easy – Medium

In English, instead of repeating the same nouns or noun phrases, we use reference words. This helps the passage to read better and to flow more smoothly. Pronouns such as it, they, and those are among the most often-used reference words. Reference questions test your ability to figure out what the pronouns, noun phrases, or other reference words refer to in the passage.

EXAMPLES OF REFERENCE QUESTIONS

Reference Questions

- The word/phrase _____ in paragraph _____ refers to
- The word/phrase _____ in the passage refers to

STRATEGY APPLICATION

> The Kodaly method is a concept in music education developed by Zoltan Kodaly who felt that the Hungarian music education system needed to be reformed. In this method, children are exposed to easier musical concepts at a young age, which then become progressively more difficult as they get older.

The word which in the paragraph refers to

Ⓐ children
Ⓑ musical concepts
Ⓒ method
Ⓓ a young age

Point 01 — Singular vs. Plural

"... which then become ..."
⋯▸ Using the verb "become" means that "which" refers to a plural noun.

Point 02 — Find the Reference

Find plural nouns from the previous sentence. ⋯▸ "children", "musical concepts"

Point 03 — Conclusion

See if the nouns, "children" and "musical concepts", match the following content, "... become progressively more difficult ..."
It doesn't make sense that "children" become more difficult.

정답 Ⓑ
어휘 ☐ **reform** 개선하다 ☐ **be exposed to** ~에 노출되다

BUILDING SKILLS

Read the paragraphs and answer the questions. Use context clues to help you find the correct answers of the questions.

01

Paleoglaciology is a scientific field that studies the glaciation cycles of the Quaternary Ice Age. This period was roughly two million years ago when ice sheets expanded out from Antarctica and the Arctic. By using a newly developed form of dating called cosmogenic dating, researchers are able to more accurately date when the ice cycle began. This method also allows them to study patterns of thickening ice shelves in the Arctic Ocean.

The word them in the paragraph refers to

Ⓐ researchers
Ⓑ cosmogenic dating
Ⓒ glaciation cycles
Ⓓ ice sheets

02

Erik Erikson was a German-born American developmental psychologist and psychoanalyst. His most well-known theory concerns the psychosocial development of human beings. According to his theory, it occurs in eight stages. These eight stages cover an individual's whole life, with the most formative years occurring in early childhood. According to Erikson, a child's development is the most crucial factor that affects a child's growth, adjustment to society, as well as development of self-consciousness and identity.

The word it in the paragraph refers to

Ⓐ his theory
Ⓑ human beings
Ⓒ the psychosocial development
Ⓓ a developmental psychologist

03

The Nimrud lens is a 3,000 year-old piece of rock that was discovered at the Assyrian palace of Nimrud, which is in present day Iraq. Researchers are unsure about its exact use, but have come up with several theories. The main one is that the lens was used as a magnifying glass, or perhaps as a burning glass which could have started fires. Another theory is that it was simply used for decoration.

The word one in the paragraph refers to

Ⓐ piece of rock
Ⓑ theory
Ⓒ use
Ⓓ palace

04

Modeling psychology is a method used in certain techniques of psychotherapy. Through this method, a person learns by imitation, without receiving any specific verbal direction by the therapist. A young person may be exposed to behaviors from peers who act as assistants to therapists and then be encouraged to imitate their behaviors. For example, modeling can be used to promote the learning of simple skills for an intellectually disabled child or more complex skills which can improve social integration.

The word their in the paragraph refers to

Ⓐ disabled child
Ⓑ a young person
Ⓒ therapists
Ⓓ peers

BASIC DRILLS

Read the paragraphs and answer the questions. Use context clues to help you find the correct answers of the questions.

01

Beowulf is an Old English epic poem written in England sometime between the eighth and early eleventh century. Although the author is unknown, it is considered to be one of the most important works of Old English literature. One of the central themes of Beowulf is loyalty. In every stage of his epic journey, loyalty defines Beowulf's actions. Beowulf's actions are motivated by a family debt he owes to the Scandinavian king, Hrothgar, since the king helped out Beowulf's father years earlier. The bonds between the two families go back many years and Beowulf is proud to provide his loyal service for Hrothgar.

The word his in the paragraph refers to

Ⓐ Hrothgar
Ⓑ Beowulf's father
Ⓒ Beowulf
Ⓓ Scandinavian king

02

Elephant birds belong to an extinct family of birds referred to as Aepyornithidal who lived on the island of Madagascar. They were unable to fly, no doubt due to their enormous size. They went extinct sometime around the 17th century, with the most suspected cause being human activity. Despite elephant birds having been in closer geographical proximity to ostriches, their closest relatives were actually kiwis. Elephant birds were believed to have been more than ten feet tall and weigh more than one ton. Scientists have even found remains of their eggs, which weighed more than 20 pounds, roughly 150 times the size of a chicken egg.

The word their in the paragraph refers to

Ⓐ elephant birds
Ⓑ kiwis
Ⓒ eggs
Ⓓ ostriches

03

A centenarian is a person who has lived longer than the age of 100 years. This term has also been used interchangeably with longevity, since global life expectancies are generally much less than 100 years. Scientists have coined the term supercentenarian for those people who have surpassed the age of 110. With greater advances and achievements in medical research, as well as better living conditions in developed nations, life expectancy is increasing across the world. With a rise in global population, the number of centenarians is predicted to increase rapidly in the future. The countries with the greatest number of known centenarians are the United States and Japan.

The phrase this term in the paragraph refers to

Ⓐ longevity
Ⓑ centenarian
Ⓒ supercentenarian
Ⓓ achievement

04

When we think about our tongue, what usually pops into mind are the five tastes, namely sweet, salt, bitter, sour and savory. As food enters our mouth, receptors on the surface of our tongue are activated and send signals to our brain that give us the sensation of a particular taste. However, the tongue is more complicated than that, as it is also sensitive to temperature, pressure and chemicals in food. For example, spicy heat is classified as a "non-taste" rather than an actual taste. When we eat spicy foods like hot peppers, it feels hot because the spicy foods trigger receptors in the tongue that only react to temperatures higher than 42 degrees Celsius.

The word it in the paragraph refers to

Ⓐ brain
Ⓑ surface
Ⓒ temperature
Ⓓ tongue

READING PRACTICE

Read the passages and answer the questions. Use context clues to help you find the correct answers to the questions.

[PASSAGE A]

As modern society struggles to deal with rapid urban development, some architects have started to concern themselves with methods of using space in the most efficient way possible. Another concern of architects and landscapists that is slowly rising in prominence is the development of urban green space. Some architects have taken great steps to design buildings that include trees, parks or gardens. These can be incorporated either in the building's vicinity or more directly into the building's design. One example of this is the rooftop garden. However, some visionary architects have taken their revolutionary designs to new levels, by creating flying gardens. These creations would float around in the air, suspended from large remote-controlled dirigibles. Each dirigible would house thousands of small plants attached to vines that would hang out from it. The dirigibles would then move throughout a city towards areas with the highest temperature or level of pollution. They would then form a massive chlorophyll cloud and clean the air above them. Each individual plant would also possess sensors that detect weather, traffic, pollution and other data in real time.

01 The word **these** in the passage refers to

Ⓐ steps taken by some architects
Ⓑ architects and landscapists
Ⓒ trees, parks, or gardens
Ⓓ methods of using space in efficient way

02 The word **them** in the passage refers to

Ⓐ areas
Ⓑ highest temperature
Ⓒ dirigibles
Ⓓ small plants

[PASSAGE B]

The Boston Tea Party is regarded as one of the most significant acts of American colonial protest against British taxation. One of the companies under British rule, the East India Company, was suffering financially, so the British parliament decided to impose the Tea Act in 1773. This act raised the import duties on tea, much to the outrage of American colonists who felt they should not provide any financial assistance for the British Empire they had left behind. While the citizens in the cities of Charleston, New York and Philadelphia refused to accept any shipments of tea from England, the city of Boston initially accepted its shipment of tea. The first shipment of tea arrived in Boston on November 27, with two more shipments arriving later that week. Citizens in Boston held huge meetings where they demanded the tea be returned to England without paying any of the duties and tariffs. Finally, on the night of December 16, 1773, the Sons of Liberty, led by Samuel Adams, sneaked onto the ships in the Boston Harbor and threw 342 crates of tea into the water. As a result of this action, England passed the Coercive Acts in 1774. These acts were passed to punish the colonies for their acts of defiance.

01 **The word its in the passage refers to**

　　Ⓐ Charleston
　　Ⓑ New York
　　Ⓒ Philadelphia
　　Ⓓ Boston

02 **The phrase this action in the passage refers to**

　　Ⓐ passing the Tea Act
　　Ⓑ emptying tea into the water
　　Ⓒ paying the duties and tariffs
　　Ⓓ refusing the shipment of tea

iBT PRACTICE

Directions: The Reading section measures your ability to understand academic passages written in English. You will read one passage and asnwer questions about it.

The Treaty of Guadalupe Hidalgo

The Treaty of Guadalupe Hidalgo is the peace treaty signed on February 2, 1848, in the Villa de Guadalupe Hidalgo, between Mexico and the United States. The treaty marked the end of the Mexican-American War and its official title is the Treaty of Peace, Friendship, Limits and Settlement. The United States had defeated Mexico in battle, forcing Mexico to agree to negotiate to end the war.

As a result of the treaty, the U.S. acquired ownership of what is now much of California, New Mexico, Arizona, Nevada, Utah, Wyoming and Colorado. As there was a huge population of Mexicans living in these areas, they were given the option of relocating to Mexico's new territory or receiving American citizenship with full civil rights. Close to 100% of them chose to become American citizens. The others returned to Mexico where they received land and some were actually able to settle in New Mexico, retaining their Mexican citizenship.

The origins of the war are rooted in the early 19th century following Mexico's independence from the Spanish Empire in 1821. Although the Spanish Empire had conquered large parts of territory from indigenous tribes in the previous three centuries, there remained large factions of powerful indigenous nations in the Northern region of Mexico. On March 1, 1845, the U.S. President authorized the annexation of the Republic of Texas. However, with so many Mexicans living around the area, the Mexican government warned that such an action would be regarded as a declaration of war. Diplomatic efforts to appease Mexico's anger were fruitless and after more territorial disputes in the year of 1846, both countries declared war on each other. By September 1847, U.S. soldiers had successfully invaded central Mexico and occupied Mexico City, thereby leading to the signing of the treaty.

01 **The phrase The others in paragraph 2 refers to**

Ⓐ those who relocated to America's new territory
Ⓑ those who lived in the areas near Mexico
Ⓒ those who did not choose to receive American citizens
Ⓓ those who settled in New Mexico

02 **The word indigenous in paragraph 3 is closest in meaning to**

- Ⓐ dominant
- Ⓑ native
- Ⓒ ingenious
- Ⓓ assertive

03 **The phrase such an action in paragraph 3 refers to**

- Ⓐ approving the annexation
- Ⓑ living around the area
- Ⓒ overrunning the indigenous tribes
- Ⓓ pacifying Mexico's anger

04 **It can be inferred from paragraph 2 that**

- Ⓐ Mexicans and Americans planned to go to war for a long time.
- Ⓑ Mexicans regarded the U.S. as a better country to live in.
- Ⓒ Mexicans were satisfied with the settlement of the Treaty.
- Ⓓ Mexico acknowledged the U.S. as a superior country.

CHAPTER 05

Sentence Simplification

OVERVIEW

▶ 지문당 출제 문항 수: 0 - 1　　▶ 난이도: Medium - Difficult

Sentence Simplification Questions test your ability to identify and extract key information from long and complex sentences. To answer these questions, you will need not only a firm grasp of English grammar, but also the ability to paraphrase, or restate information without changing its meaning.

EXAMPLES OF SENTENCE SIMPLIFICATION QUESTIONS

Sentence Simplification Question

> Which of the following best expresses the essential information in the highlighted sentence? *Incorrect* answer choices change the meaning in important ways or leave out essential information.

*본문에서 paraphrase의 대상이 되는 문장은 highlight 표시가 된다.

STRATEGY APPLICATION

> In the field of economics, the phrase "the invisible hand" refers to the idea that in a free market economy, supply and demand will naturally find equilibrium. Thus, by doing away with restrictions and regulations imposed by government, the market will function to meet all needs.

Find the sentence below that best expresses the essential information in the highlighted sentence.

Ⓐ By abolishing restrictions, the government will balance supply and demand.
Ⓑ By removing governmental restrictions, the market will meet the equilibrium.
Ⓒ By regulating restrictions of governments, the market will be able to demand its need.
Ⓓ By disregarding market regulations, governments can meet their economic needs in the market.

Point 01 Find the Key Words

Keywords: restriction, regulation, government, market, function, needs
⋯▶ The main point is that the market will meet the equilibrium of supply and demand removing governmental restrictions and regulations.

Point 02 Error Analysis

Ⓐ By abolishing restrictions, the government will balance supply and demand.
  ⋯▶ This is false because the subject of the action is the government, not the market.
Ⓒ By regulating restrictions of governments, the market will be able to demand its need.
  ⋯▶ This is not in the above paragraph (irrelevant information).
Ⓓ By disregarding market regulations, governments can meet their economic needs in the market.
  ⋯▶ This is false because the subjects of the action are reversed.

정답 Ⓑ
어휘 ☐ economy 경제 ☐ equilibrium 평형, 균형

BUILDING SKILLS

Read the paragraphs and find the sentence below that best expresses the essential information in the highlighted sentence. Incorrect answer choices change the meaning in important ways or leave out essential information.

01

> The Voting Rights Act was signed in 1965 by President Lyndon Johnson. It was the most comprehensive voting rights bill signed into law in order to protect the rights of minorities against discrimination of race, color or native language. **Other than its core provision of equal voting rights, it banned numbers of barriers to voting against African Americans such as literacy tests.**

Ⓐ Many African Americans agreed on the equal voting rights but were against the idea of literacy tests.
Ⓑ The Act guaranteed equal voting rights and abolished prerequisites for voting such as literacy tests.
Ⓒ Although the Act allowed equal voting rights, many African Americans failed to pass the barrier of the literacy test.
Ⓓ The Act managed to attain equal voting rights but failed to abrogate requirements for voter registration.

02

> A perfume typically has three levels of notes: top notes, middle notes, and base notes. Each note has its unique scent, and the perfume's fragrant accord is made when they are blended all together. **The top notes are recognized immediately upon application and very volatile in nature.** Middle notes make up most of the mix, and the base notes are the longest lasting among the trio.

Ⓐ The top note is the most well-known scent that people recognize immediately.
Ⓑ The top note fades so quickly that most people cannot recognize them.
Ⓒ The top note vanishes right away upon its first application.
Ⓓ The top note is the first scent people smell and it evaporates quickly.

03

Genetically Modified Organisms (GMOs) are foods that have had specific changes made to their DNA using genetic engineering techniques. Typically, these changes are made for commercial reasons: to increase disease resistance, enhance flavor, or increase yields. Also they provide far greater control than traditional methods do. ==Despite their benefits, the use of GMOs has raised controversies over their safety.==

Ⓐ There are disputations about the safety of GMOs though they have many benefits.
Ⓑ The proponents of GMOs worry whether they are safe to consume.
Ⓒ Controversies abound over whether GMOs actually promote food safety.
Ⓓ Along with their other benefits, GMOs are also known to be safe to consume.

04

The Kyoto Protocol is an international agreement that committed countries to reduce their greenhouse gas emissions in an effort to fight climate change. The protocol is based on the premise that climate change is caused by man-made CO_2 emissions. ==It puts the obligation to reduce emissions on developed countries as they are considered to be historically responsible for the current levels.==

Ⓐ Historical responsibility has little bearing on obligation to reduce the emissions for current CO_2 levels.
Ⓑ Developed countries have been historically accountable for lowering CO_2 emissions.
Ⓒ Obligations to reduce emissions are placed on the historically responsible developed nations.
Ⓓ Developing countries are considered responsible for the current CO_2 levels and required to cut down its level.

Basic Drills

Read the paragraphs and find the sentence below that best expresses the essential information in the highlighted sentence. Incorrect answer choices change the meaning in important ways or leave out essential information.

01

Romain Gary was a French writer, director and diplomat who is most well known for winning the prestigious Prix Goncourt literary prize twice. Gary received the first prize for his novel "Les Racines du Ciel," which translates as "The Roots of Heaven" in 1956. Later, in 1975 he received another prize for the novel "La Vie Devant Soi", "The Life Before Us" which he wrote under the pseudonym Emile Ajar. **The academy awarded the prize to the author of the book without really knowing who he was.** For several years, the real author remained a mystery, with Gary's cousin actually posing as the author for a while. Gary's identity as Ajar was only revealed after his death when a note was discovered on his body revealing the truth.

Ⓐ The prize was awarded without anyone knowing the actual identity of the author.
Ⓑ The award was annually given to the work written by an anonymous author.
Ⓒ The academy awarded the prize to find out the identity of the anonymous author.
Ⓓ The academy was not allowed to know the name of the author to preserve impartiality.

02

Natural camouflage is used by many kinds of the animals to increase their chances of survival, and by extension, their chances to reproduce. Essentially, animals use natural camouflage to help them in hunting or to avoid being attacked by predators. **An animal's environment is the most significant factor determining the form of camouflage it can take on.** Mostly they mimic colors, shapes, and patterns in their environment in an effort to blend in so as to be misidentified by predators. Different species develop different ways of camouflage. Insects called walking sticks, for example, have adapted their bodies to resemble branches. Some species of moths have evolved to resemble poisonous species in an effort to repel predators.

Ⓐ The survival chance of an animal depends on how well its camouflages match the surroundings.
Ⓑ Factors such as the environment dictate if an animal requires camouflage.
Ⓒ An animal's type of camouflage is largely determined by its environment.
Ⓓ An animal camouflages when certain conditions of its environment are met.

03

The Triangle Shirtwaist Factory fire of 1911 was the deadliest industrial accident to hit New York City. The fire was in a garment factory and killed 146 workers, most of whom were immigrant women. The death toll was high because the doors to stairways and exits were locked by the factory owners. When fire broke out many of the workers were forced to jump to their death to the street below. This awful incident led to the strengthening of factory safety standards and better working condition around the country, as well as the formation of workers' unions. Soon after the fire, New York State modernized labor laws and instituted measures to protect employees from hazardous and unsanitary working conditions.

Ⓐ The fire would not have been occurred if the working condition and safety standards were strengthened as the union demanded.
Ⓑ Safety standards had largely been lax until workers' unions demanded improvement after the fire.
Ⓒ In the aftermath of the fire, both the condition and safety for the workers were fortified.
Ⓓ Workers' unions used the fire to gather public support for improving working conditions and factory safety.

04

Graffiti art is not a recent form of expression, but rather one that has been around since ancient times. In its simplest form, graffiti is simple words or picture written illicitly on a surface. These can range from scratches on temple walls made hundreds of years ago to the modern equivalent of spray painted names on surfaces such as walls or the sides of trains. Because it is considered an act of vandalism, many modern graffiti artists prefer to remain anonymous or use symbols instead of their real names. These personalized signatures, called tags, have evolved to the most common style of graffiti among other styles of contemporary graffiti.

Ⓐ Graffiti artists are satisfied with not claiming authorship over their artwork.
Ⓑ Graffiti artists tend to not reveal their identity for fear of legal punishment.
Ⓒ Graffiti artists view vandalism as an authentic expression of self.
Ⓓ Graffiti artists favor abstract designs of graffiti to avoid legal punishment.

READING PRACTICE

Read the passages and find the sentence below that best expresses the essential information in the highlighted sentence. Incorrect answer choices change the meaning in important ways or leave out essential information.

[PASSAGE A]

Earthquake-resistant structures are designed to resist the forces of earthquakes while staying structurally intact. **A** Though it may sound like a recently developed idea, it is not. Ancient pyramids in Central America were built with a great mass that they have been able to withstand hundreds of years of quakes. There are two main design philosophies with regards to building an earthquake-resistant building. The first strives to create a building that is strong, but flexible. **B** Thus, the building may sway or move in a quake, but it will not break. In this way, the building absorbs the forces acting upon it and transfers it into movement. The second is to isolate the base so that the entire building essentially "floats" above the ground. In this structure, the building is not securely fixed to the ground through a solid foundation, but rather sits on a base. During an earthquake, the isolated base absorbs the seismic energy and keeps the building secure and intact.

01 Find the sentence that best expresses the essential information of sentence **A**.

- Ⓐ Earthquakes have been a threat to humankind throughout history.
- Ⓑ Until recently, the idea of building earthquake-resistant structures was not considered innovative.
- Ⓒ The idea of earthquake-resistant structures has existed for a long time.
- Ⓓ Buildings have only just recently been designed to resist earthquakes.

02 Find the sentence that best expresses the essential information of sentence **B**.

- Ⓐ Most buildings are designed to only bend in an earthquake.
- Ⓑ As a result, the building will be either bent or wrecked in an earthquake.
- Ⓒ Such a structure will allow the building to move but not to collapse.
- Ⓓ The building will bend first followed by catastrophic collapse.

[PASSAGE B]

The Broken Window Theory describes how neglected urban environments can indirectly cause additional crimes and anti-social behavior. Specifically, if the broken windows of a building remain unrepaired for a long time, people will feel the absence of lawfulness and order, leading to greater fear of crime and a reduction of community efficacy. **A** Correspondingly, more windows in the building may be broken, and more serious crimes will take place. Conversely, instant replacement of broken windows will signal an atmosphere of order and lawfulness thus preventing further crimes. There are many other minor maintenance practices that have the same effect as a repaired window, such as cleaning up sidewalks. Essentially, the theory maintains that by fixing smaller problems and addressing minor crimes, criminal acts will not escalate to more serious or damaging behavior. **B** As such, the broken window theory has been used as the basis for a number of reforms and policies regarding urban disorder and vandalism.

01 Which of the sentences below best expresses the essential information in sentence **A**?

Ⓐ As a result, the minor crime will cause the increase of serious crimes.
Ⓑ The greater the numbers of windows broken, the more serious the crime is.
Ⓒ Serious crime is characterized with the numbers of broken windows.
Ⓓ Classifying window breaking as a serious crime actually deters further crimes.

02 Which of the sentences below best expresses the essential information in sentence **B**?

Ⓐ The theory is used to reform anti-social behavior in criminals.
Ⓑ The theory has been reflected in countermeasure policies for urban crime.
Ⓒ It is mandatory by law not to break public facilities, including windows.
Ⓓ The theory has become groundwork for every anticrime policy.

iBT PRACTICE

Directions: The Reading section measures your ability to understand academic passages written in English. You will read one passage and asnwer questions about it.

The Great Depression

The Great Depression, which lasted for ten years from 1929 to 1939, is considered the most serious economic downturn in history. It is widely held that the depression began with the stock market crash on Thursday, October 24, 1929, called the Wall Street Crash. Prior to that, consumer spending had started to slow and unsold goods had started to pile up causing investors to be concerned that companies would be unable to meet their forecasted earnings because of the sluggish market. On October 24, 1929, over 12.9 million shares were traded as investors attempted to get out of investments they no longer believed were viable. Billions of dollars were lost, and investor confidence plummeted. That day has become known as "Black Thursday." In the months that followed, factories slowed down, stopped producing goods, and fired their workers. As many workers fell into debt, foreclosures and unemployment began to gain momentum.

Though the depression started in the United States, it rapidly spread around the world. As the economic aggravation worsened, taxes, labor costs, and borrowing rates increased, all of which exacerbated the situation. At the time, many European countries fixed their currencies to the gold standard that allowed for standardized exchange rates. ➡ Being tied to the standard, it was difficult for the United States to take some measures to address its economic woes. By the mid-1930s, nearly half of the banks in the United States had failed and an estimated 13 to 15 million people were unemployed. It was not until 1939 when World War II began that the American economy began to recover as manufacturing accelerated as part of the buildup to war.

01 The word **sluggish** in paragraph 1 is closest in meaning to

Ⓐ stagnant
Ⓑ glutinous
Ⓒ dreadful
Ⓓ horrendous

02 **Which of the following best expresses the essential information in the highlighted sentence?** *Incorrect* **answer choices change the meaning in important ways or leave out essential information.**

  Ⓐ The United States was able to keep the standard despite its economic woes.
  Ⓑ The gold standard made it difficult for the United States to alleviate the economic crisis.
  Ⓒ Difficult measures were taken to fix the economy despite the use of the gold standard in Europe nations.
  Ⓓ The economic woes of the United States were in large part caused by the gold standard.

  The highlighted sentence is marked with an arrow [➡].

03 **According to the passage, which of the following was a sign of the Wall Street Crash?**

  Ⓐ The economic market began to slow down.
  Ⓑ Many investors fell under the cycle of debt.
  Ⓒ The price of goods surged dramatically.
  Ⓓ Many countries started to adopt the gold standard.

04 **According to the passage, which of the following is the LEAST likely to be correct about the Great Depression?**

  Ⓐ The economy did not recover until well after World War II.
  Ⓑ Investor confidence declined severely after Black Thursday.
  Ⓒ Black Thursday marks the first day of the Wall Street Crash.
  Ⓓ It was a significant economic downturn that affected many countries.

M+plus
TOEFL READING

PART 2

Inferencing Item Types

Chapter **06** **Inference**

Chapter **07** **Rhetorical Purpose**

Chapter **08** **Text Insertion**

CHAPTER 06 Inference

OVERVIEW

▶ 지문당 출제 문항 수: 1 – 3   ▶ 난이도: Medium – Difficult

When we read, we think one step further and make logical predictions from the information given in a passage. This process is called "inference." Inference Questions test your ability to figure out information that is only implied, not directly mentioned in a passage. Basically, they require the ability to "read between the lines."

EXAMPLES OF INFERENCE QUESTIONS

Inference Questions

- Which of the following can be inferred from the passage about ?
- It can be inferred from paragraph that

Implication Questions

- The author implies that
- What does the author imply by stating in the passage that ?

STRATEGY APPLICATION

> Modern American liberalism is grounded in principles that support social justice and a mixed economy. Modern American liberals value institutions that defend against economic inequality, ensuring that there is a limit to extreme wealth or poverty in the United States.

Which of the following can be inferred about modern American liberalism?

Ⓐ Modern liberals play a major role in social movements.
Ⓑ It guarantees equality for all citizens.
Ⓒ It aims for a society based on equity and social justice.
Ⓓ It has contributed to reforming the American economy.

Point 01 — What Can Be Inferred

"Modern American liberalism is grounded in principles that support social justice …"

"… ensuring that there is a limit to extreme wealth or poverty …"

⋯▸ It allows us to imply that modern American liberalism aims for a society based on equity and social justice.

Point 02 — What Cannot Be Inferred

Nothing is mentioned explicitly or implicitly about the following:
- Modern liberals participate in social movements.
- Liberals seek equality for all citizens.
- Liberalism has contributed to reforming the American economy.

정답 Ⓒ
어휘 ☐ **liberalism** 자유주의　☐ **social justice** 사회 정의

BUILDING SKILLS

Read the paragraphs and try to find the meaning behind the information that is given. The questions in this section require you to draw a conclusion based on the keywords and phrases you have found.

01

The steam engine was one of the inventions that helped drive the Industrial Revolution. Thanks to the invention, Western societies, which had long been agrarian, began to focus on employment in urban city centers. The steam engine provided the power for the mills and factories where large segments of the population found work. In addition, the steam engine powered ships and trains to move manufactured goods and people from place to place rapidly and more efficiently.

Which of the following can be inferred about the invention of the steam engine?

Ⓐ It became quite useful in farming and agriculture.
Ⓑ Urban populations increased due to its invention.
Ⓒ Its invention led to more polluted cities.
Ⓓ It was preferred to use in factories.

02

Alan Turing was an English mathematician, logician and cryptanalyst. Although he is best known for developing the Turing Test which judges computer and human intelligence, he was also instrumental in using his skills to break one of the most difficult German codes of World War II, ENIGMA. This provided England with information about German military, espionage and sabotage activities. Britain was then able to intercept Germany's coded messages and use them to their advantage.

It can be inferred from the paragraph that

Ⓐ without Turing's discovery Germany would have defeated Britain.
Ⓑ Britain was able to win the war because of the breaking of the codes.
Ⓒ Turing's work helped England in World War II.
Ⓓ Britain eventually had little use for the codes.

03

Internet safety is concerned with maintaining the highest standard possible of protecting Internet users from security risks to private information, as well as protection from computer crime in general. One of the areas of particular concern is the sensitive information that can be accessed by hacking a person's password, which should therefore be changed as often as possible. Phishing, Internet scams and malware are all methods used to gain access to someone's personal information.

Which of the following can be inferred from the paragraph about Internet security?

Ⓐ Modifying passwords is useful to protect personal information.
Ⓑ Internet security is not strong enough to prevent online crime.
Ⓒ The computer crime rate is rising quickly.
Ⓓ It is recommended not to disclose private information online.

04

About the same time as the emergence of agriculture c. 8000 B.C. humans began to tame wild animals for domestic use. Since work on the farm was extremely strenuous, domesticated animals, such as cows or oxen provided much of the required labor. Animals like pigs were not only a source of food, but also an aid in the sanitation of early communities as they scavenged in the streets. Lastly, domesticated horses allowed for transportation and quicker communication over large areas.

It can be inferred from the paragraph that

Ⓐ agriculture is the result of animal domestication.
Ⓑ humans were no longer required to do farm work after animal domestication.
Ⓒ horses were also useful in farm work.
Ⓓ pigs were grazed partly for the purpose of sanitation.

Basic Drills

Read the paragraphs and try to find the meaning behind the information that is given. The questions in this section require you to draw a conclusion based on the keywords and phrases you have found.

01

There are a variety of approaches to learning, with no one approach being superior to the other. Effective learning is achieved by adjusting your study habits to meet your own individual needs. Learners are generally encouraged to evaluate whether or not the techniques they are using are beneficial to their ability to learn information. If a particular learning style proves to be ineffective, then it is imperative to try another approach. One of the leading theories of the learning cycle organizes learners into three groups based on learning style: visual style, auditory style and kinesthetic style. Visual learners benefit from seeing material that represents ideas other than words. Auditory learners best learn through listening. Finally, kinesthetic learners prefer to learn through action and experience.

What does the author imply about learning styles?

Ⓐ Humans have difficulty adapting to different learning styles.
Ⓑ Visual learning is more effective than auditory learning.
Ⓒ It is beneficial to determine which learning styles suit your needs.
Ⓓ Adjusting one's study habits guarantees effective learning.

02

Humans have been using natural insecticides for hundreds of years to prevent insect pests from damaging crops. Some of the compounds that have been used were derived from plants, while others were mined from the Earth. However, since the 20th century, synthetic pesticides began to replace the use of natural pesticides as a standard means of controlling detrimental insects, ticks and mites. While natural pesticides are much better for the environment and human health, the downside of their use is that they do not always provide enough protection against insect pests. On the other hand, while synthetic pesticides have a much higher rate of killing off insect pests, they have a more harmful effect on the environment and on human health.

Which of the following can be inferred about the use of pesticides?

Ⓐ Farmers prefer synthetic pesticides because they kill more insects.
Ⓑ Farmers have increased the use of synthetic pesticides since the 20th century.
Ⓒ Some countries prohibit using synthetic pesticides to maintain the environment.
Ⓓ Natural pesticides are more expensive than synthetic pesticides.

03

Ethology refers to the scientific and objective study of animal behavior, primarily focusing on an animal's behavior in its natural habitat. Ethology can trace its roots back to Charles Darwin, as well as ornithologists who studied birds in the late 19th and 20th centuries. The ability to understand animal behavior has had a major impact in animal training and in how humans interact with animals in general. By considering the behaviors of different kinds of animals, trainers are then able to determine which individual animals may be best suited to perform a task. It also allows a trainer to work with behaviors that occur naturally and to avoid any animal behavior that is considered undesirable for a task.

What does the author imply about ethology?

Ⓐ Ethology is helpful to see which animals are suitable for certain tasks.
Ⓑ Ethology helps to understand how animals interact with other species of animals.
Ⓒ Ethologists are concerned with learning how to modify animal behavior.
Ⓓ Ethologists are primarily interested in the behavior of birds.

04

The Barnum effect, also known as the Forer effect, is the observation that humans will assume that a description of their personality is highly accurate, when in reality the description is often vague and general. These descriptions can therefore be applied to a wide range of people. This effect reveals why some people so readily believe what they are told in things like astrology or fortune telling. Two important factors are necessary to produce the effect. The first is that the content of the description should have a balance between positive and negative points. The second factor is that the subject must trust the person who is giving them feedback and assume it is honest.

Which of the following can be inferred from the paragraph?

Ⓐ The Barnum effect is often used to get intimate with others.
Ⓑ The Barnum effect shows how people are willing to believe general descriptions of themselves.
Ⓒ Descriptions of people in astrology and fortune telling usually include more positive than negative points.
Ⓓ Astrologists and fortune tellers cannot always gain the trust of the listener.

READING PRACTICE

Read the passages and try to find the meaning behind the information that is given. The questions in this section require you to draw a conclusion based on the keywords and phrases you have found.

[PASSAGE A]

The global population has risen from about one billion in 1800 to seven billion in 2015. The population of the world is expected to continue to grow, with estimates of the population reaching almost ten billion by 2060. The majority of this growth is occurring in underdeveloped nations, which leads to a poorer standard of living, as well as other problems. Overpopulation in Latin America, Africa and parts of Asia is contributing to social conflict, environmental degradation and massive migrations of people from the underdeveloped to the more developed countries of the world.

Anthropologists have been studying this massive population growth phenomenon and have brought forth the issue of reproductive behavior having a major impact on this population explosion. One of the reasons for finding large families in the rural population of less developed countries is because having more children is useful in that setting. Children are viewed as helpful in household tasks, working in fields and caring for livestock.

Anthropologists also point out that by 2050 about half the world's population will live in cities. More people will be moving from rural areas to urban places to find their job. This will mean a lot of money will need to be invested into urban infrastructure to accommodate the large masses navigating their way through the cities.

01 **Which of the following can be inferred about people in underdeveloped nations?**

Ⓐ Larger populations will eventually result in a better standard of living.
Ⓑ Their governments are encouraging them to have large families.
Ⓒ Families with more children are faced with a greater financial burden.
Ⓓ Children are expected to supplement the family income.

02 **The author implies that**

Ⓐ better urban infrastructure will help to relieve urban congestion.
Ⓑ more jobs will be created to prepare for population growth.
Ⓒ the rural population will continue to decrease due to migration to cities.
Ⓓ cities are encouraging rural residents to move to urban centers.

[PASSAGE B]

The American Revolution was a period of tremendous upheaval that occurred between 1765 and 1783. During this time, the colonists in the thirteen American colonies refused to acknowledge the British monarchy. Through a long struggle of defying British authority they eventually established the United States of America.

By 1765, American colonists were unhappy that the British Parliament was taxing them on goods, even though England had no representatives in the government of the colonies. In the years that followed, a group of colonists, known as the Patriots, staged protests, one of which was the notorious Boston Tea Party of 1773, when the Patriots destroyed a large shipment of British tea. Britain responded by imposing the Coercive Acts in 1774, forcing the colonists to repay the money lost from the tea. Anti-British sentiment soon grew rapidly across the colonies, although there were still groups of people who remained faithful to the British Empire, called Loyalists.

By 1775, fighting regularly broke out between the Patriots and British soldiers. The conflict eventually escalated into a global war with the Patriots and their allies fighting the British and the Loyalists. After eight years of battle, a peace treaty was signed in 1783 confirming the United States' complete separation from Britain.

01 Which of the following can be inferred about the colonists?

Ⓐ They had earned a reputation for protesting anything British.
Ⓑ The Boston Tea Party led British people to respect them.
Ⓒ They still conducted trade with England after the U.S. was established.
Ⓓ Most neighboring countries supported their independence.

02 It can be inferred from the passage that

Ⓐ the colonists originally accepted the rule of the British.
Ⓑ some other countries also participated in the war.
Ⓒ Britain maintained minimal influence in the colonies after the war.
Ⓓ Britain lost the war because of its inferior military power.

iBT PRACTICE

Directions: The Reading section measures your ability to understand academic passages written in English. You will read one passage and asnwer questions about it.

Art Nouveau

Art Nouveau is a style of art, architecture and applied arts — particularly decorative arts — that was most popular from 1890 to 1910. One of the principal objectives of Art Nouveau was to draw upon the inspiration of forms and structures found in nature, such as curved lines, flowers and plants.

Art Nouveau was considered to be a way of life. One of the reasons it came into existence was as a protest against the revival movements of art in the late 19th century, evident in historicism and neo-classicism. Art Nouveau creators were concerned with moving beyond the bounds of historicism, as a large amount of art in the 19th century was influenced by a return to classical ideals. It was not limited to just works of fine art, but encompassed a broader spectrum of architecture, graphic art, and interior design, as well as jewelry, furniture and other household items. Over time, this artistic philosophical outlook on life spread from its founding in Germany and France to countries around the globe, especially the United States.

In line with the Art Nouveau philosophy that art should become part of everyday life, it employed flat, decorative patterns that could be used in all art forms. Typical decorative elements include leaf and tendril motifs, intertwined organic forms, as well as depictions of lavish birds, flowers and beautiful women with intricate hair and curvaceous bodies. Many of these elements are still evident in buildings throughout Europe from some of the Paris metro entrances to the rhythmically asymmetrical buildings of the renowned Spanish artist, Antoni Gaudi.

01 The word **encompassed** in paragraph 2 is closest in meaning to

Ⓐ surrounded
Ⓑ encountered
Ⓒ involved
Ⓓ restricted

02 **Which of the following is NOT associated with the Art Nouveau style?**

Ⓐ Depictions of women with intricate features
Ⓑ Depictions of realistic human features
Ⓒ Depictions of ornate flowers and birds
Ⓓ Depictions of leaf and tendril patterns

03 **Which of the following can be inferred about Art Nouveau?**

Ⓐ Its influence lasted throughout the 20th century.
Ⓑ It harmoniously blended natural forms with classical styles.
Ⓒ It viewed depictions of nature as real art.
Ⓓ It is found in a wide range of designs of items used in everyday life.

04 **Why does the author mention the rhythmically asymmetrical buildings?**

Ⓐ To analyze what decorative element was used for the buildings
Ⓑ To give an example of Antoni Gaudi's construction products
Ⓒ To show the range of decorative elements found in European architecture
Ⓓ To praise the greatness of the Art Nouveau style

CHAPTER 07 Rhetorical Purpose

OVERVIEW

▶ 지문당 출제 문항 수: 1 – 2   ▶ 난이도: Medium

Rhetorical Purpose Questions ask you to determine why the author states certain information in the passage. In iBT TOEFL reading, Rhetorical Purpose Questions usually ask what kind of role a specific detail plays in relation to a paragraph, and how it aids in the audience's understanding of the subject. You may also be asked to identify which of the rhetorical strategies is applied.

EXAMPLES OF RHETORICAL PURPOSE QUESTIONS

Basic Questions

- Why does the author mention ▒▒▒▒▒ in the passage?
- The author discusses [mentions, claims, states ...] ▒▒▒▒▒ in the passage in order to

Modified Questions

- What is the purpose of paragraph ▒▒▒▒▒?
- The purpose of paragraph ▒▒▒▒▒ is to
- The author mentions ▒▒▒▒▒ to indicate that
- What is the tone of the passage?
- The tone of the passage could best be described as

STRATEGY APPLICATION

> Coastal erosion is the process of wearing away land by the force of water or wind. The resulting change can be as little as a few millimeters or as large as thousands of kilometers.

Why does the author mention the process of wearing away in the paragraph?

Ⓐ To define the specific action of erosion
Ⓑ To explain what erosion is
Ⓒ To emphasize the after effect of erosion
Ⓓ To give specific examples of erosion

Point 01 Find out the Purpose of the Question

The purpose is to find out the reason why the author mentions "process of wearing away" in the passage.

Point 02 Find out the Purpose of the Passage

The passage describes what erosion is. The phrase "process of wearing away" was used to explain erosion. The author used "is" to connect "erosion" and "process of wearing away".

정답 Ⓑ
어휘 ☐ erosion 침식, 부식 ☐ wear away 닳게 만들다

CHAPTER 07 Rhetorical Purpose

BUILDING SKILLS

Read the paragraphs and find out why the author mentioned the highlighted words or phrases in the paragraphs.

01

A prism is a clear ocular object that has straight sides and refracts lights. The speed of light is changed as it enters one channel from another, and this triggers the changes in the direction of light. A typical traditional prism is shaped as a triangle consisting of a triangle-shaped base and rectangle-shaped sides. A prism is made of materials such as glass or plastic.

Why does the author mention glass or plastic in the paragraph?

Ⓐ To compare two different materials of prisms
Ⓑ To explain how prisms are made
Ⓒ To give examples of what prisms are made out of
Ⓓ To give examples of prisms' use

02

Mob psychology studies different thought process and behavior patterns of individuals when they are in a mass. According to this theory, individuals tend to act in more extreme and deviant ways when they are in a crowd due to the process of de-individuation, which releases normal social constraints and encourages a diffusion of responsibility for individual actions.

Why does the author mention process of de-individuation in the paragraph?

Ⓐ To warn of the possible consequence of de-individuation
Ⓑ To describe the extent of deviant acts in a mob
Ⓒ To name each step in the process of de-individuation
Ⓓ To explain why people act differently in a mob

03

Due to the racial discrimination in the rural south, there was a great surge in migration of African Americans called the Great Migration from 1910 to 1970. Nearly six million African Americans moved to the northern industrial cities increasing the population of African Americans in Northern states by about 40%. While some educated African Americans were able to obtain jobs, many migrants again faced racial discrimination and restrictions and worked under poor conditions.

The author mentions racial discrimination in the paragraph in order to

Ⓐ illustrate the significance of the Great Migration in African American history.
Ⓑ explain the reason for the Great Migration.
Ⓒ show typical racial discrimination in the rural south.
Ⓓ describe the difference between 1st and 2nd Great Migration.

04

In 1943, a volcano suddenly emerged from a farmer's cornfield in Mexico. Named Paricutin, the on-going eruption that followed was modern science's first opportunity to observe the formation and eruption of a volcano at such close range. Over the next seven years scientists from around the world were able to study the volcano thoroughly as it went through its lifecycle. The study of the Paricutin volcano significantly increased the understanding of volcanism.

The purpose of the paragraph is to

Ⓐ indicate the mechanism of volcano formation.
Ⓑ describe an unusual occasion to study volcanoes.
Ⓒ explain a possible aftermath of volcanoes.
Ⓓ illustrate the chronicle of volcanology.

BASIC DRILLS

Read the paragraphs and find out why the author mentioned the highlighted words or phrases in the paragraphs.

01

King Richard I ruled England from 1189 to 1199. He was a son of Henry II, who was the previous king of England. Richard I also had many roles as a Duke, Lord, and Count in various places, such as Aquitaine, Gascony, and Nantes. He was known for being an excellent military leader, so he was called Richard the Lionheart. When he became 16 years old, he took command of his army and settled revolts against Henry II, his father. In addition to his great military leadership, he spoke two languages: French and Occitan.

The author discusses Richard the Lionheart in the paragraph in order to

Ⓐ commemorate Richard I's well-known victory.
Ⓑ praise Richard I's brilliant mind.
Ⓒ state Richard I was a great military leader.
Ⓓ indicate Richard I's bilingual ability.

02

Corrosion happens when a metal deteriorates. There are many different types of corrosion. The most common corrosion among the different types is a uniform attack corrosion, which happens because of chemical or electrochemical reaction and deteriorates the whole metal surface that is exposed. Luckily this is rather regarded as safe compared to other types because it can be expected in advance and thus can often be prevented. Another type of corrosion is galvanic corrosion. In this corrosion, two dissimilar metals stay together, and one metal deteriorates more quickly than it would alone and the other deteriorates more slowly than it would otherwise.

Why does the author mention electrochemical reaction?

Ⓐ To prove corrosion happens in two different ways
Ⓑ To provide a possible reason why the most common corrosion occurs
Ⓒ To highlight the importance of electrochemical reaction over chemical reaction
Ⓓ To contrast the uniform attack corrosion with the galvanic corrosion

03

The Association of South East Asian Nations (ASEAN) is an organization of ten countries in the Southeast Asia. Its stated goals are the fostering of economic growth, social progress and regional peace and stability. It is also primarily concerned with offering a forum for member countries to resolve differences peacefully. Their way of conflict resolution is often referred to as the ASEAN Way. This particular approach emphasizes a non-confrontational approach that is informal and personal. It emphasizes the compromise and consensus-building which allow them to keep conflicts out of public view. In this way, its members are able to avoid public embarrassment, and are in keeping with their behavioral and procedural norms.

The author discussed the ASEAN Way in the paragraph in order to

Ⓐ describe how it triggers conflicts among ASEAN nations.
Ⓑ clarify the primary goal of the ASEAN organization.
Ⓒ analyze the effectiveness of regional organizations.
Ⓓ illustrate ASEAN's institutional culture.

04

Patriarchy is a social system in which males hold primary power in society and pass down the property and title through the male lineage. Its female oriented equivalent is matriarchy. Matriarchal societies typically manage property rights through female lineage, and ancestral lineage is also traced through maternal ancestry. Although patriarchy is the most widely known form of society, there are some societies that are both matriarchal and patriarchal, of which the Minangkabau of Indonesia are the largest at about four million people. In their society, women rule over domestic issues related to the home and family, while men are involved in political and spiritual responsibilities. Property is passed down from mother to daughter, and the women are considered as a leader of their families.

The author mentions a leader of their families to

Ⓐ address the duty of Minangkabau women as breadwinners.
Ⓑ give an example of women's roles in a patriarchal society.
Ⓒ refute the claims that the Minangkabau is actually a patriarchal society.
Ⓓ highlight women's role in Minangkabau families.

READING PRACTICE

Read the paragraphs and find out why the author mentioned the highlighted words or phrases in the paragraphs.

[PASSAGE A]

Attention deficit disorder also known as ADD refers to the disorder commonly found in children who have difficulty paying attention, sitting still, and controlling their behavior. The term ADD was soon changed to ADHD in the late 1980's by adding an additional symptom, "hyperactivity".

Both terms refer to conditions of inattention, but ADHD includes hyperactivity and impulsivity as symptoms. The hyperactivity and impulsive behavior in ADHD children can be manifested in many ways, and they differ significantly from child to child. As a consequence of their inappropriate and undisciplined behavior, children with ADHD tend to have hard times in typical school environments without specialized assistance and accommodations.

Common treatment of ADHD in children involves medication that regulates hyperactivity and impulsiveness. As the child gets older, cognitive behavior therapy is instead recommended which teaches the child to recognize certain kinds of impulsive and inattentive behavior and take measures to regulate and manage it.

01 The author mentions **hyperactivity** in order to

Ⓐ explain the reason the term ADHD changed to ADD.
Ⓑ illustrate how medical terms can transform over time.
Ⓒ criticize earlier use of the term as insensitive and not inclusive.
Ⓓ indicate a newly added criterion to ADD.

02 Why does the author discuss **cognitive behavior therapy**?

Ⓐ To illustrate how the symptoms of ADHD changes with age
Ⓑ To provide another type of medication for ADHD
Ⓒ To indicate different use of treatment depending on the situation
Ⓓ To contrast treatments for ADD with those for ADHD

[PASSAGE B]

Today our planet features of several continents and oceans. About 300 million years ago, however, the Earth had just one large landmass called Pangaea. Over time, parts of this landmass started to drift apart and become the continents we have today. Yet our understanding of this tectonic movement is fairly recent and came about through analysis and comparison of geological and paleontological features around the world.

The most commonly cited evidence is the appearance of the same fossils on different continents around the world. By mapping where fossils are found today, geologists have determined which continents once abutted each other. For example, fossils of the mesosaurus, a type of freshwater reptile, have been found on the tip of South America and the tip of South Africa, indicating that these two areas must have adjoined each other in the past. Similarly, by mapping where identical mineral deposits and glacial till have been found in different parts of the world, geologists and prospectors have "reverse-engineered" the movement of the earth's tectonic plates to determine how they moved apart from each other.

---

01 The purpose of the passage is to

Ⓐ illustrate the history of plate tectonics theory.
Ⓑ highlight the importance of Pangaea in the study of geology.
Ⓒ explain how the same mineral deposits are found in different parts of the world.
Ⓓ describe the evidence that supports the theory of Pangaea.

02 The author mentions fossils of the mesosaurus

Ⓐ to support the theory that the continents were once a single landmass.
Ⓑ to describe the mesosaurus's different types of habitat.
Ⓒ to find out the reason for the mesosaurus's extinction.
Ⓓ to introduce a controversy over the plate tectonics theory.

iBT PRACTICE

Directions: The Reading section measures your ability to understand academic passages written in English. You will read one passage and answer questions about it.

The Peppered Moth

Evolution is a change in the heritable traits of organisms over successive generations. In the 19th century, Charles Darwin published a new perspective of evolution, natural selection, which asserts that the change in the heritable traits of individual organism will pass along if it has a greater survival benefit. Over time, this process will lead to an overall change in the population of organisms. One of the best known examples of evolution by natural selection is the evolution of the peppered moth.

Prior to the Industrial Revolution, the peppered moth was normally white with black speckles across the wings. A very small number of the moths, less than 0.01% had dark, almost black wings. During the daytime these moths rested on the trees that had light-colored lichen, a kind of moss, growing on them. The color of the moths allowed them to blend in with the lichen and to avoid predation by the birds. The dark-colored ones, however, stood out and were easily targeted by the predators.

As the Industrial Revolution progressed, and air quality worsened, the lichen on the trees started to die off and the bark of the trees darkened. This change in environment meant that once camouflaged light-colored moth was now easy prey for birds as it stood out against the dark-colored bark. The dark-colored moth became the fittest form of the peppered moth. The result of this change is that dark-colored moths made up almost 98% of the Peppered Moth population, a significant change over the course of just 40 years. During the 20th century, air pollution decreased and soon the air quality was improved accordingly. Once again, the color of tree trunks became lightened by lichens which led to a growth in the population of light-colored moths.

01 The purpose of the passage is to

Ⓐ refute criticisms of evolutionary theories.
Ⓑ explain an example of natural selection.
Ⓒ describe the role of natural selection in genetics.
Ⓓ classify different examples of natural selection.

02 **In paragraph 2, the author mentions the Industrial Revolution to**

Ⓐ describe the time when Darwin published the theory of natural selection.
Ⓑ highlight the difficulties the ecosystem was facing at the time.
Ⓒ illustrate the harm and long-lasting effects of pollution on the environment.
Ⓓ introduce the environmental factor that caused the natural selection.

03 **The word it in paragraph 3 refers to**

Ⓐ bird
Ⓑ light-colored moth
Ⓒ dark-colored bark
Ⓓ prey

04 **Which of the sentences below best expresses the essential information in the highlighted sentence?**

Ⓐ Reproduction is essential for the survival of the dark-colored moth.
Ⓑ The dark-colored moths were best adapted to their environments.
Ⓒ Environmental change was responsible for sudden growth of dark-colored moths.
Ⓓ Dark-colored moths were superior in their ability to withstand environmental change.

CHAPTER 08 Text Insertion

OVERVIEW

▶ 지문당 출제 문항 수: 1   ▶ 난이도: Medium – Difficult

Text Insertion Questions give you an extra text and ask you to find where it fits most logically in a passage. Four possible locations are marked with squares. Your task is to decide where the given text best fits.

EXAMPLES OF TEXT INSERTION QUESTIONS

Text Insertion Question

Look at the four squares [■] that indicate where the following sentence could be added to the passage.

Here provided is the excerpted sentence. [삽입 문장]

Where would the sentence best fit?

Click on a square [■] to add the sentence to the passage.

STRATEGY APPLICATION

> From the fourth century until early modern times, Japanese pottery was predominantly an imitation of what was being made in China and Korea. _____ These new Japanese features could be seen in various areas of Japan that produced characteristic unglazed high-fired stoneware.

Find a sentence that can fit in between the two sentences.

Ⓐ Japan continued to use Korean and Chinese features in its pottery until the present day.
Ⓑ However, beginning in the mid-19th century, Japan began to incorporate distinct Japanese characteristics in its pottery.
Ⓒ Japan looked to other countries for artistic inspiration.
Ⓓ For example, Japanese potters developed new methods of placing pottery in a kiln.

Point 01 Recognize the Flow of Logic and Ideas

"... an imitation of what was being made in China and Korea ..." ⋯▶ A missing sentence ⋯▶ "These new Japanese features ..."
⋯▶ You need to infer what Japan did to have "new features" instead of "imitating other countries' pottery."

Point 02 Conclusion

It can be inferred that Japan incorporated distinct Japanese characteristics in its pottery instead of imitating what was in China and Korea.

정답 Ⓑ
어휘 ☐ **pottery** 도자기   ☐ **predominantly** 대개, 대부분   ☐ **kiln** 가마

Building Skills

Read the sentence given in each box and check where the given sentence could be added to the paragraph.

01

> Starting in the mid-20th century, however, a new style of folk music emerged reaching its peak in popularity in the 1960s.

> There are several ways to define traditional folk music. **A** The first way is to view it as music that has been passed on orally through generations. **B** A second typical characteristic of folk music is that the composer is usually unknown. **C** This music is usually comprised of soft vocals and heavy acoustic guitars. **D**

02

> In addition to these early crops, there is evidence that wheat was the first crop to be grown on a major scale.

> **A** When major climate change took place after the last Ice Age, about 12,000 years ago, large parts of the Earth became prone to long, dry seasons. **B** This climate change allowed hunter-gatherers in many areas of the fertile lands around rivers in the Middle East to form the first settled villages and store large amounts of wild grains. **C** Some of the earliest grains to be harvested were barley, lentils and chickpeas. **D**

03

Scientists believe the seeds were buried there by an Ice Age squirrel.

Found in a cache in Siberia, the seeds of the *Silene Stenophylla* have been determined to be the oldest plant ever in existence. **A** Radiocarbon dating indicates that the seeds are about 32,000 years old. **B** The ancient seeds had been damaged, possibly by the squirrel, which prevented them from growing in the ground. **C** However, a few of the seeds were able to germinate and scientists have successfully been able to reproduce them. **D**

04

Babies pay close attention to the sounds they hear around them even before they are capable of speech.

A As they begin to develop very basic speech patterns, babies will first start to distinguish human sounds from other sounds in their environment. **B** Usually babies will only initially notice those words from their parents that have the strongest emphasis. **C** By the time they are about two months old, babies begin to detect slight differences between sounds or words with higher and lower tones, which can influence the baby's emotion or behavior. **D**

BASIC DRILLS

Read the sentence given in each box and check where the given sentence could be added to the paragraph.

01

Interestingly, several of these meteorites contain evidence of fossilized Martian micro-organisms, suggesting the possibility of life outside the Earth.

The Martian meteorite is a rock that formed originally on Mars and then made its way to Earth due to the impact of an asteroid on Mars. **A** In recent years, NASA has confirmed that several meteorites found on Earth are indeed from Mars, since they possess elemental properties similar to rocks analyzed by spacecraft on Mars. **B** Scientists have found evidence of nano bacteria fossils in the cracks of some of the meteorites. **C** Although some scientists dispute the evidence, more precise examination of the rocks is underway to determine the validity of the claims. **D**

02

They also carry out other important duties, such as cellular differentiation and cell death, as well as maintaining cell growth.

Mitochondria are double membrane parts of the cell that have very specific functions in cellular activity. Parts of a cell that serve unique functions are called organelles. **A** These organelles act as the power plants of the cell. **B** They are responsible for generating most of the cell's supply of adenosine triphosphate(ATP), which is used as a source of chemical energy. **C** As a result, mitochondria seem to be related to several human physical disorders, such as cardiac arrest and heart failure. **D** In addition, a recent study at the university of California pointed to the possibility that autism is also related to a mitochondrial disorder.

03

These early humans had to acclimatize themselves to the massive ice sheets that covered not only Antarctica, but also large parts of Europe, North America and South America.

Scientists usually refer to the time period of the most recent Ice Age as the Pleistocene Epoch. This time period was roughly 1.8 million years ago and lasted about 12,000 years. **A** It was during this period that many large Ice Age animals, including wooly mammoths, mastodons and saber-tooth tigers, became extinct. **B** The Pleistocene Epoch also witnessed the emergence of the first Homo Sapiens, who spread themselves to all corners of the planet by the end of the epoch. **C** The remains of the ice sheets and glaciers that once covered the Earth can still be seen in areas like Greenland and Antarctica. **D**

04

Dixieland music started to die out, as swing music rose in popularity.

Dixieland music is a style of jazz music which emerged out of New Orleans at the beginning of the 20th century. **A** This style of music is also referred to as hot jazz. **B** As the style spread to Chicago, musicians in Chicago began to focus on the use of the string bass and guitar to play a faster-paced style of music, which placed more emphasis on solos. **C** The defining sound of Dixieland music is created when one instrument plays the melody and the other instruments play improvised variations around the original melody. **D** Later, retired musicians had a chance to return to the jazz circuit due to a revival of Dixieland in the late 1940s and 1950s.

READING PRACTICE

Read the passages and answer the questions.

[PASSAGE A]

Ancient Greek pottery has many unique characteristics from the vast array of vase shapes to the representations depicted on the pottery of Greek cultural beliefs and practices. In order to produce their distinctive pottery, Greeks used a variety of clays, ranging in quality, that were easily found everywhere in Greece. [A] The clay was prepared and refined so that different consistencies of clay could be achieved, depending on the kind of pottery that was going to be made. [B] Once the clay was shaped into the desired vessel, Greeks usually then decorated the pot with a thin black adhesive paint. [C] After decoration of the pot was completed, it was put into a kiln and fired at a temperature of around 960 degrees Celsius. [D]

Some of the first distinctive Greek pottery styles came out of the civilizations of the Minoan Crete and the Mycenaean mainland. In later years, around the seventh century BC, the so-called Orientalising Style became popular in Corinth, focusing on depictions of stylized plants, animals and curved lines. Following suit, Athens developed this style into the celebrated black-figure style of Greek pottery.

01 Look at the four squares [■] that indicate where the following sentence could be added to the passage.

> This paint was a mix of alkali potash, clay and black ferrous oxide.

Where would the sentence best fit?

Ⓐ A   Ⓑ B   Ⓒ C   Ⓓ D

02 Which of the following is NOT mentioned as the methods Greeks used to make potteries?

Ⓐ They adjusted the density of the clay.
Ⓑ They embellished the pot using an adhesive paint.
Ⓒ They baked the pottery in a kiln at a high temperature.
Ⓓ They used a variety of clays from abroad.

[PASSAGE B]

Yellowstone National Park is an American national park located in Wyoming, Montana and Idaho. **A** The physical landscape of Yellowstone National Park has been and is being created by various geological processes. **B** Some of the Earth's most active volcanic, hydrothermal and earthquake systems contribute to making the park a priceless geological treasure. **C** The park is replete with extraordinary geysers, hot springs, mud pots and steam vents, as well as other wonders, such as the Grand Canyon of the Yellowstone River. **D**

Yellowstone's geological story provides examples of how geologic processes work on a planetary scale. One of the most significant geological features of the park that illustrates a planetary-scale geological process is the Yellowstone Caldera, which is sometimes referred to as the Yellowstone Supervolcano. The term supervolcano is generally used to describe volcanic fields that produce exceptionally large volcanic eruptions. Over the past two million years, the massive eruptions of the Yellowstone Caldera have been indispensable to shaping the landscape of the park, resulting in the formation of its many lakes, rivers and mountain ridges.

01 **Look at the four squares [■] that indicate where the following sentence could be added to the passage.**

> In fact, as a result of these unique geological features, Yellowstone was established as the world's first national park.

Where would the sentence best fit?

Ⓐ A Ⓑ B Ⓒ C Ⓓ D

02 **Why does the author mention the Yellowstone Caldera in paragraph 2?**

Ⓐ To provide an example of a recent volcanic eruption
Ⓑ To show how the Caldera has shaped the geological landscape of the park
Ⓒ To illustrate the negative impact the Caldera has on the environment
Ⓓ To demonstrate how the Caldera contributes to the park's earthquake system

iBT PRACTICE

Directions: The Reading section measures your ability to understand academic passages written in English. You will read one passage and asnwer questions about it.

The Arid West

The Earth's arid regions are characterized by a significant lack of water resources, which results in the prevention of growth of plant and animal life. These areas commonly have very little vegetation and are not useful for farming. Although most arid climates are generally found around the equator, most of the American West is also an arid region that is sparsely populated compared to other regions in the United States.

The American West is a huge piece of land covering thousands of miles, from the Great Plains in the center of the country to regions along the Pacific Coast. As European settlers traveled from the East to the West, they were unprepared for the harsh conditions that awaited them. While Native Americans had adapted to the climate and inhabited the dry areas for generations, the new settlers, unfamiliar with the geography, struggled to survive. Certain native Americans had learned to feed themselves off desert seeds, small mammals and grasshoppers. On the other hand, early European settlers, who were dependent on farming and not used to such low rainfall, had to develop new methods of sustenance. These earlier generations also had to deal with severe drought, dry water holes, and hand digging wells.

➡ Today, however, millions of people live in the arid West, even though they are densely concentrated around places where water is available. **A** Americans have even constructed huge feats of hydraulic engineering, manipulating and directing natural water resources to suit their needs. **B** With current renewed interest to develop the West, the lack of water presents a fundamental issue. **C** While some businesses would like to see the development of places like luxury golf courses or more urban expansion, others point to the fact that the remaining natural water resources need to be preserved in order to prevent any further desertification of the land. **D**

01 Which of the following is NOT mentioned about the European settlers and the Native Americans?

Ⓐ The Native Americans had already lived in the arid areas for a long time before the European settlers arrived.
Ⓑ The Native Americans lived on seeds, small mammals and some edible insects.
Ⓒ The European settlers received help from the Native Americans about adapting to the harsh conditions.
Ⓓ The European settlers needed to find a new way of sustenance other than farming.

02 **The word manipulating in paragraph 3 is closest in meaning to**

   Ⓐ controlling
   Ⓑ starving
   Ⓒ expanding
   Ⓓ purifying

03 **The word their in paragraph 3 refers to**

   Ⓐ hydraulic engineering
   Ⓑ water resources
   Ⓒ feats
   Ⓓ Americans

04 **Look at the four squares [■] that indicate where the following sentence could be added to paragraph 3.**

   > One such feat is the massive Hoover Dam, which controls floods, provides irrigation water and produces hydroelectricity.

   Where would the sentence best fit?

   Ⓐ A   Ⓑ B   Ⓒ C   Ⓓ D

   Paragraph 3 is marked with an arrow (➡).

M⁺plus
TOEFL READING

PART 3

Reading to Learn Item Types

Chapter 09 **Prose Summary**

Chapter 10 **Schematic Table Chart**

CHAPTER 09 Prose Summary

OVERVIEW

▶ 지문당 출제 문항 수: 0 – 1   ▶ 난이도: Difficult

Prose Summary Questions require you to recognize and summarize major ideas within the passage. In these questions, you will be given an introductory sentence and six statements. From these six statements, you must select three statements that, along with the introductory sentence, create a complete and coherent summary of the passage.

EXAMPLES OF PROSE SUMMARY QUESTIONS

Prose Summary Question

Directions: An introductory sentence for a brief summary of the passage is provided below. Complete the summary by selecting the THREE answer choices that express the most important ideas in the passage. Some answer choices do not belong in the summary because they express ideas that are not presented in the passage or are minor ideas in the passage.

This question is worth 2 points.

An introductory sentence for a brief summary of the passage is provided here.

-
-
-

Answer Choices

Ⓐ   Ⓓ
Ⓑ   Ⓔ
Ⓒ   Ⓕ

*Passage Introduction의 Summary를 제시해 주고, 이어지는 핵심 내용을 찾도록 요구한다.

STRATEGY APPLICATION

> Along the beaches of the Eastern United States, thousands of small, gelatinous blobs, called sea salps, are washing up on the coast. These harmless creatures have been found to play a positive role in climate change by aiding removal of excess carbon.

Select a summary that expresses the most important idea in the paragraph.

Ⓐ Sea salps are constantly increasing in their numbers in the U.S.
Ⓑ Sea salps are releasing excess carbon into the air that intensifies global warming.
Ⓒ Sea salps are benign organisms that slow the rise of atmospheric carbon levels.
Ⓓ Sea salps are constantly propagating due to global warming.

Point 01 Understand the Main Idea

The main idea of the short passage is sea salps' role in the ecology of the sea off the eastern U.S.

Point 02 Find the Key Phrases

Sea salps ⋯▸ harmless creatures
⋯▸ play a positive role in climate change
⋯▸ aiding removal of excess carbon

Point 03 Arrive at the Conclusion

The answer should contain information about both characteristics and functional elements of sea salps. As for the characteristics of sea salps, they are harmless. 'Benign' in choice Ⓒ is used as a synonym of 'harmless.' As for the function of sea salps, they aid removal of excess carbon in the atmosphere.

정답 Ⓒ
어휘 ☐ **benign** 유순한, 위험 없는 ☐ **propagate** 번식하다, 전파하다

Building Skills

Read the paragraphs and complete the summary by selecting the TWO answer choices that express the most important ideas in the paragraphs.

01

There are two principal reasons why the Roman Empire was so successful at assimilating conquered territories. The first reason is that they had a superior legal culture. Since they had strict laws in place to regulate society, citizens had a set of social standards to abide by. The second reason is that the Roman Empire had significantly superior manpower and would often outnumber their opponents in battle.

There are two major factors that allowed the Roman Empire to successfully assimilate neighboring countries.

-
-

Answer Choices

Ⓐ Roman society had a set of laws that Romans had to follow.
Ⓑ Roman soldiers were professionally trained at a young age and superior in skill.
Ⓒ Romans feared the laws and therefore did not commit crimes.
Ⓓ Roman armies were composed of large numbers of soldiers compared to their enemies.

02

Astronomy is a natural science that concentrates on the study of celestial objects, such as stars and planets, or any phenomena that occur outside the realm of Earth. In recent years, professional astronomers focus on observational and theoretical approaches. Observational astronomy is the gathering of data from space, which is analyzed using the basic principles of physics. Theoretical astronomy develops computer models to describe astronomical phenomena.

Astronomy is the study of stars, planets and phenomena occurring in outer space.

-
-

Answer Choices

Ⓐ Observational astronomy is a recent development in astronomy due to the invention of the telescope.
Ⓑ Theoretical astronomy is made possible by applying the laws of physics to celestial phenomena.
Ⓒ Astronomers use computer modeling to better understand space.
Ⓓ Astronomers use observation to collect data and analyze information from space.

BUILDING SKILLS

03

Over the past thousands of years, levels of carbon dioxide in the atmosphere have naturally fluctuated. However, a significant number of scientists are pointing out that currently carbon dioxide levels are much higher than they would be if we were not burning so many fossil fuels. In addition, as scientists study hundreds of years of geological data, they claim that an increase in carbon dioxide is leading to a direct increase in global temperatures.

Fluctuation of carbon dioxide levels in the atmosphere has been a natural event for a long time.

-
-

Answer Choices

Ⓐ Scientists claim higher levels of carbon dioxide have little impact on global temperatures.
Ⓑ Many scientists have indicated a rise in the amount of carbon dioxide in the atmosphere.
Ⓒ Some scientists believe that higher global temperatures are a result of an increase in carbon dioxide.
Ⓓ The level of carbon dioxide in the atmosphere tends to fluctuate easily.

04

The most significant product to be exported by the U.S. during the 18th century was cotton. This material was extremely simple to process and manufacture compared to other materials due to the invention of the cotton gin that facilitated the separation of cotton fibers. As a result of this increase in cotton productivity, manufacturers could meet the high demand for cotton and the cultivation of cotton surged, surpassing all other products.

Cotton was the most significant export of the U.S. in the 18th century.

-
-

Answer Choices

Ⓐ Manufacturers were able to meet the high demands of cotton during the 18th century.
Ⓑ The invention of the cotton gin was applicable to some of cotton plants.
Ⓒ The surge of cotton contributed to the U.S.'s economic growth.
Ⓓ The simplified manufacture of cotton was made possible by the cotton gin.

Basic Drills

Read the paragraphs and complete the summary by selecting the TWO answer choices that express the most important ideas in the paragraphs.

01

Impressionism is a 19th art movement that started with a group of artists in Paris who preferred painting realistic scenes of modern life with small, thin brush strokes. They ventured away from the traditional styles of painting in which historical subjects, religious themes and portraits were favored by the dominant Académie des Beaux-Arts, the authority in the realist styles of French painting. By the 1860s, Impressionists routinely found their paintings rejected and looked down upon by the judges at the Académie's prestigious annual Salon de Paris exhibitions. However, in the next decade the public came to appreciate their style as a fresh and original vision.

Contemporary artists and landscape painters of 19th century Paris led an art movement called impressionism.

-
-

Answer Choices

Ⓐ The Impressionist painters were graduates of the Académie des Beaux-Arts who protested against the school's teachings.
Ⓑ Impressionism was often held in low esteem by the painters of traditional styles.
Ⓒ The Impressionist painters often won prizes at the Salon de Paris annual exhibitions.
Ⓓ Impressionist painters favored depictions of landscapes and scenes from the present.
Ⓔ Impressionist painters found inspiration in the religious subjects of their time.

02

Ants form colonies that vary greatly in size from less than a hundred ants living in a small group to massive colonies of ants comprised of millions. Huge colonies are often referred to as super organisms since the ants work together as a collective unit in order to preserve the state of the colony. Despite such large numbers of ants living in the same community, they are able to effectively communicate with each other using pheromones. Ants use their long, thin, mobile antennae to perceive these smells. As most ants reside on the ground, they leave pheromone trails on the surface of their path, which can be read by other ants.

Most ants live in various-sized massive societies called colonies.

-
-

Answer Choices

Ⓐ Ants are social creatures that work together often in colonies.
Ⓑ Ants prefer to live in isolated colonies of less than one hundred individuals.
Ⓒ Ants have a highly effective method of communication, which is useful in battle against other ant colonies.
Ⓓ Colonies that are huge in the size are called super organisms.
Ⓔ Ants communicate using pheromones, scents that can be read by other ants.

Basic Drills

03

Prehistorically, causes of extinction have been predominantly natural Earth processes, such as geological transformations of the Earth's crust and major climatic phenomena. For example, one of the leading theories explaining the extinction of dinosaurs cites the possibility of volcanic activity or a huge asteroid impact as creating the conditions on Earth that wiped out the dinosaurs. However, with the emergence of modern man, most extinction has generally been caused by the activities of humans. Further acceleration of extinction rates and decrease in biodiversity in the last few centuries has been brought about by human population growth and the destruction of the environment through the expansion of agriculture and city construction.

Natural catastrophes like major climatic change were the predominant reason for mass extinctions.

-
-

Answer Choices

Ⓐ The development of agriculture is the main cause of extinction in recent history.
Ⓑ Dinosaurs were extinct due to geological phenomena that killed them instantly.
Ⓒ Many scientists believe the extinction of dinosaurs was caused by an asteroid impact.
Ⓓ Before modern humans, causes of extinction were natural phenomena.
Ⓔ Since humans first existed, the causes of extinction have generally been human activity.

04

The California Gold Rush from 1848 to 1855 saw some 300,000 people flock to California from around the globe with the promise of great wealth. At first, loose gold nuggets were collected by picking them up off the ground and then later by recovering them from streams and river beds. Ultimately, mining companies came into existence to profit from the gold reserves that were more challenging to acquire. As a result, this activity had a huge social and technological impact. The city of San Francisco, for example, grew from a small settlement to a thriving town with thousands of people. Transportation also developed with new steamships and railroads coming into regular service.

During the middle of the 1800s, a Gold rush drove people to California to become rich.

-
-

Answer Choices

Ⓐ Cities in California grew in size with improvements in infrastructure.
Ⓑ The Gold Rush in California destroyed most of the land due to excessive mining.
Ⓒ Huge numbers of people from all over the world went to California to get gold.
Ⓓ Everyone in California was guaranteed a percentage of wealth from the gold.
Ⓔ The amount of gold in California is unlimited and is still being mined.

READING PRACTICE

Read the passages and then answer the questions.

[PASSAGE A]

The Earth, the moon and the other planets in the solar system are continually being hit by objects flying around in space. Since the Earth has an atmosphere, most of these objects burn up substantially before reaching the surface. The moon, however, lacks an atmosphere, as well as water and tectonic activity, which means it is more susceptible to an impact by a flying object. Due to this reason, the moon has huge numbers of impact craters which are circle shaped depressions on its surface.

The formation of craters on the moon is studied in the lunar impact monitoring program at NASA. They have discovered that since the craters do not disappear, some are found to be more than 2 billion years old. They are able to determine the age of larger craters on the moon by analyzing the number of smaller ones contained within them, as older craters generally accumulate smaller ones. The size and shape of the crater depends on factors, such as the speed and size of the impacting body, as well as the geology of the surface. The faster the object approaches the moon, the larger the crater will be.

01 **Which of the following is NOT mentioned in the passage as a factor that erases the formation of craters?**

   Ⓐ water
   Ⓑ tectonic activity
   Ⓒ gravity
   Ⓓ atmosphere

02 **Directions:** An introductory sentence for a brief summary of the passage is provided below. Complete the summary by selecting THREE answer choices that express the most important ideas of the passage.
   This question is worth 2 points.

   The moon is more susceptible to the lasting effects from external shocks.

   -
   -
   -

   Answer Choices

   Ⓐ The moon lacks forces to erase the impact of external shocks.
   Ⓑ The Earth receives more impacts and formations of craters than the moon.
   Ⓒ The moon's atmosphere shapes the size of each crater on its surface.
   Ⓓ There are many impact craters on the surface of the moon.
   Ⓔ The moon has the most craters in the solar system.
   Ⓕ NASA is studying the impact craters on the moon.

READING PRACTICE

[PASSAGE B]

Over thousands of years, the theater stage has evolved in style and layout. Since the main goal of the theater is to bring about an emotional response from the audience, different layouts have been created to elicit this response. From the earliest performances in Ancient Greece until the present day, the main stages principally used are the proscenium stage, the round stage and the thrust stage.

The most commonly used stage is the proscenium stage, in which the layout resembles a picture frame the audience looks into. As the proscenium stage has wings on each side, productions can be highly elaborate in set design.

In the layout of the round stage, the stage is in the center and is surrounded by the audience on all sides. The goal of this form is to provide a greater sense of intimacy between the audience and the actors. However, due to its shape, it has limited background setting and the actors should enter and exit through the audience.

The thrust stage protrudes out into the audience who surround it on three sides. The advantage of the thrust stage is that it uses its backstage practically while still retaining intimacy with the audience.

01 **According to the passage, what is the advantage of the round stage?**

Ⓐ Producing a closer feeling between actors and audience
Ⓑ Enabling audience access to the stage
Ⓒ Allowing productions to have elaborate designs
Ⓓ Facilitating the staging of outdoor productions

02 **Directions:** An introductory sentence for a brief summary of the passage is provided below. Complete the summary by selecting THREE answer choices that express the most important ideas of the passage. *This question is worth 2 points.*

Throughout history the theatrical stage has evolved in style and layout.

-
-
-

Answer Choices

Ⓐ The proscenium stage acts like a picture frame.
Ⓑ Thrust stages surround all sides of the stage for large scale productions.
Ⓒ Round stages are favored by the audience for their intimate quality.
Ⓓ Round stages allow for greater intimacy between actors and their audience.
Ⓔ Thrust stages combine utility of a backstage area with intimacy with the audience.
Ⓕ Performances in proscenium stages are expensive to produce.

CHAPTER 09 Prose Summary

iBT PRACTICE

Directions: The Reading section measures your ability to understand academic passages written in English. You will read one passage and asnwer questions about it.

Prohibition in the United States

Between 1920 and 1933, the United States imposed a constitutional ban on the production, importation and transportation of all alcoholic beverages. This law was known as Prohibition. Strict rules were set to enforce the ban, although some exceptions were made for religious purposes, for example the use of wine during a church service. Although the private ownership of alcohol was not technically illegal under federal law, most local laws forbade the possession of alcohol. Prohibition finally came to an end with the Twenty-first Amendment to the Constitution on December 5, 1933.

Prohibition was a hotly debated issue by several prominent social groups. On the one hand, Prohibition supporters, called "dries," viewed the law as a victory against the public depravity of the 19th century. They felt that alcoholism, drug abuse, gambling and other social ills led to a decrease in social morals and of society in general. On the other side of the debate were the "wets". While the "dries" tended to be relatively wealthy Protestants, the "wets" were mostly working class people who drank alcohol every day as a routine and felt the alcohol ban as an infringement on their rights. To gain supporters, they emphasized the huge amount of money lost from taxes that could be used by the federal government for improvements to infrastructure.

Ultimately, Prohibition created a black market, and led to the growth of urban crime organizations. Despite the ban, alcohol use was still rampant throughout the nation with many citizens making alcohol at home or finding other illegal means to acquire it. Despite this unexpected consequence, Prohibition did succeed in moderating alcohol consumption during the 1920s, cutting overall alcohol consumption to half.

01 The word **forbade** in paragraph 1 is closest in meaning to

Ⓐ banned
Ⓑ forbore
Ⓒ permitted
Ⓓ discouraged

02 **Which of the following can be inferred about alcohol sales?**

Ⓐ Alcohol tax was a big source of revenue for the government.
Ⓑ Taxes from alcohol were used to improve infrastructure.
Ⓒ Taxes on alcohol served to reduce criminal activity.
Ⓓ Citizens were relieved they did not have to pay alcohol taxes.

03 **Why does the author mention infringement on their rights in paragraph 2?**

Ⓐ To exemplify typical behaviors of the "wets"
Ⓑ To explain the reason working class routinely drank alcohol
Ⓒ To illustrate the reason "dries" were worried about moral depravity of the time
Ⓓ To give the perspective of the "wets" regarding Prohibition

04 **Directions:** **An introductory sentence for a brief summary of the passage is provided below. Complete the summary by selecting THREE answer choices that express the most important ideas of the passage.**
This question is worth 2 points.

A U.S. constitutional ban, Prohibition, was imposed on alcohol from 1920 to 1933.

-
-
-

Ⓐ Supporters of Prohibition secretly produce their own alcohol illegally.
Ⓑ With unexpected increase in illegal activity, the act lowered alcohol consumption.
Ⓒ Prohibition contributed greatly to the improvement of the American economy due to huge tax revenues.
Ⓓ Supporters of Prohibition viewed alcohol consumption as weakening social morals.
Ⓔ "Dries" were mostly rich elites while "wets" were mostly working class.
Ⓕ Critics of Prohibition regarded the ban as violation of their rights.

CHAPTER 10 Schematic Table Chart

OVERVIEW

▶ 지문당 출제 문항 수: 0 – 1   ▶ 난이도: Difficult

In Schematic Table Chart Questions, you need to categorize specific facts in the passage. You will be given a chart with two or three categories, and be asked to place given phrases/statements in the appropriate category.

EXAMPLES OF SCHEMATIC TABLE CHART QUESTIONS

Schematic Table Chart Question

Directions: Select the appropriate phrases from the answer choices and match them to the category to which they relate. TWO of the answer choices will NOT be used. **This question is worth 3 points.**

Category	Statements
Category 1	Select 3 • • •
Category 2	Select 2 • •

Answer Choices

Ⓐ
Ⓑ
Ⓒ
Ⓓ
Ⓔ
Ⓕ
Ⓖ

Drag your answer choices to the spaces where they belong. (This question type fills the computer screen. To see the passage, click on **View Text**.)

STRATEGY APPLICATION

A comet is a small celestial body that has a tail known as a coma. Its orbit is so eccentric that the distance from the sun varies greatly. Unlike comets, asteroids, which are too small to be called planets, have typical elliptical orbits and lack tails.

Category	Statements
A Comet	Select 1 •
An Asteroid	Select 1 •

Answer Choices

Ⓐ Can be very far from the sun
Ⓑ Has a tail created by the sun's heat
Ⓒ Orbits in a short period of time
Ⓓ Revolves around the sun in an elliptical orbit

Point 01   Search for Information

"A comet ... that has a tail known as a coma ... the distance from the sun varies greatly."
⋯▶ A comet has a tail, and it can be very far from the sun because of its eccentric orbit. But there is no explanation about how the tail is formed or how long it takes to orbit around the sun.

Point 02   Comparison and Contrast

"Unlike comets, asteroids ... have typical elliptical orbits ..."
⋯▶ Comets and asteroids revolve around the sun in different ways.

정답 [A Comet - Ⓐ], [An Asteroid - Ⓓ]
어휘 ☐ comet 혜성 ☐ celestial 하늘의, 천체의 ☐ eccentric 편심성의, 한쪽으로 쏠린 ☐ asteroid 소행성
☐ elliptical 타원형의

BUILDING SKILLS

Read the paragraphs and select the appropriate phrases/sentences from the answer choices that match the categories given.

01

There are several theories as to why the population of sea lions is declining. One of the most predominant explanations is the result of overfishing. Commercial fisheries have been reducing the amount of prey on the feeding grounds of sea lions, leading to nutritional deficiency. The second leading theory of their population decline is due to the predation of sea lions by killer whales, a species whose population has greatly increased.

Category	Statements
Overfishing	Select 2 • •
Predation	Select 1 •

Answer Choices

Ⓐ A reduction in prey
Ⓑ A rise in the population of killer whales
Ⓒ Severe environmental changes
Ⓓ The spread of disease among sea lion populations
Ⓔ Lack of nutrition

02

Paintings of botanical art in Europe during the 18th century were done mostly for the aristocracy. The major theme of the artworks was to depict the exotic plants and flowers being brought back to Europe from the colonies. In contrast, American colonists produced botanical art that recorded the natural habitat and flora of the eastern coast of the United States. Other illustrations documented plants that were useful in herbal remedies by doctors.

Category	Statements
American Depictions	Select 2 ● ●
European Depictions	Select 1 ●

Answer Choices

Ⓐ Food source
Ⓑ Medicine
Ⓒ Landscape
Ⓓ Native plants
Ⓔ Colonial plants

BUILDING SKILLS

03

Conducting an interview or survey is the most common way to obtain information about a person or an event. In an interview, an interviewer asks questions in order to get facts or statements, which is a technique useful for acquiring very detailed information. On the other hand, a survey is a method of obtaining information that can represent large portions of a population and is low in cost. However, the information may not be as accurate as that from an interview.

Category	Statements
Interview	Select 1 •
Survey	Select 2 • •

Answer Choices

Ⓐ Is commonly used in scientific research
Ⓑ Is low in cost
Ⓒ Provides detailed information
Ⓓ Covers a large number of people
Ⓔ Has a high level of inaccuracy

04

The formation of the Earth's oil deposits is a process that occurred over millions of years. In the first stage, microscopic plants and animals absorbed energy from the sun, which was then stored as carbon molecules in their bodies. After they died, they sank to the bottom of the ocean to be covered by layers of sediment. In the next stage, high levels of heat and pressure from deep within the Earth caused this organic material to turn into oil.

Category	Statements
First Stage	Select 2 ● ●
Second Stage	Select 1 ●

Answer Choices

Ⓐ Settling on the ocean floor
Ⓑ Reaction with natural gas
Ⓒ Reaction with heat within the Earth
Ⓓ Absorption of solar energy
Ⓔ Emission of carbon molecules

BASIC DRILLS

Read the paragraphs and select the appropriate phrases/sentences from the answer choices that match the categories given.

01

Brown earth is a type of soil located primarily between the 35 and 55 parallels north of the equator. It is characterized by grassland and deciduous woodland. In addition, due to the natural fertility of brown earth, much of the land is used for farming. Geologists generally classify brown earth into three types, called horizons. Horizon A is composed mainly of humus and is about 20cm in depth. Horizon B is composed mostly of mineral matter, with other organic material carried in by organisms, such as earthworms. Horizon C is made up of the parent material such as clay loam, which is permeable in general.

Category	Statements
Horizon A	Select 1 •
Horizon B	Select 1 •
Horizon C	Select 1 •

Answer Choices

Ⓐ Evergreen woodland
Ⓑ Bacteria
Ⓒ Clay loam
Ⓓ Humus
Ⓔ Organic material

02

The Ottoman Empire was founded in 1299 and lasted until shortly after World War I. It covered a vast territory, spanning three continents. In the beginning, the expansion was made possible as the empire incorporated conquered citizens into the army and placed them in local government positions. However, by the 18th century, the ruling sultans were generally considered to be incompetent, with overall corruption and a decline in military power leading to the empire's decline. Eventually, the empire was unable to sustain peace and order, and with rising powers in Europe threatening its over-expanded borders, the empire dissolved.

Category	Statements
Rise of Empire	Select 1 •
Decline of Empire	Select 2 • •

Answer Choices

Ⓐ Assimilation of conquered people
Ⓑ Religious reformation
Ⓒ Cultural superiority of European powers
Ⓓ Sultans unable to rule efficiently
Ⓔ Overexpansion of territory

Basic Drills

03

Megabats, also known as fruit bats, are relatively sizeable creatures with wing spans of up to 1.7m. Despite their large size, megabats are not carnivores, but rather subsist on a diet of fruit. Most megabats have an excellent sense of smell which they use to navigate as they locate food.

In contrast to megabats, most microbats live on insects and use echolocation to explore the environment and communicate with others. Regarding appearance, microbats generally have a tail while megabats always lack one. Also, microbats do not have the claw at the second finger of the forelimb and the second finger is almost bonded with the third one, which helps support better flight.

Category	Statements
Megabats	Select 2 • •
Microbats	Select 1 •

Answer Choices

Ⓐ Are known to be tailless
Ⓑ Use echolocation to navigate
Ⓒ Subsist on a diet primarily composed of meat
Ⓓ Have highly developed sense of smell
Ⓔ Have claws to support flight

04

Agricultural philosophy is a field of study that focuses on the ethics and philosophical frameworks that contribute to making decisions about agriculture and land use. There are several branches of this philosophy, with Utilitarian and Libertarian theories being the most common. Utilitarianism is the view that a morally right action produces what is best for people. In farming, this means using the farmland to benefit humans by growing crops that people need. Libertarianism is the belief that each person has a right to freedom, if it does not interfere with someone else's right. This means that farmers are able to use any method they wish, as long as it does not harm anyone else.

Category	Statements
Utilitarianism	Select 2 • •
Libertarianism	Select 1 •

Answer Choices

Ⓐ Supports freedom to choose farming methods
Ⓑ Claims farming should be for maximum profit
Ⓒ Believes in morally correct farming methods
Ⓓ Approves of acquiring property for farming
Ⓔ Prefers to grow crops that people need

READING PRACTICE

Read the passages and then answer the questions.

[PASSAGE A]

Both Gross Domestic Product (GDP) and Gross National Product (GNP) are used to measure the size and strength of an economy, but are calculated and used in different ways. GDP is an estimated value of the total worth of products and services that are produced within the territorial boundary of a country. On the other hand, GNP is an estimated value of the total worth of goods and services produced by all nationals of a country, whether they are produced within or outside the country. GDP generally provides more information about a country's local economic activities, while GNP tells more about the economic strength of a country, in other words, the global productivity of all its citizens. Both GNP and GDP are generally calculated over the course of one year, although this can vary depending on circumstances.

Though GNP is still calculated, many countries, especially the United States, have shifted to using GDP as their primary economic measure over the last 20 years. This is because most countries in the world feel GDP is more reliable to measure the size and direction of their economies. As a result, GNP numbers are less common than GDP figures.

01 The word they in paragraph 1 refers to

   Ⓐ goods and services
   Ⓑ nationals of a country
   Ⓒ economic activities
   Ⓓ GNP figures

02 Why does the author mention the United States in paragraph 2?

   Ⓐ As an example of a country that focuses more on GNP
   Ⓑ As an example of a country that focuses more on GDP
   Ⓒ As an example of a country that uses both GDP and GNP equally
   Ⓓ As an example of a country that modified how to calculate GDP

03 **Directions: Select the appropriate phrases from the answer choices and match them to the category to which they relate. TWO of the answer choices will NOT be used.** *This question is worth 3 points.*

Category	Statements
GDP	Select 3 • • •
GNP	Select 2 • •

Answer Choices

Ⓐ Is a currently commonly used economic measure
Ⓑ Indicates income of a country's citizens
Ⓒ Provides information about the local economy
Ⓓ Is a value of goods and services within or outside a country
Ⓔ Is used to compare economies of neighboring countries
Ⓕ Is a value of products and services within a country
Ⓖ Provides information about a country's economic strength

READING PRACTICE

[PASSAGE B]

Slash-and-burn is a method in agriculture which consists of the cutting and burning of plants in forests or woodlands to create fields suitable for farming. The first advantage of this method is that the process of burning the land can provide nutrients to the soil. Forests are typically cut a few months before a dry season, allowing the land to dry out. In the following dry season, the area is burned, creating ash that fertilizes the soil. Other advantages of this method are that it can remove weeds and unwanted plants that carry harmful bacteria. These can have a detrimental effect on ecosystems if not removed from time to time. Ideally, by alternating the plots of land used for farming over a number of years, land can be reused indefinitely. However, this technique is not sustainable in large populations, as without substantial trees the soil quality becomes unable to support crops.

In this regard, Inga alley cropping has been proposed as an alternative to the slash-and-burn method. This method involves planting agricultural crops between rows of Inga trees. It is capable of maintaining soil fertility and good harvests year after year, eliminating the need for burning of the rainforests to get fertile plots.

01 The word **These** in paragraph 1 refers to

Ⓐ soil nutrients
Ⓑ advantages of slash-and-burn
Ⓒ ecosystems
Ⓓ plants with bacteria

02 Which of the following can be inferred from the passage about the Inga alley cropping method?

Ⓐ It benefits both the farmers and the sustainability of the soil.
Ⓑ It is a cost-effective farming method.
Ⓒ It has caused several animal species to go extinct.
Ⓓ It is a useful technique for developing nations.

03 **Directions: Select the appropriate phrases from the answer choices and match them to the category to which they relate. TWO of the answer choices will NOT be used.** *This question is worth 3 points.*

Category	Statements
Slash and Burn	Select 2 • •
Inga Alley Cropping	Select 2 • •

Answer Choices

Ⓐ Is useful to harvest Inga trees
Ⓑ Prevents the destruction of the rainforests
Ⓒ Removes unwanted plants
Ⓓ Leads to farming equality
Ⓔ Is unsustainable for large populations
Ⓕ Makes it possible for land to be reused year after year

iBT PRACTICE

Directions: The Reading section measures your ability to understand academic passages written in English. You will read one passage and asnwer questions about it.

The Archaic Period in North America

The Paleo Indians, the earliest inhabitants of North America, hunted large game like woolly mammoths, large bison, and elk as a primary source of food, clothing, and tools. They had to move around the land constantly in very small groups in order to follow the game. As the ice age ended, the herds began to shrink, leading to the extinction of the large animals and changing the lives of the Paelo Indians. During this time, the Archaic Indians slowly replaced them. This period, namely the Archaic era, is from roughly 8000 to 1000 BC. With the end of the Ice Age causing widespread changes to the climate, the people inhabiting North America began to make significant changes to their diet. The Archaic people began hunting smaller animals, fishing and placing greater importance on gathering wild fruits and plants.

The Archaic people started to move around to familiar places based on the growing seasons of plants. In the spring, summer and early fall women harvested seeds, nuts and fruits. Any surplus of food was stored for later use. One of the most important seeds in North America was the sunflower seed which provided an adequate supply of fat and carbohydrates. These people had even developed a variety of tools and implements for grinding the seeds, allowing for greater creativity in food preparation.

Other examples of foods that were cultivated were walnuts, butternuts and acorns. In areas, such as Arizona and New Mexico, archaeological evidence shows that maize was the principal crop harvested toward the end of the Archaic era. In more northern regions of the United States, the gourd-like squash has been found to not only have served as a source of food, but also had a practical purpose as a container, utensil and even as a fishnet float.

01 The word **They** in paragraph 1 refers to

Ⓐ large game
Ⓑ Paleo Indians
Ⓒ inhabitants
Ⓓ woolly mammoths

02 **Which of the following is NOT a food harvested by Archaic people of North America?**

- Ⓐ fruit
- Ⓑ maize
- Ⓒ squash
- Ⓓ quinoa

03 **Why does the author mention the importance of sunflower seeds?**

- Ⓐ To explain how Archaic people overcame eating a poisonous food
- Ⓑ To illustrate the ease in which they were grown
- Ⓒ To highlight the seeds as a nutritional source of energy
- Ⓓ To explain the need for creating new tools

04 **Directions:** Select the appropriate phrases from the answer choices and match them to the category to which they relate. TWO of the answer choices will NOT be used. *This question is worth 3 points.*

Category	Statements
Archaic Indians	Select 3 • • •
Paleo Indians	Select 2 • •

Answer Choices

- Ⓐ Continually moved around the land
- Ⓑ Had a main diet of plants, fruits and seeds
- Ⓒ Developed tools for grinding
- Ⓓ Hunted large animals
- Ⓔ Put heavy emphasis on fishing
- Ⓕ Were able to settle in familiar places
- Ⓖ Fought over food

M⁺plus
TOEFL READING

ACTUAL
TEST 1

The Reading section measures your ability to understand academic passages written in English. You will read **3 passages** and there are **12 to 14 questions** per passage. Most questions are worth 1 point each, but the last question for each passage is worth more than 1 point. The points for the last question will be indicated in the directions. In the actual *TOEFL iBT®* test, you would have **60 minutes** to read the passages and answer all the questions. Test takers with disabilities can request a time extension. You can skip questions and go back to them later as long as there is time remaining. Now begin the Reading section.

Pecking Order

Pecking order is a colloquial term which refers to a hierarchical system of social order created as a means of attaining and keeping order. Although the term is occasionally used for humans these days, the origin of the expression can be traced back to research done on chickens in the early 1900s. In 1921, a German scientist named Thorleif Schjelderup-Ebbe studied the behavior of chickens and realized that they have established their own ranking system of social dominance. This kind of social dominance in chickens and other species of fowl is asserted through various acts, most notably pecking, where hens use their beaks to peck at other chickens in defense or aggression.

The basic concept of a social hierarchy is present throughout the animal kingdom. By developing a social hierarchy, different groups of animals can determine which animals will get priority for things like food and mates. ➡ The establishment of a social hierarchy also reduces the incidence of fighting among members of a group, resulting in a general decrease in conflict and aggressive competition.

For the most part, animals have no need to be able to recognize individuals within the group because they use a "rule of thumb" to distinguish who is the more dominant individual. In the case of chickens for example, a chicken defers to a larger one as it wants to avoid any possibility of injury of a fight with the larger opponent. As a result, when fights do break out between chickens, they are usually between chickens of similar size.

➡ The pecking order is established very early on in a chicken's life when it is raised in a flock. **A** While eating, young chicks will peck at each other, and even bully each other, to determine who gets to eat first. **B** As chickens grow up, the pecking order then has an influence in other areas of their lives, such as drinking, egg laying, roosting and crowing. **C** As a result, chickens which rank lower in the pecking order are forced to roost in whatever areas are left over. **D**

Roosters also play a significant role in the pecking order of chickens. Alpha roosters, determined to be the most dominant, will crow to show their superiority to other chickens. They may also take on the role as leader of the flock. As leader of the flock, roosters will protect the hens from predators, give the hens food, mate with them and drive away rivals from the flock.

Generally, once order is secured in the flock, relative stability and peace is maintained. Naturally, minor skirmishes do occur from time to time between birds who attempt to climb in rank. In this case, chickens and roosters may use body language to intimidate others, such as waving their feathers in warning or in some cases may even fight each other to the death.

01

Why does the author describe the pecking order among chickens?

Ⓐ To explain hierarchical social behavior among chickens
Ⓑ To demonstrate why chickens are aggressive
Ⓒ To show how chickens acquire food
Ⓓ To determine why chickens fight with each other

02

The word dominance in paragraph 1 is closest in meaning to

Ⓐ weakness
Ⓑ achievement
Ⓒ community
Ⓓ authority

03

Which of the sentences below best expresses the essential information in the highlighted sentence in the passage? Incorrect answer choices change the meaning in important ways or leave out essential information.

Ⓐ A social hierarchy does not guarantee that its members will live peacefully without any conflicts.
Ⓑ Animals are less likely to cause a struggle with the creation of a hierarchical social system.
Ⓒ The creation of a social hierarchy mostly results in increased chances of infighting.
Ⓓ The establishment of a strict social system results from a reduced incidence of fighting among animals.

The highlighted sentence is marked with an arrow (➡).

04

Which of the following can be inferred from paragraph 2?

Ⓐ Each species of animals has a different way to establish priority.
Ⓑ A hierarchy creates more peaceful living conditions.
Ⓒ This kind of social order is most apparent among chickens.
Ⓓ The hierarchy determines which members fight each other for food.

05

The word they in paragraph 3 refers to

Ⓐ individuals
Ⓑ chickens
Ⓒ animals
Ⓓ groups

06

According to paragraph 3, when do chickens usually fight with each other?

Ⓐ When they are the same size
Ⓑ When they need to find a mate
Ⓒ When they do not defer to larger chickens
Ⓓ When they meet smaller chickens

07

The author mentions rule of thumb in paragraph 3 to indicate

Ⓐ how chickens decide to fight with each other.
Ⓑ why chickens need to recognize individuals within the group.
Ⓒ why chickens provoke each other.
Ⓓ how size determines rank.

08

The word determine in paragraph 4 is closest in meaning to

Ⓐ decide
Ⓑ differentiate
Ⓒ argue
Ⓓ plan

09
All of the following are mentioned in paragraph 4 EXCEPT

Ⓐ chickens' activities like eating and nesting are affected by the pecking order.
Ⓑ chickens ranking higher have better chances to gain a nesting area they prefer.
Ⓒ chickens with lower ranking are unable to obtain an area to roost in.
Ⓓ the pecking order is also present even among young chicks.

10
The word them in paragraph 5 refers to

Ⓐ roosters
Ⓑ predators
Ⓒ hens
Ⓓ leaders

11
All of the following are mentioned in paragraph 5 as roles roosters play in the pecking order EXCEPT

Ⓐ protecting others from predators.
Ⓑ providing food.
Ⓒ locating nesting grounds.
Ⓓ acting as leader.

12
The word secured in paragraph 6 is closest in meaning to

Ⓐ defended
Ⓑ established
Ⓒ faltered
Ⓓ installed

13

Look at the four squares [■] that indicate where the following sentence could be added to paragraph 6.

> For instance, hens which rank higher in the pecking order have a tendency to chase out other hens from nesting areas that they favor.

Where would the sentence best fit?

Ⓐ A
Ⓑ B
Ⓒ C
Ⓓ D

Paragraph 6 is marked with an arrow (➡).

14

Directions: An introductory sentence for a brief summary of the passage is provided below. Complete the summary by selecting the THREE answer choices that express the most important ideas in the passage. Some sentences do not belong in the summary because they express ideas that are not presented in the passage or are minor ideas in the passage.

This question is worth 2 points.

The pecking order is a hierarchical system of social order among chickens.

-
-
-

Answer Choices

Ⓐ The pecking order is necessary for chickens to learn how to establish roosting.
Ⓑ The pecking order is known to be gradually determined over the life of the chicken.
Ⓒ The pecking order determines which animals hold a dominant position in the group.
Ⓓ According to the rules of the pecking order, hens act as leader of the flock as they are responsible for reproducing.
Ⓔ Once the social hierarchy is established among the groups, aggressive behavior in flocks is decreased and peace is obtained.
Ⓕ The pecking order significantly influences a chicken's activities such as eating, drinking, egg laying, roosting, and crowing.

The Outbreak of the American Civil War

The American Civil War from 1861 to 1865 was one of the most defining moments in American history as it ultimately shaped the political and cultural landscape of the American populace. One of the main factors which led to the outbreak of the war was the north and south's inability to settle their differences over the practice of slavery. In 1860, Abraham Lincoln pledged to keep slavery out of any new states admitted to the union, causing several slave states in the south to secede and form a new nation. The Lincoln administration refused to acknowledge this seccession, claiming it was unconstitutional and would result in the United States breaking into various small countries.

➡ The Civil War, however, was not just a war that broke out over a difference in political ideology. **A** Several other factors, namely the economic priorities and geographical advantages, played an essential role in dividing the two areas into distinct regions. **B** The north was characterized by a greater urban population, mostly due to massive amounts of immigrants coming from Europe. **C** As immigrants flocked to the northern cities, most of them found jobs working as laborers in factories, with the percentage of laborers working in the agricultural field dropping dramatically. **D**

In contrast to the north, there were relatively few big cities in the south, with the exception of New Orleans which was establishing itself as a cultural and economic hub. Any larger cities that emerged in the south at the time were found along rivers or along the coast and acted as shipping ports to send agricultural products to Europe or the north.

The difference between the north's and the south's infrastructures also had a direct impact on their respective economies. Due to the lack of infrastructure and the small population in the south, transportation was extremely limited and transport was primarily done on water by boat. On the other hand, the north was laying the groundwork for an extensive rail network while the south lagged behind in their development of a railway system.

By 1860, as the north's economy was starting to boom due to presence of factories to manufacture goods, the south primarily relied on agriculture to fuel their economy. The warmer climate and fertile soil in the south led to favorable conditions to run very large plantations to grow crops. ➡ Since agriculture was so lucrative at that time, southerners did not believe that there was a strong need for industrial development requiring a great number of laborers and large infrastructures.

In fact, slavery, which had died out in the north, was a defining characteristic of the south's economy and culture. Ultimately, however, Lincoln abolished slavery in the aftermath of the Civil War. Although it took almost a century for the roots of slavery to start to disappear in the south, it was a major factor which led to a decrease in productivity on the plantations and in the general economy of the south.

15
The word it in paragraph 1 refers to

Ⓐ the American Civil War
Ⓑ defining moment
Ⓒ American history
Ⓓ American populace

16
The word pledged in paragraph 1 is closest in meaning to

Ⓐ urged
Ⓑ promised
Ⓒ continued
Ⓓ engaged

17
Why did several southern states secede from the United States?

Ⓐ Southerners believed the northern states were undemocratic.
Ⓑ Southerners considered the economy of the United States unstable.
Ⓒ Lincoln refused to allow slavery states to join the union.
Ⓓ Lincoln forced them to change their primary industry.

18
Where did most settlers in the north find jobs?

Ⓐ agriculture
Ⓑ manufacture
Ⓒ mining
Ⓓ shipping

19
The word emerged in paragraph 3 is closest in meaning to

Ⓐ became apparent
Ⓑ merged
Ⓒ came down
Ⓓ withdrew

ACTUAL TEST 1

20
The word their in paragraph 4 refers to

Ⓐ infrastructures
Ⓑ the northern states
Ⓒ train networks
Ⓓ the southern states

21
According to paragraph 4, which of the following is true about the north's and the south's infrastructures?
Click on 2 answers.

Ⓐ The south's lack of infrastructure contributed to their limited transportation.
Ⓑ Their infrastructures were directly influenced by their difference in economies.
Ⓒ The north held a dominant position in developing a railway system.
Ⓓ The north had extremely limited transportation, especially shipping.

22
The word fertile in paragraph 5 is closest in meaning to

Ⓐ fruitful
Ⓑ barren
Ⓒ detrimental
Ⓓ available

23
Which of the sentences below best expresses the essential information in the highlighted sentence in the passage? Incorrect answer choices change the meaning in important ways or leave out essential information.

Ⓐ The majority of southern laborers worked on a plantation so that southerners could make a considerable amount of profit from agriculture.
Ⓑ Southerners did not consider developing other industries to be necessary due to their profitable agricultural industry.
Ⓒ Southerners did not need a number of laborers to work on a farm plantation because of the profit they received from industrial development.
Ⓓ Because the profit from agriculture was futile, southerners thought there was no need for industrial development.

The highlighted sentence is marked with an arrow (➡).

24

Which of the following can be inferred from paragraph 6?

Ⓐ Slavery died out immediately after the Civil War.
Ⓑ The south was happy to see slavery eliminated.
Ⓒ Slavery played a considerable role in the southern economy.
Ⓓ Most plantations had to close after slaves gained their freedom.

25

All the following differences between the north and the south are mentioned in the passage EXCEPT

Ⓐ population
Ⓑ transportation
Ⓒ economy
Ⓓ religion

26

Look at the four squares [■] that indicate where the following sentence could be added to paragraph 2.

> Since the north had a larger amount of natural resources compared to the south, several industries were established in large cities full of these new immigrants.

Where would the sentence best fit?

Ⓐ A
Ⓑ B
Ⓒ C
Ⓓ D

Paragraph 2 is marked with an arrow (➡).

27

Directions: Select the appropriate phrases from the answer choices and match them to the category to which they relate. TWO of the answer choices will NOT be used.

This question is worth 3 points.

Drag your answer choices to the spaces where they belong. To remove an answer choice, click on it. To review the passage, click on **View Text**.

Category	Statements
North	Select 3 • • •
South	Select 2 • •

Answer Choices

Ⓐ Fueled by the plantation economy
Ⓑ Founded the modern ideals of democracy
Ⓒ Developed the railway system
Ⓓ Noted for a thriving cultural scene
Ⓔ Economy based on factories and manufacturing
Ⓕ Relied on slavery for labor
Ⓖ Heavy inflow of European immigrants

Tenochtitlan

The imperial capital city of the Aztec Empire, Tenochtitlan, faced several challenges to supplying fresh water for its approximately 100,000 residents. The city was built on an island situated in a salt-water lake. Engineers in Tenochtitlan were able to solve this problem by designing and creating an aqueduct that carried fresh water from the springs located on the far shores into the city. As these springs were located in an area called Chapultepec, the aqueduct they built became known as the Chapultepec Aqueduct.

In order to build the aqueduct, engineers and builders first constructed an elevated causeway across the lake, consisting of rocks, dirt and sand that were held together by wooden stakes. After construction of the foundation of the aqueduct was completed, a second, raised portion was built from stones and mud on top of the bottom one, and also held in place by wooden stakes.

One of the main features of the aqueduct was its twin pipe distribution system of water. One pipe was used at a time to supply water to the city. When the pipe in use got too dirty, it was drained for maintenance and repair, with the second pipe put to use to supply water.

The innovative layout of the aqueduct also served another specific functional purpose in that Tenochtitlan was able to design a unique agricultural landscape given their location on Lake Texcoco. Their highly efficient agricultural process is referred to as chinampas, which were essentially floating gardens in the lake used to grow crops. The citizens of Tenochtitlan understood that since Lake Texcoco was a shallow lake, they could build small rectangular-shaped areas from the vegetation floating on the water. Dirt from the shallow lake bed was scooped up and used to fertilize the floating garden plots. This fertile agricultural environment consequently facilitated crop rotation throughout the year. As the population grew in size, the city was easily able to feed its many citizens. ➡ A large agricultural output from this innovative agricultural system also facilitated the production of adequate amounts of food for Tenochtitlan's military which was used aggressively to conquer surrounding areas and expand their empire.

➡ Naturally, with such a constant supply of freshwater to the city provided by the aqueduct, Tenochtitlan had to deal with the waste water produced by its 100,000 residents. **A** As a result, they created a highly developed and effective sewage system which allowed them to dispose of their waste in a method both efficient and hygienic. **B** The system was able to separate solid human waste from liquid waste and allow it to decompose. **C** This system bears a striking resemblance to the basic principles that septic tank sewage systems use today. **D**

Tenochtitlan is regarded as being very healthy for its time, especially in comparison to European cities. Public and personal hygiene helped to minimize the incidence and severity of illnesses. Tenochtitlan's meticulous attention to the hygienic upkeep of the city was almost unheard of in European cities at the time and surprised the vast majority of Europeans who arrived in the area.

28

The word situated in paragraph 1 is closest in meaning to

Ⓐ isolated
Ⓑ positioned
Ⓒ produced
Ⓓ occupied

29

The word one in paragraph 2 refers to

Ⓐ portion
Ⓑ aqueduct
Ⓒ foundation
Ⓓ stone

30

Why does the author mention the twin pipe distribution system in paragraph 3?

Ⓐ To explain each pipe's functional contribution to agricultural practice
Ⓑ To highlight the importance of supplying water in the city
Ⓒ To suggest the necessity for multiple pipes to transport water to the city
Ⓓ To illustrate the innovative method of maintenance of the aqueduct

31

Which of the following can be inferred from paragraph 4 about the chinampas?

Ⓐ They produced enough crops to sustain the residents of Tenochtitlan.
Ⓑ They were necessary to fuel the large military expansion of the empire.
Ⓒ They were was easier to fertilize and maintain than other typical agricultural processes.
Ⓓ They did not always provide enough crops for the continually expanding population.

32

How were the chinampas used to grow crops?

Ⓐ By seasonally rotating the floating garden plots to produce the most crops
Ⓑ By using the spring water to irrigate the plots of land next to the city
Ⓒ By creating rectangular-shaped areas of vegetation near the lake
Ⓓ By fertilizing the floating garden plots with dirt from the lake

33

Why does the author mention the sewage system in paragraph 5?

Ⓐ To explain a solution to the large waste water problem created by the residents
Ⓑ To indicate the challenges faced with over-production of agriculture
Ⓒ To criticize the problem of dirty water created by the aqueduct
Ⓓ To emphasize the huge amounts of pollution created in the city

34

Which of the sentences below best expresses the essential information in the highlighted sentence in the passage? Incorrect answer choices change the meaning in important ways or leave out essential information.

Ⓐ Tenochtitlan's efforts to expand their empire faced several challenges due to inadequate amounts of food and crops.
Ⓑ Tenochtitlan's military could expand their empire thanks to the large amounts of food yielded from their crops.
Ⓒ A significant agricultural yield was responsible for Tenochtitlan's military to successfully conquer neighboring areas.
Ⓓ Tenochtitlan produced large amounts of crops specifically to fuel their military conquests and increase the size of their empire.

The highlighted sentence is marked with an arrow (➡).

35

The word it in paragraph 5 refers to

Ⓐ sewage system
Ⓑ liquid waste
Ⓒ solid waste
Ⓓ fresh water

36

The word striking in paragraph 5 is closest in meaning to

Ⓐ amazing
Ⓑ exact
Ⓒ noticeable
Ⓓ excessive

37

According to paragraph 5, what is mentioned about the sewage system?

Ⓐ It was necessary because the aqueduct produced waste water.
Ⓑ Its basic principles were similar to those of a modern sewage system.
Ⓒ It was challenging to constantly remain hygienic.
Ⓓ It filtered the liquid waste after separating it from solid waste.

38

Which of the following can be inferred from paragraph 6?

Ⓐ European cities had inferior hygienic systems to that of Tenochtitlan.
Ⓑ European cities had more incidence of disease than Tenochtitlan.
Ⓒ Neighboring cities strived to be as clean as Tenochtitlan.
Ⓓ European settlers imitated Tenochtitlan's hygienic system.

39

All of the following are mentioned in the passage as unique features of Tenochtitlan's water and agricultural system EXCEPT

Ⓐ the waste water removal system
Ⓑ the floating garden agricultural system
Ⓒ the crop distribution system
Ⓓ the twin pipe distribution system

40

Look at the four squares [■] that indicate where the following sentence could be added to paragraph 5.

> After several months, it was then used as fertilizer for the farms while the liquid waste was allowed to filter back into the soil.

Where would the sentence best fit?

Ⓐ A
Ⓑ B
Ⓒ C
Ⓓ D

Paragraph 5 is marked with an arrow (➡).

41

Directions: An introductory sentence for a brief summary of the passage is provided below. Complete the summary by selecting the THREE answer choices that express the most important ideas in the passage. Some sentences do not belong in the summary because they express ideas that are not presented in the passage or are minor ideas in the passage.

This question is worth 2 points.

Tenochtitlan faced several challenges to supply water to its residents.

-
-
-

Answer Choices

Ⓐ A large aqueduct supplied fresh water from springs located off shore from Tenochtitlan.
Ⓑ Tenochtitlan implemented an innovative sewage system to dispose of waste water.
Ⓒ A twin pipe distribution system was used to transport water.
Ⓓ Tenochtitlan's military was successful in expanding the empire.
Ⓔ European settlers were inspired by the technological achievements of Tenochtitlan.
Ⓕ Tenochtitlan made use of floating crop lands to yield a large agricultural output.

M+plus
TOEFL READING

ACTUAL TEST 2

The Reading section measures your ability to understand academic passages written in English. You will read **3 passages** and there are **12 to 14 questions** per passage. Most questions are worth 1 point each, but the last question for each passage is worth more than 1 point. The points for the last question will be indicated in the directions. In the actual *TOEFL iBT®* test, you would have **60 minutes** to read the passages and answer all the questions. Test takers with disabilities can request a time extension. You can skip questions and go back to them later as long as there is time remaining. Now begin the Reading section.

Extremophiles

Certain areas of the Earth that were once thought to be completely unable to support life have been shown to, in fact, house life forms that thrive in these environments. Over the past few decades, biologists have discovered that microbial life is able to withstand extreme environments, such as areas that are highly acidic, boiling hot or freezing cold. Scientists refer to this microbial life as extremophiles, organisms that are able to live in physically or geochemically extreme conditions that would otherwise be lethal to most life forms on Earth.

➡ **A** Extremophiles are thought to be some of the earliest life forms on Earth, since such early organisms would have had to adapt to the hostile conditions of Earth hundreds of millions of years ago. **B** Current research into the ocean floor, for example, has revealed that thriving colonies of extremophiles exist around hydrothermal vents. **C** Scientists have found that the reason they are able to adapt to such harsh conditions so well is due to an enzyme used by the organisms called "extremozymes". **D** This enzyme prevents the proteins in the organism from breaking down, a process that would rapidly occur for most living things in extreme environments.

Although there are thousands, if not millions, of species of extremophiles, scientists have begun to classify them into general categories. The most common category is bacterial extremophiles, which are thought to be unicellular organisms that are billions of years old. One example is the Kakabekia umbellata, bacteria that live in areas rich in the gaseous compound ammonia.

Another kind of extremophile is known as the archaea extremophile. These are remarkable organisms that stand out from other extremophiles. ➡ These organisms can survive in a broad range of habitats and environmental conditions, such as high temperatures, or highly acidic conditions. For example, the Picrophilus torridus is an extreme archaean acidophile, which thrives at a pH of practically zero.

Fauna extremophiles are animal species that can survive extremes of soil pH and mineralization. One of the most amazing animal extremophiles is the water bear. These entities have even survived space vacuum conditions and solar radiation. Another example of a fauna extremophile is the brine shrimp, which are particularly abundant in deep waters. These organisms thrive in areas of high salinity and can tolerate both extremely high and low temperatures. An organism with this kind of ability to withstand various severe conditions is referred to as a polyextremophile.

Finally, flora extremophiles are plant species that have evolved tolerance to extreme conditions, such as deserts with high temperatures and aridity. Some bacterial and fungal life forms, for example, have been found in the Atacama Desert in South America, the driest place on Earth.

Since research into extremophiles is relatively new, scientists have yet to discover all the characteristics that are inherent to these beings. Nevertheless, as such organisms are able to thrive in hostile environments, scientists believe these new discoveries will allow them to gather information about the possibility of life in the hostile environment of space.

01

The word lethal in paragraph 1 is closest in meaning to

- Ⓐ fortunate
- Ⓑ deadly
- Ⓒ tiresome
- Ⓓ disadvantageous

02

According to paragraph 1, what are "extremophiles"?

- Ⓐ Life forms that are lethal to other life forms on Earth
- Ⓑ Animal species that can live in physically extreme conditions
- Ⓒ Microbial life that is able to survive extremely harsh conditions
- Ⓓ The earliest land-based life forms on Earth

03

The word harsh in paragraph 2 is closest in meaning to

- Ⓐ bitter
- Ⓑ dynamic
- Ⓒ comfortable
- Ⓓ cruel

04

The author mentions extremozymes in paragraph 2 in order to

- Ⓐ suggest a theory about the earliest life forms.
- Ⓑ explain how extremophiles survive inhospitable conditions.
- Ⓒ provide an example of toxic conditions.
- Ⓓ emphasize the difficulty of surviving near the vents.

05

The word them in paragraph 3 refers to

- Ⓐ extremophiles
- Ⓑ scientists
- Ⓒ categories
- Ⓓ extreme environments

06

According to paragraph 4, what is unique about polyextremophiles?

- Ⓐ They belong to the category of fauna extremophiles.
- Ⓑ They use multiple enzymes to survive.
- Ⓒ They prefer to live in dry areas like deserts.
- Ⓓ They can endure two or more extreme conditions.

07

Which of the sentences below best expresses the essential information in the highlighted sentence in the passage? *Incorrect* **answer choices change the meaning in important ways or leave out essential information.**

- Ⓐ These life forms can adapt to diverse environments.
- Ⓑ These organisms can survive boiling hot temperatures.
- Ⓒ These organisms have adapted to one extreme environment.
- Ⓓ These organisms favor environments with high acidity.

The highlighted sentence is marked with an arrow (➡).

08

The word abundant in paragraph 5 is closest in meaning to

- Ⓐ plentiful
- Ⓑ sparse
- Ⓒ hostile
- Ⓓ common

09
Which of the following can be inferred from paragraph 5 about water bears?

- Ⓐ They evolved to process solar radiation.
- Ⓑ They support the theory that organisms in space can exist.
- Ⓒ They originally arrived from outer space.
- Ⓓ They feed on minerals in space.

10
All of the following are mentioned as features of brine shrimp EXCEPT

- Ⓐ it is classified as a fauna extremophile.
- Ⓑ it has an ability to bear several extreme environments.
- Ⓒ it can tolerate highly acidic conditions.
- Ⓓ it prospers in deep waters high in salt.

11
The author mentions the Kakabekia Umbellata as an example of

- Ⓐ flora extremophiles
- Ⓑ bacteria extremophiles
- Ⓒ fauna extremophiles
- Ⓓ archaea extremophiles

12
All of the following are mentioned in the passage as examples of extreme environments EXCEPT

- Ⓐ hydrothermal vents
- Ⓑ the vacuum state of space
- Ⓒ areas with gaseous compound ammonia
- Ⓓ ice sheets in the Arctic ocean

13

Look at the four squares [■] that indicate where the following sentence could be added to paragraph 2.

> These vents are also referred to as black smokers because they release dark boiling liquid from deep inside the Earth onto the ocean floor.

Where would the sentence best fit?

Ⓐ A
Ⓑ B
Ⓒ C
Ⓓ D

Paragraph 2 is marked with an arrow (➡).

14

Directions: An introductory sentence for a brief summary of the passage is provided below. Complete the summary by selecting the THREE answer choices that express the most important ideas in the passage. Some sentences do not belong in the summary because they express ideas that are not presented in the passage or are minor ideas in the passage.

This question is worth 2 points.

Scientists found out that some organisms are able to endure extreme conditions.

-
-
-

Answer Choices

Ⓐ Extremophiles adapted to the extreme conditions a great while ago, so they are regarded as some of the earliest life forms.
Ⓑ Certain environments such as boiling hot or freezing cold temperatures are not endurable for extremophiles.
Ⓒ Extremophiles can be classified as bacteria, archaea, fauna, and flora extremophiles, based on the environment they live in.
Ⓓ It is believed that new discoveries found by researching extremophiles will be of help to research on the possibility of life in the hostile environment of space.
Ⓔ Populations of extremophiles are getting low because of serious environmental pollution caused by humans.
Ⓕ Bacteria extremophiles and archaea extremophiles prefer areas with extreme PH.

Oil Energy

Although efforts are slowly being made to introduce alternative renewable sources of energy, fossil fuel economies have become the mainstream in most developed countries in the world. Everything from cars, public transportation, homes, and appliances runs on some form of non-renewable energy, whether it is oil, gas, or coal. The effects of this rampant usage are already apparent, as the pollution from these fuels contributes to damaged ecosystems, poorer health and increasingly strained international relations.

One of the most widely used sources of energy in the world is oil. ➡ Not only is it a highly polluting source of energy, resulting in severe damage to the animal life that lives in the water or near the shore, however, it is also a limited resource. Since oil is a limited resource, once its reserves start to run out, the international community will face some rather bleak consequences. Wars may continue to break out to gain control of the last remaining oil reserves. In addition, starvation is another possible effect. Most of the world's population is based on food that is grown with fertilizers that are derived from oil, as well as harvested by machines that run on oil. Finally, experts warn that global starvation could even go so far as to result in a population collapse, as countries would no longer have the resources necessary to feed themselves.

Regarding the fact that oil is a limited resource, there is a huge debate as to the amount of oil that is available for use on the Earth. Some experts claim that there is enough oil worldwide to meet the needs of oil consumption for another 40 years. Others completely disagree and assert that the amount of oil remaining is far less and we may see reserves depleted in the immediate future.

➡ **A** If oil reserves are completely used up, there are other sources of non-renewable energy, such as coal or natural gas. **B** The problem with these resources, however, is that scientists have still not found a way to use them which will not adversely affect our environment, specifically the release of greenhouse gases that are having an effect on global warming. **C** In addition, nuclear power, once thought to be a great alternative to oil, has proved to be ineffective, due to the high costs of safely storing hazardous material and proper radioactive waste management. **D**

Several renewable sources of energy are being developed as an alternative to our dependence on fossil fuels. These alternatives include solar energy, wind power, biomass and geothermal power. Some countries have already taken steps to introduce these forms of energy for overall use. Although these countries have not been able to fully implement the use of renewable energy for mass consumption, they have taken the first step towards a cleaner environment. For example, Denmark and Portugal have increased their use of wind power to produce up to 25% of their nation's energy. With the threat of oil depletion on the horizon, countries will have no choice but to turn to more environmentally-friendly sources of energy.

15

The word rampant in paragraph 1 is closest in meaning to

- (A) controllable
- (B) unrestrained
- (C) increased
- (D) normal

16

Which of the sentences below best expresses the essential information in the highlighted sentence in the passage? *Incorrect* answer choices change the meaning in important ways or leave out essential information.

- (A) Despite being a highly polluting source of energy, it's an abundant resource.
- (B) In addition to having a negative effect on the environment, it is a limited source of energy.
- (C) While its usage is not polluting the environment, its reserves are limited.
- (D) Because it is not a polluting resource, countries are using it although it is a limited resource.

The highlighted sentence is marked with an arrow (➡).

17

The word bleak in paragraph 2 is closest in meaning to

- (A) unbearable
- (B) far-reaching
- (C) undesirable
- (D) dismal

18

The word its in paragraph 2 refers to

- (A) limited resource
- (B) the world
- (C) oil
- (D) energy

19
The following is mentioned as a possible effect of oil depletion EXCEPT

Ⓐ wars
Ⓑ machine deterioration
Ⓒ starvation
Ⓓ population collapse

20
The word others in paragraph 3 refers to

Ⓐ reserves
Ⓑ experts
Ⓒ resources
Ⓓ oil consumption

21
Which of the following can be inferred from paragraph 3 about oil reserves?

Ⓐ Scientists are struggling to find new oil reserves as oil is a limited resource.
Ⓑ Experts agree on the amount of oil remaining throughout the world.
Ⓒ Scientists are relieved that oil reserves are safe enough to use for another four decades.
Ⓓ Countries will no longer be able to rely on oil as a source of energy.

22
The word adversely in paragraph 4 is closest in meaning to

Ⓐ immediately
Ⓑ negatively
Ⓒ advisedly
Ⓓ favorably

23

According to paragraph 4, which of the following is true about nuclear power energy?

Ⓐ It is making progress to find how to utilize it in a way not to affect the environment.
Ⓑ It is inappropriate to use because it costs a lot to deal with harmful material.
Ⓒ It has something to do with global warming as it discharges greenhouse gases.
Ⓓ It is unlimited so it can replace the use of oil when oil reserves are used up.

24

Why does the author mention Denmark and Portugal in paragraph 5?

Ⓐ To give an example of countries using renewable energy
Ⓑ To assert that those countries need to find alternative renewable energy
Ⓒ To exemplify countries with high dependence on oil
Ⓓ To explain about the energy resources those countries are using

25

The author implies in the passage that

Ⓐ countries should use cheap sources of energy for their economy.
Ⓑ countries will not be affected by an oil shortage for a great while.
Ⓒ countries have worked hard to reduce global warming.
Ⓓ countries should switch to renewable sources of energy.

26

Look at the four squares [■] that indicate where the following sentence could be added to paragraph 4.

> If hazardous material leaks into the environment, the surrounding ecosystem will be irreparably damaged.

Where would the sentence best fit?

Ⓐ A
Ⓑ B
Ⓒ C
Ⓓ D

Paragraph 4 is marked with an arrow (➡).

ACTUAL TEST 2

27

Directions: Select the appropriate phrases from the answer choices and match them to the category to which they relate. TWO of the answer choices will NOT be used.

This question is worth 3 points.

Drag your answer choices to the spaces where they belong. To remove an answer choice, click on it. To review the passage, click on **View Text**.

Category	Statements
Non-Renewable Sources	Select 3 • • •
Renewable Sources	Select 2 • •

Answer Choices

(A) Methane clathrate
(B) Oil
(C) Wind energy
(D) Coal
(E) Tidal power
(F) Natural gas
(G) Solar energy

Zaha Hadid

One of the most prolific architects on the global stage over the past decade is Zaha Hadid. Originally from Baghdad, Hadid has been working out of London for decades creating buildings that are renowned for their innovative and unconventional designs. Some of her most well-known buildings include the Olympic Aquatic Centre for the London Olympics, as well as her current project for the Tokyo Olympic Stadium in 2020. ➡ Oddly, Hadid had a reputation only a decade ago as an architect who could not procure any work, but with over 950 projects in 44 countries, she is now designing non-stop for clients all over the world who want to share in her vision.

One of the most unique features of her architectural designs is her use of undulating curves. Originally a prevalent characteristic of Baroque art, Hadid has modernized the use of curves producing a rippling effect that gives her buildings a sense of energy flowing throughout the area. By using curves in her structures, Hadid has turned away from conventional architectural styles that favor rigid lines and do not create a sense of fluidity within the surrounding environment.

A predominant example of this use of curves is found in her design of the Museum of Contemporary Art in Rome. The building is a series of concrete tubes that look like they are overlapping and tangled together. The tubes connect the external courtyard to the internal exhibition galleries. All of these elements contribute to a continuous flow of space.

Another example of her groundbreaking architectural innovation is her design of the Serpentine Sackler Gallery located in the heart of London. Although the gallery was originally a gunpowder storage place in the 19th century, Hadid has blended it with an overpowering use of wavy, flowing forms present everywhere in the structure. As is typical of Hadid's work, there is practically an absence of straight lines.

➡ Hadid, of course, has also received a lot of criticism. Critics point out that Hadid often focuses too much on the design, but doesn't always consider the function of the spaces she is creating. They claim that she actually uses too many curves which do not add to the architectural design of the building. Another example of criticism against Hadid is her failure to address the surroundings of her buildings. 🅐 When she designed the Galaxy Soho building in Beijing, residents in surrounding buildings were promised that the Galaxy Soho building would easily harmonize with other structures. 🅑 After construction of the building was completed, residents claimed the building feels very disconnected from the other buildings, rather than blending in harmoniously. 🅒 For example, it caused damage to the preservation of the city's old streetscape, the traditional hutong and courtyard houses, and the style and color scheme of the city's unique vernacular architecture. 🅓

Despite the criticism, Hadid has won some of the most prestigious awards in the architectural world. She has shown courage as an Arab woman working in a predominantly male field and did not give in to the opposition she originally faced. Although she is fully aware of the criticism she receives from her peers, what is remarkable is that she does not let that criticism affect her overall architectural vision.

28

The word prolific in paragraph 1 is closest in meaning to

Ⓐ dexterous
Ⓑ proficient
Ⓒ highly-productive
Ⓓ famous

29

The word their in paragraph 1 refers to

Ⓐ buildings
Ⓑ decades
Ⓒ designs
Ⓓ architects

30

Which of the sentences below best expresses the essential information in the highlighted sentence in the passage? Incorrect answer choices change the meaning in important ways or leave out essential information.

Ⓐ Interestingly, Hadid was known for not getting projects until about ten years ago.
Ⓑ Hadid is currently considered as one of the world's most prolific architects.
Ⓒ It is odd that Hadid is maintaining her career as an architect, continuously producing designs.
Ⓓ Hadid could not procure any work over the last decade because no one wants to share in her vision.

The highlighted sentence is marked with an arrow (➡).

31

Why does the author mention Baroque art in paragraph 2?

Ⓐ To indicate the current prevalence of Baroque architecture
Ⓑ To emphasize the preference of architects to use Baroque features
Ⓒ To compare Hadid's designs with those of Baroque architecture
Ⓓ To show a style that has influenced Hadid's work

32

According to the passage, which of the following is true about Hadid's architectural features?

Ⓐ She prefers to build large-scale buildings.
Ⓑ She focuses on environmental designs.
Ⓒ She uses curved lines that create a rippling effect.
Ⓓ She strives to maintain conventional architectural styles.

33

The word tangled in paragraph 3 is closest in meaning to

Ⓐ organized
Ⓑ dangled
Ⓒ intertwined
Ⓓ attached

34

The word groundbreaking in paragraph 4 is closest in meaning to

Ⓐ pioneering
Ⓑ contemporary
Ⓒ contributing
Ⓓ significant

35

The word it in paragraph 4 refers to

Ⓐ her architectural innovation
Ⓑ her design
Ⓒ the heart of London
Ⓓ the gunpowder storage place

36

According to the passage, which of the following is mentioned about the Serpentine Sackler Gallery?

Ⓐ It is not used as a gunpowder storage place.
Ⓑ Its design does not involve any straight lines.
Ⓒ It is said to be the most innovative design in London.
Ⓓ Hadid was criticized for using too many curved lines for its design.

37

All of the following are examples of Hadid's work EXCEPT

Ⓐ Serpentine Sackler Gallery
Ⓑ Museum of Contemporary Art in Rome
Ⓒ Tokyo Olympics Museum
Ⓓ London Olympics Aquatic Center

38

What is the purpose of paragraph 5?

Ⓐ To criticize Hadid for using too many curved lines
Ⓑ To compare two different opinions about Hadid's design
Ⓒ To refute the criticism of Hadid's architectural style
Ⓓ To discuss some shortcomings of Hadid's design strategy

39

Which of the following can be inferred about the Galaxy Soho building in Beijing?

Ⓐ It disharmonizes with its surroundings due to its absence of straight lines.
Ⓑ Hadid is considered not to have had a deeper understanding of the heritage preservation in Beijing when designing it.
Ⓒ Its construction required the demolition of several traditional buildings in the neighborhood.
Ⓓ The residents in the area sued Hadid for the breach of the contract she signed before construction.

40

Look at the four squares [■] that indicate where the following sentence could be added to paragraph 5.

> In addition, the structure is said to be a violation of the city's architectural heritage preservation laws and regulations.

Where would the sentence best fit?

Ⓐ A
Ⓑ B
Ⓒ C
Ⓓ D

Paragraph 5 is marked with an arrow (➡).

ACTUAL TEST 2

41

Directions: An introductory sentence for a brief summary of the passage is provided below. Complete the summary by selecting the THREE answer choices that express the most important ideas in the passage. Some sentences do not belong in the summary because they express ideas that are not presented in the passage or are minor ideas in the passage.

This question is worth 2 points.

Zara Hadid has established herself as one of the most renowned architects.

-
-
-

Answer Choices

Ⓐ Her designs are characterized by curves, which create a sense of flowing energy.
Ⓑ She received criticism for ignoring the function of the spaces and failing to consider the surrounding conditions.
Ⓒ She won an award for the Serpentine Sackler Gallery known as her most innovative design.
Ⓓ Hadid's museums are criticized for resulting in serious damage to the preservation of the area.
Ⓔ Hadid has a reputation based on winning some influential awards in the field of architecture and working on hundreds of projects in multiple countries.
Ⓕ She is currently working on the Tokyo Olympic Stadium project in Japan.

MEMO

최신 경향을
가장 확실하게 반영한
토플 중급 입문자를 위한
완벽 대비서

링구아포럼

iBT b⁺ plus TOEFL® 시리즈

① b⁺ TOEFL 시리즈에서만 제공하는 **TOEFL 최신 경향**!
② iBT TOEFL **70점 대로 도약**하기 위한 **최상의 전략 제시**!

* 무료 iBT TEST 1회 제공
* Actual Test 1회 추가 제공

www.linguaforum.com

Level Chart

Lingua Forum

	Beginning	Intermediate	Advanced
Elementary	I Can! Phonics 1–5; Quick Phonics 1–3; Phonics Pot 1–6; I Love English 1–2; Step-Up Grammar 1–6	Grammar Up Basic 1–3; I Love English 1–6; Step-Up Grammar	Grammar Up 1–3; Elfin Hatch 1–4 + Elfin Grammar; Elfin Flap 1–4 + Elfin Grammar; Elfin Fly 1–4 + Elfin Grammar; Writing Pie 1–3
Secondary	ELF Integrated Reading 1–12; Grammar 100 1–3; Catch the Reading 1–2; Catch the Voca; Catch the Grammar	iNTO Reading; iNTO Listening; iconic 1–3; Topical Grammar Practice 1–6	Special Course of Reading English 1–3; Core Topic 1–4
Test Prep	e TOEFL; e TOEFL; b TOEFL; b+ plus TOEFL Reading; Basic Vocabulary; e Grammar; b Grammar; Target TEPS 600+; STEP TEPS Starter	M TOEFL L R S W; M+ plus Reading; intro Vocabulary; Mr. TOEFL LINK; STEP TEPS expert	i TOEFL iBT Listening/Reading/Writing; Hooked on TOEFL; INSIDER; TOEFL Vocabulary; TEST BOOK; STEP TEPS final

Perfect Solutions for the Intermediate Level TOEFLers

iBT
M+ plus
TOEFL
READING

LinguaForum Research Center
In Young Joo, Eun Sun Park, Soo Bin Cho, Seung Hyun Lee

ANSWER KEYS

MP3 음원 파일 무료 제공
www.linguaforum.com

LinguaForum

Perfect Solutions for the Intermediate Level TOEFLers

iBT M+ plus TOEFL READING

ANSWER KEYS

LinguaForum Research Center
In Young Joo, Eun Sun Park, Soo Bin Cho, Seung Hyun Lee

LinguaForum

ANSWER KEYS

CHAPTER 01 Vocabulary

STRATEGY APPLICATION
Ⓒ

BUILDING SKILLS
01 Ⓐ 02 Ⓒ 03 Ⓑ 04 Ⓓ

BASIC DRILLS
01 Ⓐ 02 Ⓑ 03 Ⓐ 04 Ⓒ

READING PRACTICE
[PASSAGE A] 01 Ⓑ 02 Ⓓ   [PASSAGE B] 01 Ⓐ 02 Ⓒ

iBT PRACTICE
01 Ⓑ 02 Ⓒ 03 Ⓑ 04 [OHC - Ⓐ, Ⓕ], [SST - Ⓑ, Ⓓ, Ⓖ]

BUILDING SKILLS ▶ p. 36

01 Ⓐ

[해석] Vog는 일종의 대기오염으로 이산화황과 다른 기체들이 햇빛과 산소, 습기와 반응하여 발생한다. 이는 하와이 섬의 Kilauea 화산에 자연 발생적으로 존재하는데, 이곳에서는 2,000~4,000톤의 이산화황이 매일 분출된다. Vog는 인간뿐만 아니라 환경에도 유해할 수 있어서 작물에 피해를 주고 두통이나 폐 손상같이 건강에도 부정적인 영향을 끼친다.

문단에 나온 emitted와 가장 뜻이 유사한 단어는?
Ⓐ 방출되는
Ⓑ 증발되는
Ⓒ 연소되는
Ⓓ 인정되는

[해설] emitted는 emit의 과거분사형으로 '내뿜어지는'이라는 뜻이므로 Ⓐ released(방출되는)와 가장 뜻이 유사하다.

[어휘] **vog** 화산 안개(volcanic과 fog의 합성어)   **sulfur dioxide** 이산화황   **react with** ~에 반응을 보이다   **oxygen** 산소   **moisture** 수분, 습기   **hazardous** 위험한

02 Ⓒ

[해석] 어려움이나 고통을 겪고 있는 이들을 선뜻 돕지 못하고 망설이는 사람들의 경향은 인간이 정말 선한 사마리아인처럼 이타적으로 살 수 있는지에 대한 중대한 질문을 하게끔 한다. 일부 사람들은 주장하기를, 사람들은 궁극의 보상이 자신에게 도움이 되거나 그 개인의 사적인 만족에 부합할 때 남을 돕거나 자기 것을 나워 주는 것과 같은 사심 없는 행동을 하는 경향이 있다고 한다. 하지만 사회주의자들이 알아낸 바로는 사람들의 망설임이 돕는 이들의 좋은 의도가 종종 오해로 이어져서 그 도움 때문에 고소를 당하거나 처벌받는 데에서 비롯된다고 한다.

문단에 나온 gratification과 가장 뜻이 유사한 단어는?
Ⓐ 감사
Ⓑ 고통
Ⓒ 만족
Ⓓ 감정

[해설] gratification은 '만족, 희열'을 의미하는 명사로 Ⓒ satisfaction(만족)과 동의어이다.

[어휘] **tendency** 경향 **reluctant** 망설이는 **in need** 어려움에 처한 **distress** 고통, 괴로움 **altruistic** 이타적인 **selfless** 사심 없는, 이타적인 **ultimate** 최종의, 궁극적인 **socialist** 사회주의자 **sue** 고소하다, 소송을 제기하다

03 Ⓑ

[해석] 지하 묘지는 인간이 종교 행위를 위해 만든 지하 통로와 묘지이다. 가장 유명한 것은 로마의 지하 묘지로, 여기에 2세기 중반에 순교자와 교황, 그리고 그리스도교인들과 같은 많은 종교적인 인물들이 매장되었다. 로마 교회의 공식 묘지는 산 갈리스토의 지하 묘지라 불리는데, 이것은 교황 제퓌리누스가 3세기에 이곳의 관리자로 지명한 이의 이름을 따서 명명한 것이다.

문단에 나온 notable과 가장 뜻이 유사한 단어는?
Ⓐ 엄청난
Ⓑ 명성 있는
Ⓒ 고결한
Ⓓ 대수롭지 않은

[해설] notable은 '주목할 만한, 유명한'을 뜻하는 형용사로 Ⓑ renowned(명성 있는)와 뜻이 가장 유사하다.

[어휘] **catacomb** 지하 묘지 **passageway** 통로 **cemetery** 묘지 **figure** 인물 **martyr** 순교자 **pope** 교황 **bury** 매장하다 **appoint** 지명하다 **administrator** 관리자, 집행자

04 Ⓓ

[해석] 사람의 숫자가 늘지도 줄지도 않는 상태를 가리켜 인구의 제로 성장(ZPG)이라고 한다. 이와 같은 인구 통계학상의 균형 상태는 출생하는 이들과 이민 오는 이들을 합친 숫자가 사망하는 이들과 이민 가는 이들의 합계와 같을 때 발생한다. ZPG는 장기적으로 보아 지구의 환경적 지속 가능성을 성취한다는 점에서 이상적인 것으로 여겨진다. 즉, 사람들간의 경쟁이 줄어들면 결국 환경 파괴가 줄어들 것이고, 따라서 더 많은 자원이 남을 것이다.

문단에 나온 ideal과 가장 뜻이 유사한 단어는?
Ⓐ 도움이 되는
Ⓑ 창조적인
Ⓒ 도전 의식을 북돋우는
Ⓓ 최적의

[해설] ideal은 '이상적인, 가장 알맞은'의 뜻으로, 보기 중 Ⓓ optimal(최적의)과 가장 의미하는 바가 유사하다.

[어휘] **state** 상태 **decline** 감소하다 **demographic** 인구(통계)학적인 **accomplish** 달성하다 **sustainability** 지속 가능성 **competition** 경쟁 **eventually** 결국 **resource** 자원

ANSWER KEYS

BASIC DRILLS ▶ p. 38

01 Ⓐ

[해석] 동물과 곤충은 초음파를 들을 수 있는 좋은 청력을 가지고 있어서 인간이 들을 수 없는 것도 듣는다. 박쥐는 주파수가 100 kHz에서 200 kHz에 이르는 초음파를 사용하여 어둠 속에서 길을 찾고 먹이를 감지한다. 이와 유사하게 돌고래와 같은 이빨 고래류들은 초음파 청력을 이용하여 바다에서 길을 찾고 먹이를 잡는다. 같은 종들 중에 알락돌고래는 약 160 kHz의 가장 높은 음역을 들을 수 있는 것으로 알려져 있다. 개 또한 인간보다 높은 음역의 소리를 들을 수 있어서, 고주파 음향을 내는 개 호루라기가 훈련 중의 개를 부르는 데에 사용된다.

문단에 쓰인 detect와 가장 뜻이 유사한 단어는?
Ⓐ 정확한 위치를 알아내다
Ⓑ 시험하다
Ⓒ 끌어들이다
Ⓓ 밝게 하다

[해설] 문단에서 detect는 '감지하다'라는 의미로 먹이의 크기나 위치 등을 인지하는 것을 의미한다. 먹이의 위치를 알아내는 것이므로 Ⓐ가 가장 유사하다.

[어휘] **ultrasonic** 초음파의 **ultrasound** 초음파 **frequency** 주파수, 빈도 **range** ~의 범위에 이르다 **navigate** 길을 찾다 **capture** 포획하다 **species** 종(種) **porpoises** 알락돌고래 **capacity** 용량, 수용력 **audible** 들을 수 있는 **whistle** 휘슬, 호루라기

02 Ⓑ

[해석] 아메리카 문화에 유럽이 중대한 영향을 끼치기 이전의 시기는 콜럼버스 이전 시대로 알려져 있다. 이 시대는 문자 그대로 크리스토퍼 콜럼버스의 1492년 탐험 이전의 시대를 가리키기도 하지만, 콜럼버스 이전이라는 용어에는 실제로 아메리카 대륙들이 발견된 이후의 수십 년, 심지어는 수백 년의 세월이 포함되어 있는데, 이 시기에는 토착 문화들이 계속 발전했다. 아메리카에 처음 들어간 것은 아시아의 유목 민족으로 생각되는데, 이들은 북서해안의 베링 육교를 배로 건넜을 것이다. 아시아계의 이주민들이 다양한 유전자 집단들로 이루어졌다는 이론은 아메리카 토착민들의 미토콘드리아 DNA에서 찾은 증거들에 의해 입증된다.

문단에 쓰인 indigenous와 가장 뜻이 유사한 단어는?
Ⓐ 진품의
Ⓑ 토박이의
Ⓒ 이국적인
Ⓓ 다양한

[해설] 문단에서 indigenous는 '(어떤 지역의) 토착의, 원산의'라는 뜻으로 Ⓑ native의 뜻과 가장 유사하다.

[어휘] **significant** 중대한 **era** 시대 **literally** 문자 그대로 **refer to A as B** A를 B라고 여기다 **precede** 앞서다, 선행하다 **exploration** 탐험 **decade** 10년 **continent** 대륙 **nomad** 유목민 **watercraft** (집합적) 배 **theory** 이론 **multiple** 다수의, 다양한 **genetic** 유전의 **migration** 이주 **mitochondrial** 미토콘드리아의

03 Ⓐ

[해석] 유미주의, 또는 19세기의 탐미주의 운동은 가구, 금속 공예, 도자기, 스테인드글라스, 직물, 벽지, 도서를 제작하는 데에 있어 미적 가치를 크게 강조하였다. 미의 숭배를 예술의 기본 요소로 간주하는 이 대단한 예술 운동의 목적은 빅토리아 시대의 추악함과 물질주의를 회

피하는 것이었다. 탐미주의 유파의 예술가들과 작가들은 예술이 도덕적이거나 정서적인 메시지를 담아야 할 필요는 없으며, 오직 아름답고 감각을 만족시켜 줘야 한다고 믿었다. 유미주의의 두드러진 특징 중의 하나는 상징의 훌륭한 사용이었으며, 이는 이후에 프랑스 상징주의와 같은 다른 예술 운동들에 영향을 미쳤다.

문단에 쓰인 influenced와 가장 뜻이 유사한 단어는?
Ⓐ 영감을 주었다
Ⓑ 강요하였다
Ⓒ 수반하였다
Ⓓ 방해하였다

[해설] 문단에서 influenced는 '영향을 주었다'라는 뜻으로 쓰였으며, 문맥상 Ⓐ inspired(영감을 주었다)와 가장 유사하다.

[어휘] **aestheticism** 유미주의 **movement** 운동, 동정, 동향 **emphasis** 강조 **metalwork** 금속 공예 **ceramic** 도자기 공예 **textile** 직물 **wallpaper** 벽지 **cult** 추종, 숭배 **extraordinary** 기이한, 놀라운 **materialism** 물질주의 **moral** 도덕과 관련된 **sentimental** 정서적인 **sensuously** 감각적으로 **pleasurable** 즐거운, 유쾌한 **dominant** 지배적인, 두드러진 **characteristic** 특징 **symbolism** 상징주의

04 Ⓒ

[해설] 블랙홀은 물리학의 법칙이 더 이상 유효하지 않은 시공간이다. 강력한 중력 때문에 빛이나 미립자 같은 물질들도 블랙홀에 근접해 있을 때 벗어날 수 없다, 즉, 블랙홀은 마치 진공 상태처럼 그 근처에 있는 모든 것을 끌어당긴다. 반면에 화이트홀은 물질과 빛이 뿜어져 나오는, 블랙홀을 뒤집어놓은 시공간이다. 이것은 블랙홀의 해결책, 즉 블랙홀에서 빠져나오는 출구로서 제안된 가상의 영역이다. 하지만 블랙홀은 모든 것을 안으로 끌어당기는 수평적인 사건으로, 화이트홀은 모든 것을 밖으로 밀어내는 수평적 사건으로 이해되는데, 이는 블랙홀이 있는 곳에 화이트홀이 존재할 수 없음을 시사한다.

문단에 쓰인 expelled와 가장 뜻이 유사한 단어는?
Ⓐ 끼워 넣어지는
Ⓑ 빨아들여지는
Ⓒ 튀어 나오는
Ⓓ 행사되는

[해설] 문단에서 expelled는 '방출하다, 내뿜다'를 의미하는 동사 expel의 과거분사형이다. 따라서 보기 중 가장 의미가 유사한 단어는 Ⓒ의 ejected이다.

[어휘] **spacetime** 시공간 **physics** 물리학 **valid** 유효한 **gravitational** 중력의 **particle** 미립자 **vacuum** 진공 상태 **hypothetical** 가상의, 가설의 **horizontal** 수평선의

READING PRACTICE ▶ p. 40

[PASSAGE A]

01 Ⓑ 02 Ⓓ

[해설] 3세기 후반에 게르만 민족이 불모의 추운 스칸디나비아 지역에서 나와 기름진 라인 강 지방으로 이주한 뒤, 로마 제국은 야만인과의 경계가 남하하는 것을 차단하기 위해 무장한 병력을 배치하였다. 하지만 4세기 초부터 민족 대이동이라고 불리는 유럽 부족들의 집단 이주가

ANSWER KEYS

발생하여 로마 세계를 엄청나게 바꿔놓았을 뿐만 아니라 크게 위협하였다. 이러한 이동은 인구의 폭발적인 증가와 토지의 부족, 이웃 국가 및 부족과의 충돌들로 인해 멈출 수 없는 것으로 여겨졌다.

민족 대이동의 가장 큰 원인은 중앙아시아에서 출발하여 로마 제국의 국경 쪽으로 서진한 흉노족의 도달이었다. 흉노족은 강력한 장군 Attila의 통솔 아래, 동유럽의 다른 야만족들 모두를 유럽의 다른 지역으로 이동하도록 밀어붙였다. 이런 압박은 끊임없이 동유럽과 중부 유럽에 살던 민족들은 물론, 이베리아 반도와 북아프리카에 살고 있는 민족들도 끊임없이 괴롭혔다. 결국 이것이 서로마 제국 멸망의 한 원인이 되었다.

01. 첫째 단락에 나온 immensely와 가장 뜻이 유사한 단어는?
Ⓐ 즉각
Ⓑ 크게
Ⓒ 불리하게
Ⓓ 거의 하지 않게

02. 둘째 단락에 나온 plagued와 가장 뜻이 유사한 단어는?
Ⓐ 감염시켰다
Ⓑ 영향을 주었다
Ⓒ 주장했다
Ⓓ 괴롭혔다

[해설]
01. immensely는 '엄청나게, 대단히'를 의미하는 부사이며, 동의어인 Ⓑ greatly(크게)가 정답이다.
02. plagued는 동사로 쓰일 때 '괴롭히다, 귀찮게 하다'를 뜻하므로, Ⓓ tormented(괴롭혔다)가 정답이다. plague에는 문맥에 따라 '역병에 걸리게 하다'는 의미도 있어 Ⓐ의 infected(감염시켰다)를 답으로 고를 수 있지만 지문에서의 쓰임은 그 의미가 아니다.

[어휘] **unproductive** 불모의, 생산성이 낮은   **flourishing** 번창하는   **deploy** 배치하다   **force** (pl.) 병력, 군대
barbarian 야만인, 이방인   **frontier** 경계, 국경   **en-masse** 집단의   **migration** 이주   **tribe** 부족   **threaten** 위협하다
inexorable 멈출 수 없는   **explosion** 폭발적인 증가   **scarcity** 부족, 결핍   **clash** 충돌   **adjacent** 인접한
border 국경, 경계   **mighty** 강력한, 힘센   **peninsula** 반도   **eventually** 결국, 끝내

[PASSAGE B]

01 Ⓐ   **02** Ⓒ

[해설] 항생제는 박테리아를 죽이거나 증식을 억제하여 세균에 의한 감염을 치료하거나 방지하는 데에 사용된다. 항생제는 1940년대 중반에 널리 보급된 이래로 강력한 치료제로서 전 세계에서 무수히 많은 생명을 구해왔다. 항생제는 광범위한 종류의 질환을 많은 부작용 없이 치료하는 데에 사용할 수 있다. 항생제는 또한 건강 보험이 없는 사람들에게도 부담이 없는 가격이며, 구강이나 주사로 쉽게 투여할 수 있다. 하지만 항생제는 감기나 독감처럼 바이러스에 의한 감염을 치료하는 데에 효과적이지 않으며, 남용되거나 적절치 않게 복용할 경우 해로울 수도 있다. 일부 사람들에게는 알레르기 반응을 일으킬 수 있으며, 소화 문제나 통증, 어지러움, 설사, 빛에 대한 과민성 반응과 같은 다른 증상들을 촉발할 수 있다. 항생제가 올바른 용량으로 처방되지 않는다면 환자 체내에 사는 박테리아가 내성을 키울 수 있으며, 이는 항생제가 나중에는 잘 안 들을 수도 있음을 의미한다. 그러므로 항생제에는 장단점이 있다는 점을 명심해야 하며, 치료를 위해 항생제를 복용할지와 복용량을 결정할 때 의사와 상의해야 한다.

01. 첫째 단락에 나온 inhibiting과 가장 뜻이 유사한 단어는?
Ⓐ 저지
Ⓑ 거주
Ⓒ 강화
Ⓓ 전시

02. 둘째 단락에 나온 trigger와 가장 뜻이 유사한 단어는?

Ⓐ 지연시키다
Ⓑ 발사하다
Ⓒ 유발하다
Ⓓ 호기심을 자극하다

[해설] 01. 첫째 단락에서 inhibiting은 '억제'라는 뜻으로 쓰였으며, Ⓐ hindering(저지)과 가장 유사한 의미를 지닌다.
02. 둘째 단락에서 trigger는 '촉발하다'는 의미로 쓰였으며, Ⓒ induce (유발하다)가 가장 유사한 의미를 가졌다. Ⓑ discharge(발사하다)도 문맥에 따라서는 trigger와 유사한 의미로 쓰일 수 있지만 지문의 문맥에서는 다른 의미로 쓰였다.

[어휘] **antibiotics** 항생제 **bacterial** 박테리아의 **infection** 감염 **growth** 증식 **available** 구할 수 있는
affordable (가격이) 알맞은 **administer** 투약하다 **orally** 구두로, 입을 통해서 **injection** 주사 **overuse** 남용하다
inappropriately 적절하지 않게 **allergic** 알레르기의 **symptom** 증상 **discomfort** 가벼운 통증, 불편 **nausea** 어지럼증
diarrhea 설사 **prescribe** 처방하다 **dosage** 복용량 **resistance** 내성, 저항성 **pros and cons** 장단점, 찬반 의견

iBT PRACTICE ▶ p. 42

01 Ⓑ **02** Ⓒ **03** Ⓑ **04** [OHC - Ⓐ, Ⓕ], [SST - Ⓑ, Ⓓ, Ⓖ]

[해설] **해양학**
바다에 대한 연구인 해양학은 해양 과학이라고 불리기도 하는데, 지구 온난화에 엄청나게 중대한 의미를 지니는 관계로 과학자들의 관심을 끌고 있다. Ⓐ 많은 이유들 가운데, 대양 열량(OHC), 즉 바다에 축적되는 열을 많은 과학자들은 매우 중요하게 여기고 있다. Ⓑ 지구 온난화 에너지의 90% 이상을 흡수하는 바다의 열은 바닷물의 열팽창을 일으키는데, 이것이 전지구적 해수면 상승으로 이어진다. Ⓒ 과학 연구에 의하면, 이러한 문제들이 임박해 있는 것이 분명한데 그것은 전지구적 해수면이 1993년 이래로 매년 3.2mm씩 상승하고 있다는 것을 보여주는 연구 결과들 때문이다. Ⓓ
대양 열량(OHC)을 계산하는 해양학적 변수들 중 하나는 바다 표면 온도(SST)인데, 이는 바다 표면의 1~20mm 밑의 수온을 의미한다. 바다 표면 온도를 측정하는 다양한 기술 중에 가장 널리 사용되는 것이 온도계와 기상 위성이다. 바다 표면 온도는 해수면 상승 외에도 바다 안개와 바닷바람의 형성 같은 대기의 다른 현상들의 원인이 되기도 한다. 따뜻한 수면과 그 위의 차가운 공기 사이의 온도 차는 수분을 생성하고 이것이 응축하여 수직으로 발달한 구름과 소낙눈이 된다. ➡ 전 세계 인구가 해양 열과 해수면 온도의 상승에 취약하므로, 그것들의 원인과 결과가 체계적으로 분석되고 대처되어야 한다.

01. 첫째 단락에 나온 imminent와 가장 뜻이 유사한 단어는?
Ⓐ 위태로운
Ⓑ 다가오는
Ⓒ 위협적인
Ⓓ 멀리 떨어진

02. 네 개의 정사각형은 다음의 문장이 추가될 수 있는 곳을 나타낸다.
[해수면이 상승하는 이런 현상은 연안 생태계와 야생 생물의 개체 수를 위협하기 때문에 매우 심각한 환경 문제이다.]
어느 곳이 가장 알맞겠는가?
Ⓐ A
Ⓑ B
Ⓒ C
Ⓓ D

ANSWER KEYS

03. 다음 문장 중 지문에 별도 강조 표시를 한 문장의 핵심 내용을 가장 잘 표현한 문장은 어느 것인가? 맞지 않는 선택을 하면 지문의 의미를 중대하게 바꿔 놓거나 핵심 내용을 놓치게 된다.
Ⓐ 인류가 대양 열량의 상승에 책임이 있으므로 누구나 해양학을 공부해야 한다.
Ⓑ 대양 열량의 상승이 전 세계 인류를 위협하고 있으니 그 원인과 결과를 연구해야 한다.
Ⓒ 대양 열량의 상승 원인과 그 결과를 분석하는 것은 도전해볼 만한 일이다.
Ⓓ 대양 열량의 상승에 세계가 크게 주목하고 있지 않지만, 그에 대한 분석은 인류에게 매우 유용하다.
강조 문장은 [➡] 표시가 되어 있다.

04. 선택지 중에서 적절한 문구를 골라서 이와 관련 있는 범주에 연결하라. 선택지 중 2개는 사용되지 않는다. 이 문제는 3점이다.
Ⓐ 이것은 지구 온난화로 인한 열의 대부분을 차지한다.
Ⓑ 이것은 인공위성에 의해 측정될 수 있다.
Ⓒ 이로 인한 결과는 해수면 상승뿐이다.
Ⓓ 이것은 연안 바람과 안개에 영향을 미치는 하나의 변수이다.
Ⓔ 이것은 홍수의 주요 원인이다.
Ⓕ 이것은 열팽창의 원인이 된다.
Ⓖ 이것은 수분을 형성하고 이것이 구름과 비가 된다.

[해설]
01. 첫째 단락에서 imminent는 '(문제가) 임박한'을 의미하는 형용사이다. 문맥만 놓고 유추하면 Ⓐ를 고를 수도 있겠지만 의미상 가장 가까운 선택지는 Ⓑ approaching(다가오는)이다.

02. 별도 추가 문장 없이도 첫 문단의 내용이 끊어지지 않기 때문에 각각의 위치에 넣어보고 자연스럽게 이어지는지를 살펴봐야 한다. 주어진 문장에 This phenomenon of rising sea levels라는 말이 나오므로 이 문장 앞에 해수면 상승에 대한 언급이 있어야 한다. 그러므로 Ⓐ와 Ⓑ 위치는 제외된다. Ⓒ에 넣으면 앞 문장의 해수면 상승 관련 내용과 자연스럽게 이어지므로 가장 적합하다. 그러므로 정답은 Ⓒ이다.

03. 강조된 부분을 살펴보면 전 세계 인구가 대양 열량의 상승에 취약하니 그 원인과 결과를 체계적으로 분석하고 해결해야 한다고 하였다. 이와 동일한 내용을 담고 있는 Ⓑ가 정답이다.

04. 아래의 문장들을 위에 있는 두 용어 옆에 옮겨 놓는 문제이다. Ⓐ는 지문에서 지구 온난화 에너지의 90% 이상을 대양이 흡수한다고 하였으므로 대양 열량과 관련이 있다. 해수면 온도를 측정할 때에 온도계와 기상 위성이 주로 쓰인다고 하였으므로 Ⓑ는 해수면 온도와 관련 있다. 해수면 온도는 해수면 상승 외에 바닷바람과 안개 형성에 영향을 준다고 하였으므로 Ⓒ는 두 용어와 관련 없는 선택지이며, Ⓓ는 해수면 온도와 관련 있다. 지문에서 홍수와 관련된 직접적인 언급이 없었으므로 Ⓔ는 두 용어와 관련 없는 선택지이다. 지구온난화의 열을 흡수하여 해수가 팽창한다고 하였으므로 Ⓕ는 대양 열량과 관련 있다. 해수면과 대기 사이의 온도 차가 수분을 형성하고 이것이 구름과 소낙눈이 된다고 하였으므로 Ⓖ는 해수면 온도와 관련 있다.

[어휘] **oceanography** 해양학 **profound** 엄청난 **significance** 중대한 의의, 의미 **thermal** 열의 **expansion** 팽창
phenomenon 현상 **costal** 연안의, 해안의 **ecosystem** 생태계 **variable** 변수 **thermometer** 온도계
satellite 인공위성 **atmosphere** 대기 **moisture** 수분, 습기 **condense** 응축하다 **vertically** 수직으로
vulnerable 취약한 **address** 처리하다, 다루다 **essential** 핵심의, 본질적인

CHAPTER 02 Factual Information

STRATEGY APPLICATION
Ⓓ

BUILDING SKILLS
01 Ⓑ 02 Ⓓ 03 Ⓑ 04 Ⓒ

BASIC DRILLS
01 Ⓓ 02 Ⓐ 03 Ⓓ 04 Ⓒ

READING PRACTICE
[PASSAGE A] 01 Ⓓ 02 Ⓑ   [PASSAGE B] 01 Ⓓ 02 Ⓒ

iBT PRACTICE
01 Ⓑ 02 Ⓐ 03 Ⓓ 04 Ⓑ

BUILDING SKILLS ▶ p. 46

01 Ⓑ

[해석] 아메리카 원주민은 북아메리카 대륙의 북동 해안에 살았다. 이들이 거주하는 곳에는 자원이 풍부하였는데, 이는 그들 부족 문화가 번창하는 데에 도움이 되었다. 가장 의미 있는 문화 산물 중 하나가 조상들에 대한 경의를 표했던 토템 기둥이다. 토템 기둥들은 서로 매우 닮았지만, 정확하게 똑같은 쌍은 없다. 그 외의 문화적 산물에는 가면이 있다. 각 부족은 자신의 고유한 문화적 가치관과 관련 있는 가면을 각기 만들었다.

문단에 의하면 다음 중 아메리카 원주민의 문화적 산물에 대해 사실인 것은?
Ⓐ 토템 기둥은 서로 똑같아 보였다.
Ⓑ 토템 기둥은 부족의 조상에 대한 공경을 나타냈다.
Ⓒ 가면은 부족이 집회를 열 때 사용되었다.
Ⓓ 가면은 문화적 가치관과 관계 없이 만들어졌다.

[해설] 아메리카 대륙 원주민의 문화에 대한 내용이다. 토템 기둥과 가면에 대해 설명하였는데, 토템 기둥은 매우 비슷하지만 동일한 쌍은 없다 하였고(Ⓐ), 가면이 언제 사용되었는지는 설명되지 않으며(Ⓒ), 부족의 문화적 가치관과 관련된 가면을 만들었다고(Ⓓ) 하였다. 토템 기둥은 조상에 대한 경의를 표하는 것이라 하였으므로 정답은 Ⓑ이다.

[어휘] **coast** 해안 **abundant** 풍부한 **habitat** 거주 장소, 서식지 **thrive** 성장하다, 번영하다 **significant** 의미 있는, 중요한 **totem** 토템(특히 아메리카 원주민 사회에서 신성시되는 상징물) **pole** 기둥, 장대 **identical** 똑같은, 동일한 **tribe** 부족 **in relation to** ~에 관하여 **forefather** 조상 **gathering** 집회, 모임 **regardless of** ~와 관계 없이

ANSWER KEYS

02 ⓓ

[해석] 서번트 증후군은 자폐증을 포함하여 심각한 정신질환을 앓고 있는 사람이 일부 영역에서 천재적인 능력을 보여주는 매우 희귀한 질환이다. 그들은 대체로 미술이나 빠른 계산, 음악에 매우 뛰어나다. 많은 과학자들은 이 증후군이 뇌의 세부 정보 처리 능력의 향상과 관련이 있을 수 있다고 믿지만, 이러한 재능을 설명해주는 공인된 인지 이론은 없다. 뇌 손상이나 특정 신경 심리 질환들이 이 증후군을 일으켰을 것으로 생각되기도 한다.

문단에 의하면 다음 중 서번트 증후군에 대한 것으로 사실인 것은?
Ⓐ 서번트 증후군은 뇌 손상 때문에 생긴다.
Ⓑ 서번트 증후군은 천재로 분류되는 사람들에게서 발견된다.
Ⓒ 서번트 증후군이 있는 이들은 광범위한 기술들에서 뛰어나다.
Ⓓ 서번트 증후군은 세부적인 정보를 처리하는 능력이 향상된 것과 관련이 있을 것으로 생각된다.

[해설] 서번트 증후군에 대해 설명하는 문단이다. 뇌 손상이 서번트 증후군의 한 원인으로 생각되기도 하지만 정설은 아니며(Ⓐ), 서번트 증후군이 있는 사람이 일부 영역에서 천재적인 수준의 능력을 보이는 것은 맞지만, 천재 중에 서번트 증후군이 있는 이들이 있다는 언급은 없다(Ⓑ). 서번트 증후군이 있는 이들은 특정 영역에서 뛰어난 것이지 여러 일들을 잘하는 것이 아니다(Ⓒ). 많은 과학자들이 이 증후군이 뇌의 세부 정보 처리 능력의 향상과 연관이 있을 것이라 생각하므로 Ⓓ가 정답이다.

[어휘] **syndrome** 증후군 **rare** 희귀한 **autistic** 자폐의 **cognitive** 인지의 **talent** 재능 **enhance** 향상시키다, 강화하다 **neuropsychological** 신경 심리의

03 ⓑ

[해석] 영국의 경제는 여러 이유로 16세기에 발전하기 시작했다. 첫째, 국내적으로 전쟁이라든가 역병 등의 문제가 줄었다. 또한 농업 자원이 늘어났다. 여기에 더하여 영국의 경제 발전은 다른 유럽 국가들보다 식민지 확장에 더 많이 의존하였다. 영국의 경제 발전에는 국제 무역과 부동산 투기, 그리고 그 이상의 것들이 포함된다. 뿐만 아니라, 영국은 유럽의 다른 나라들에 직물을 수출함으로써 직물 시장을 주도하였다.

문단에 의하면 다음 진술 중 영국에 대한 것으로 사실인 것은?
Ⓐ 영국은 가축과 농작물을 수출했다.
Ⓑ 전쟁과 전염병의 감소가 경제 성장에 도움이 되었다.
Ⓒ 영국의 경제 발전은 다른 유럽 국가들보다 늦게 시작됐다.
Ⓓ 자원이 풍부하여 종종 이웃 국가들의 침략을 받았다.

[해설] 영국이 가축이나 농산물을 수출했는지는 언급되지 않았고(Ⓐ), 영국의 경제 성장이 다른 유럽 국가들보다 식민지 확장에 더 많이 의존하였다는 설명은 있지만 이것이 영국의 경제 발전이 시작된 시기와 관계가 있다는 설명은 없으며(Ⓒ), 이웃 국가의 침략에 대해서는 언급이 없다(Ⓓ). 경제 발전의 첫 원인으로 전쟁과 역병이 적었다는 언급이 있으므로 이것이 경제 발전에 도움이 되었음을 알 수 있다. 그러므로 정답은 Ⓑ이다.

[어휘] **plague** 역병, 전염병 **agricultural** 농업의 **colonial** 식민지의 **expansion** 확장 **land speculation** 부동산 투기 **textile** 직물, 방직 **domesticated** 길들인 **infectious** 전염성의 **boost** 북돋우다 **take place** 일어나다 **invade** 침략하다 **neighboring** 이웃의, 근접한

04 ⓒ

[해설] 율리우스력은 가장 널리 사용된 초기 태양력 중에서 가장 유용한 것으로 여겨진다. 율리우스력이 창안되기 전에는 로마력을 사용했는데, 이 역법은 무척이나 복잡해서 이를 계절에 맞춰 유지하는 데에 많은 시간과 공을 들여야 했다. 그래서 로마의 정치가였던 Julius Caesar

는 율리우스력을 창안하였다. 이 역법은 전적으로 지구의 태양 공전에 기초하고 있었다. 이 역법은 그레고리력으로 대체될 때까지 전 세계적으로 1,500년 넘게 사용되었다.

문단에 의하면 다음 중 율리우스력에 대한 것으로 사실인 것은?
Ⓐ 로마력에 의해 대체되었다.
Ⓑ 계절의 흐름과 맞추기에 너무 복잡했다.
Ⓒ 그레고리력이 그 뒤를 이었다.
Ⓓ 자전축을 중심으로 한 지구의 자전에 기초하였다.

[해설] 율리우스력에 대해 설명한 문단이다. 이 역법이 나오기 전까지 로마력을 썼다고 하므로 Ⓐ는 정반대의 설명이며, Ⓑ는 로마력에 대한 설명이다. 지구의 자전이 아닌 공전에 기초한 것이므로 Ⓓ 또한 정답이 아니다. 그레고리력이 나올 때까지 사용되었으므로 Ⓒ가 정답이다.

[어휘] **complicated** 복잡한   **statesman** 정치인   **revolution** 공전   **worldwide** 전 세계에   **rotation** 회전, 자전   **axis** 축, 중심축

BASIC DRILLS ▶ p. 48

01 Ⓓ

[해설] 노랑턱멧새의 지저귐 발달을 연구하는 조류학자들은 이 새들의 일부 지저귐은 유전되고 일부는 학습됨을 보여주는 증거를 발견했다. 이 멧새들은 멧새과가 아닌 새들의 지저귐은 학습할 수 없으며, 이는 유전되는 신경계의 형판(型板)이 있음을 의미한다. 나아가, 수컷과 암컷이 다르게 지저귀며, 이는 지저귐을 통제하는 뇌에서 측정되는 차이와도 일치한다. 이러한 차이는 갓 부화하여 무언가를 학습하기 이전인 상태에서부터 존재하는데, 이는 유전에 의해 지저귐이 결정됨을 암시한다. 하지만 흥미롭게도 노랑턱멧새 개체군에게는 방언이 있으며, 두 가지 지저귐이 겹치는 지역에 사는 수컷들에서는 양쪽 지저귐 모두를 구사할 수 있는 능력이 발달한다. 이러한 발견은 노랑턱멧새가 지저귐을 학습할 수 있음을 의미하며, 이는 이들의 지저귐 전체가 유전적인 것만은 아님을 입증한다.

문단에 의하면 다음 중 노랑턱멧새에 대한 것으로 사실인 것은?
Ⓐ 오로지 주변의 다른 새로부터만 지저귀는 법을 배운다.
Ⓑ 수컷들은 주변 종들의 지저귐을 따라 하는 능력을 발달시켰다.
Ⓒ 다른 종들의 지저귐을 조합하여 자신들만의 방언을 만들어낸다.
Ⓓ 유전적 형질이 이들이 지저귀는 소리의 종류를 상당 부분 결정한다.

[해설] 노랑턱멧새는 다른 종들의 지저귐은 학습할 수 없다고 하였으므로 Ⓐ와 Ⓑ는 문단 내용과 일치하지 않는다. 또한 다른 종들의 지저귐을 배우지 않으므로 조합도 불가할 것이므로 Ⓒ도 틀렸다. 태어난 이후에 배우는 부분도 있지만, 수컷과 암컷이 다르게 지저귀는 것 등을 볼 때 신경계의 형판이 있어서 이로 인해 이들만의 지저귐이 나오는 것으로 설명되어 있으므로 Ⓓ가 정답이다.

[어휘] **ornithologist** 조류학자   **inherit** (유전적으로) 물려받다   **sparrow** 멧새, 참새   **neurological** 신경계의
template 형판, 견본   **correspond with** ~과 일치하다   **measurable** 측정할 수 있는   **hatchling** 갓 부화한 새끼
dialect 방언, 지방어   **overlap** 겹치다   **genetically** 유전적으로   **exclusively** 오로지 ~만,   **mimic** 흉내내다
makeup 형질, 기질, 구조

02 Ⓐ

[해설] 로봇 공학에서 가장 유망한 분야 중의 하나는 재난 상황에서 구조대원들이 다루기에 너무 위험하거나 어려운 일들을 하는 데에 로봇을 이용하는 것이다. 연구원들은 지진이 발생하고 난 이후에 건물에 들어가서 잔해를 제거하고 안에 갇혀 있는 사람들의 위치를 파악할 수 있는

ANSWER KEYS

로봇을 개발하고 있다. 홍수가 난 경우에는, 사람들에게 구급 용품과 긴급 구호품을 제공할 수 있도록 물과 떠다니는 부유물 위로 오갈 수 있는 작은 수륙 양용의 로봇이 개발되었다. 화학 약품으로 인한 위험한 화재나 단순히 소방대원이 접근할 수 없는 지역에서 화재를 진압하는 일부 소방서에서는 현재 소방 로봇을 시험 중에 있다.

문단에 의하면 다음 진술 중 재난 상황에서 이용되는 로봇에 대한 것으로 사실인 것은?
Ⓐ 잔해에 갇힌 사람들의 위치를 찾는 것에 로봇이 이용된다.
Ⓑ 로봇은 위험한 현장에서 인간과 함께 작업한다.
Ⓒ 화학 약품으로 인한 위험한 화재에 화재 진압용 로봇을 사용하는 것이 승인되었다.
Ⓓ 홍수는 재난 구조 로봇의 사용에 심각한 난제를 안겨준다.

[해설] 문단 내용에 의하면 위험한 현장에 인간이 갈 수 없어서 로봇을 보내는 것이므로 현장에서 공동 작업을 한다는 Ⓑ는 잘못된 설명이며, 화재 진압용 로봇은 현재 시험 중이므로 승인된 것이라 할 수 없다(Ⓒ). 또한 홍수에 사용할 수 있는 수륙 양용 로봇이 개발되었으므로 Ⓓ도 문단의 내용과 일치하지 않는다. Ⓐ는 로봇이 지진 이후의 현장에서 건물로 들어가서 잔해를 제거하고 사람들의 위치를 파악할 수 있다고 한 내용과 일치하므로 정답이다.

[어휘] **promising** 유망한, 장래가 촉망되는 **robotics** 로봇 공학 **rescuer** 구조대원 **tackle** 다루다, 씨름하다
aftermath 직후 시기, 여파 **rubble** 잔해 **amphibious** 수륙 양용의, 양서류의 **debris** 잔해 **hazardous** 위험한
authorize 승인하다

03 Ⓓ

[해석] 실크로드는 기원전 130년부터 서기 1453년까지 중국과 중동, 인도와 서유럽 지역들을 잇는 통상로의 연결망이었다. 모든 종류의 품목들이 이 길을 따라서 운송되었다. 향신료와 도자기류, 옷감과 값어치 나가는 금속류가 그 품목들이었다. 아마도 가장 유명하고 귀했던 것은 비단이었으며, 여기에서 그 이름이 유래하였다. 이러한 초기 형태의 전세계적인 무역에서 엄청난 경제적 이익이 나왔지만, 실크로드가 가장 크게 공헌한 것으로 여겨지는 것은 문화의 교류이다. 실크로드를 따라 형성돼 있던 문명들과 문화들이 이러한 문명과 사상의 이종 교배를 통하여 크게 발전했다. 예술과 종교, 기술, 과학, 언어, 철학은 이 시기에 꽃피운 문화의 일부 측면에 불과하다.

필자는 문단에서 예술과 기술을 어떠한 것들의 예로 언급하는가?
Ⓐ 실크로드 사회에서 비단이 어떻게 사용되었는지
Ⓑ 실크로드를 통해 중국이 무역한 것이 무엇인지
Ⓒ 실크로드가 어떻게 통상로의 연결망이 되었는지
Ⓓ 실크로드를 따라서 퍼져나가고 섞이게 된 문화

[해설] 필자는 실크로드 주변의 문명과 문화에서 이종 교배가 있었다고 하면서, 그로 인해 상당한 발전이 이루어졌던 것들의 예로 예술과 기술을 언급하였다. 그러므로 예술과 기술은 실크로드를 따라서 퍼져나가고 섞이게 된 문화의 한 예라 할 것이며, 정답은 Ⓓ이다.

[어휘] **route** 통로, 길 **spice** 향신료 **hence** 이 사실에서, 이런 이유로 **trans-global** 전세계적인
cross-pollination 이종 교배, 타화 수분 **aspect** 양상 **flourish** 꽃피우다, 번창하다

04 Ⓒ

[해석] 약 500년~1800년 전에 중앙 아메리카와 남아메리카 대륙에는 세 개의 훌륭한 문명이 있었다. 이들 중 첫 번째가 마야 문명이며, 이들은 중부 멕시코에 있었다. 이들은 커다란 도시 국가들로 구성되었다. 신앙심이 깊었던 이들은 자신들의 신들을 섬기기 위한 커다란 사원을 짓고 인신 공양을 하였다. 이들과 마찬가지로 종교적이었지만 페루의 산악지역에 거주하였던 잉카 제국은 이들 셋 중에 가장 큰 문명이었다. 이들은 도로와 터널, 다리를 건설하고 어려운 산악 지형에서 농사를 지을 수 있도록 관개 방법을 발달시켰다. 이들은 아마도 마추픽추의 산악 요새로 가장 잘 알려져 있을 것이다. 마지막으로 아즈텍 문명은 오늘날 멕시코의 유카탄 반도를 차지하였다. 사나운 전사들로 알

려진 이들은 스페인 사람들에 맞서 싸웠다.

중앙 아메리카의 문명들에 대한 다음 설명 중 문단과 일치하는 것은?
Ⓐ 아즈텍 문명은 거대한 사원을 건설하는 데에 상당한 공을 들였다.
Ⓑ 마야인들은 페루에 광대한 도로망을 건설하였다.
Ⓒ 잉카인들은 획기적인 농업 기술을 개발하였다.
Ⓓ 아즈텍 문명은 스페인과의 전쟁에서 승리하였다.

[해설] 거대한 사원을 건설한 것으로 언급된 것은 아즈텍 문명이 아닌 마야 문명이며(Ⓐ), 도로를 건설한 것으로 언급된 것은 잉카 문명이다(Ⓑ). 아즈텍인들이 스페인과 맞서 싸운 것은 맞지만 전쟁에서의 승리 여부는 언급되지 않았다(Ⓓ). 잉카인들은 산악 지역에서 농사를 짓기 위해 관개 방법을 발달시켰다고 설명되어 있으므로 획기적인 농업 기술을 개발하였다는 Ⓒ의 언급은 본문의 언급과 부합한다. 그러므로 정답은 Ⓒ이다.

[어휘] **approximately** 약 **human sacrifice** 인신 공양 **fortress** 요새 **fierce** 사나운, 거친 **extensive** 광대한 **innovative** 혁신적인

READING PRACTICE ▶ p. 50

[PASSAGE A]

01 Ⓓ **02** Ⓑ

[해석] Rembrandt Harmenszoon van Rijn은 그의 시대 유럽에서 최고의 미술가 중 한 명이었으며, 네덜란드 사상 가장 중요한 화가 중의 한 명임이 분명하다. 그는 바로크 시대인 1606년에 태어났다. 그는 회화와 동판화, 드로잉 같은 여러 종류의 예술 작품을 남겼다. 그는 또한 초상화와 자화상도 남겼다. 그 밖에도 그는 종교 예술 작품들을 그렸는데, 종교적 사건들을 잘 묘사하는 것으로 칭송 받았으며, 특히 감정과 세부적인 것들을 보여주는 것을 잘 하였다.

Rembrandt의 주요 화풍은 묘사와 풍경, 초상이었다. 그의 화풍은 시기에 따라 변화하였다. 예를 들어 1630년대까지 그의 풍경화는 어둑어둑한 하늘과 같은 자연의 인상적 풍경을 담고 있었다. 하지만 1640년부터 그의 화풍이 더 현실적이 되고 온건해졌으며 1650년대에 그가 그린 작품들은 색이 짙어지고 눈에 더 잘 띄는 붓 터치를 특징으로 하였다. 또한 그의 종교적 작품의 화풍도 시간이 흐르면서 변화한다. 초기에 그의 성경을 근간으로 하는 작품들은 종교적으로 극적인 장면에 초점을 맞추었다. 하지만 후기에 그의 종교 작품들은 종교적 인물들의 초상화에 집중되어 있다.

01. 둘째 단락에 나온 distinct와 가장 뜻이 유사한 단어는?
Ⓐ 가득 찬
Ⓑ 별개의
Ⓒ 다양한
Ⓓ 뚜렷한

02. 지문에 의하면 다음 중 Rembrandt의 화풍에 대한 것으로 사실인 것은?
Ⓐ 1630년대에 그는 오직 상상 속의 것들만 그렸다.
Ⓑ 1640년대에 그의 화풍은 더 현실적이 되었다.
Ⓒ 1650년대에 그는 종교적 그림을 그리는 데에 집중하였다.
Ⓓ 1670년대에 그는 성서 속 인물들의 초상화를 그렸다.

[해설] **01.** 둘째 단락에서 distinct는 '눈에 띄는'이라는 뜻으로 쓰였으며, Ⓓ noticeable(뚜렷한)의 의미와 가장 유사한 의미를 지닌다.

ANSWER KEYS

02. 지문에 의하면 1630년대까지 Rembrandt의 풍경화에는 자연의 극적 순간들이 담겨 있었다고 하였다. 그러므로 상상의 대상들을 그렸다는 Ⓐ는 옳지 않다. 1640년대에 와서 그의 화풍이 좀 더 현실적이 되고 온건해졌다고 하였으므로 Ⓑ가 정답이다. 1650년대에 종교적 회화만 그렸다는 언급은 없으며(Ⓒ), 그의 후기 작품들이 성서 속 인물들의 초상에 집중한 것은 맞지만 지문만으로는 Ⓓ가 사실인지 알 수 없다.

[어휘] **definitely** 분명히 **Dutch** 네덜란드의 **etching** 동판화 **portrait** 초상화 **narrate** 서술하다 **illustrate** 분명히 보여주다 **detail** 세부 사항 **narrative** 묘사 **landscape** 풍경화 **gloomy** 어둑어둑한, 우울한 **moderate** 온건한 **stroke** 획 **biblical** 성서 속의 **imaginary** 상상의, 상상에만 존재하는

[PASSAGE B]

01 Ⓓ **02** Ⓒ

[해석] 붉은바다거북은 바닷가에 있는 그들의 보금자리를 처음으로 떠날 때에 전 세계의 바다를 가로지르는 12,000킬로미터의 여정을 시작한다. 과학자들은 이 피조물이 어떻게 넓게 트인 대양에서 길을 찾아갈 수 있는지 이제 막 이해하고 있다. 초기의 이론들은 거북이 길을 찾기 위해 시각을 사용한다고 믿었다. 하지만 탁 트여 있는 바다는 길을 찾는 시각적인 단서를 거의 제공하지 않으므로 이 이론에 의존하는 과학자 수는 점점 줄고 있다. 또한 바다거북들은 스스로를 인도하는 데에 수온을 이용한다고 생각되었는데, 엄청나게 변화하는 온도는 이러한 생각이 가능성이 없음을 증명하고 있다.

과학자들은 이제 어린 거북들이 태어날 때 자성의 지도를 타고 난다는 이론에 기울어지고 있다. 거북의 뇌 내부에는 자기장에 민감한 항해 수용체가 있다. 지구에는 지구를 가로지르며 변화하는 자기장이 있어서, 거북이 특정 지역에 있을 때, 그들의 자성 지도가 어느 길로 가야 할지 알려준다. 달리 말하자면, 각 장소마다의 자기장 차이가 거북에게 방향을 바꿀 수 있도록 알려줘서 거북들이 올바른 길을 따라갈 수 있다는 것이다.

01. 지문에 의하면 다음 중 붉은바다거북에 대한 것으로 사실인 것은?
Ⓐ 부모나 다른 거북들이 이동 경로를 가르쳐준다.
Ⓑ 이들이 항해하는 방법에서 수온은 중요한 요인이다.
Ⓒ 시각과 시각적 단서들이 길을 찾을 수 있는 데에 필수적이다.
Ⓓ 지구의 자기장을 이용해서 바다를 건너는 길을 찾는다.

02. 다음 중 지문에서 언급된 것은?
Ⓐ 붉은바다거북은 바다 속에서 서식지로 가는 길을 찾는 데에 서로에게 의존한다.
Ⓑ 거북이 어떻게 엄청난 거리의 여정을 견뎌낼 수 있는지에 대한 경쟁 이론이 여럿 있다.
Ⓒ 거북의 뇌에 있는 항해 수용체가 탁 트인 바다에서 길 찾는 것을 돕는다.
Ⓓ 붉은바다거북은 알에서 부화한 후에 자성 지도를 발달시킨다.

[해설] **01.** Ⓐ는 지문에서 언급되지 않았고, Ⓑ는 과거의 이론 중의 하나로 엄청나게 변화하는 수온 때문에 이것이 맞을 가능성이 없다고 하였다. Ⓒ 또한 과거의 이론으로 오늘날 이에 의지하는 과학자 수가 줄어들고 있다고 한다. Ⓓ는 현재 과학자들이 기울고 있는 이론으로 필자는 이 이론 덕분에 거북의 항해를 이제 이해하고 있다고 언급한다. 그러므로 정답은 Ⓓ이다.

02. Ⓐ와 Ⓑ는 언급되지 않았으며, Ⓓ는 자성의 지도를 태어날 때 타고 난다는 지문의 언급과 상반된다. 지문에서는 거북의 뇌에 항해 수용체가 있어서 지구의 자기장의 변화 속에서 나아갈 방향을 읽어낸다고 하였으므로 정답은 Ⓒ이다.

[어휘] **loggerhead** 붉은바다거북 **journey** 여정 **nest** 보금자리 **navigate** 항해하다 **expanse** 넓게 트인 지역 **cue** 단서 **variance** 변화, 변동 **unlikely** 가망 없는, 정말 같지 않은 **magnetic** 자성의, 자기의 **receptor** 수용체 **route** 경로 **migration** 이동, 이주 **essential** 필수적인 **endure** 견디다

iBT PRACTICE ▶ p. 52

01 Ⓑ **02** Ⓐ **03** Ⓓ **04** Ⓑ

[해석] **시추선**

시추선은 그 이름이 암시하듯, 바다 바닥 밑에 있는 기름 및 가스의 새 매장층을 탐사하는 데 사용되는 목적-설계형 선박이다. 이 선박은 기술적으로 매우 발달해 있어서, 바다 바닥에 12,000 피트 깊이까지 구멍을 뚫을 수 있다. 시추선은 움직이는 바다에서 고정된 위치를 유지할 수 있기 위해서 자동 위치 제어 장치가 장착되어 있다. 컴퓨터로 조종하는 이 시스템은 파도와 바람, 그리고 다른 환경적인 힘들을 감지하는 감지기를 이용하여 배의 위치를 자동으로 유지하고 프로펠러와 반동 추진 엔진을 작동시켜 이런 힘들을 상쇄하고 본질적으로는 선박이 같은 자리에 있도록 한다.

시추선은 매우 기동성이 있다는 점에서 다른 시추 플랫폼과 다르다. 예를 들어 반 잠수형 플랫폼이나 시추 장치는 어떤 식으로든 바다 바닥에 고정되어야 한다. 이러한 고정은 일반적으로 닻이나 일종의 상부 구조물을 이용해서 이루어진다. 나아가 이들 구조물에는 일반적으로 어떤 형태의 추진 장치도 없고 이들을 장거리로 이동하기 위해서는 예인선이나 다른 커다란 배가 필요하다. 반면에 시추선은 자동 위치 제어 장치 덕분에 위치를 고정시키기 위한 어떠한 해저 부착물도 필요로 하지 않으며, 이러한 점은 시추선이 한 지역의 탐사를 빠르게 시작하는 것을 가능하게 한다.

시추선은 선박 중앙에 볼록 튀어나온 커다란 시추 플랫폼 때문에 쉽게 눈에 띈다. 이 구조물 밑에는 문 풀이라고 부르는 선체의 커다란 구멍이 있다. 파이프 및 장비들이 바다 바닥에 내려지는 것은 바로 이 공간을 통해서이다. 일반적으로 석유 시추 보호판이 바닥에 내려가는데, 여기에 파이프가 연결된다. 이러한 방식의 연결은 영구적이지 않으며 순전히 탐사 목적으로 고안된다. 그렇기 때문에 시추선은 많은 양의 자원을 뽑아내기 위해 설계된 것이 아니다. 대신에 시추선으로 실용적인 매장층이 확인되면, 추출을 시작하기 위해 더 크고 안정적인 시추 장치를 가져온다.

01. 지문에 의하면 자동 위치 제어란 무엇인가?
Ⓐ 바다 표면의 특정 위치를 찾아가는 데 사용되는 기술
Ⓑ 바다 표면에서 어느 한 위치에 머무를 수 있는 선박의 능력
Ⓒ 바다 바닥에서 기름과 가스를 찾아내는 데에 사용하는 감지기와 컴퓨터
Ⓓ 선박이 환경적으로 위험한 요소들이 있는 위치를 찾는 데에 사용하는 기술

02. 필자는 둘째 단락에서 왜 반 잠수형 플랫폼을 언급하는가?
Ⓐ 시추선들의 독특한 능력과 이점을 강조하기 위해서
Ⓑ 선박이 해수면에서 자기 위치를 어떻게 유지하는지를 설명하기 위해서
Ⓒ 석유 탐사와 석유 추출이 어떻게 다른지 실례를 들어 설명하기 위해서
Ⓓ 바다에서 지연 자원을 어떻게 추출하는지 보여주기 위해서

03. 지문에 의하면 다음 중 시추선에 대한 것으로 사실인 것은?
Ⓐ 바다 바닥에 닻을 이용해서 고정되어야 한다.
Ⓑ 선박 내 굴착 플랫폼의 주요 목적은 기름과 가스를 추출하는 것이다.
Ⓒ 파도와 다른 환경적인 요소들이 시추선의 작업 능력에 영향을 준다.
Ⓓ 한 지역으로 빠르게 이동해서 탐사를 시작할 수 있다.

04. 셋째 단락의 purely와 가장 뜻이 유사한 단어는?
Ⓐ 점잖게
Ⓑ 오직
Ⓒ 올바르게
Ⓓ 분명하게

[해설] **01.** 지문에서의 설명에 의하면 외부 환경적인 요인들의 영향력을 자동으로 상쇄하고 선박을 본질적으로 그 자리에 그대로 있게 만드는 기술이라 하였다. 즉 특정한 위치에 그대로 있는 것을 의미하므로 정답은 Ⓑ이다.
02. 준-수중용 구조물은 시추선과 마찬가지로 특정 위치에 고정되어 사용되지만 이를 위해 바다 바닥에 별도의 고정 장치를 달아야

ANSWER KEYS

이와 달리 시추선은 기름 및 가스 탐사를 위해 특정 지역으로 기동성 있게 이동이 가능하다. 저자는 준-수중용 구조물과의 비교를 통해 시추선 고유의 능력과 이점을 두드러지게 하고 있다. 그러므로 정답은 Ⓐ이다.

03. 시추선의 고정에는 닻이 필요하지 않으며(Ⓐ), 선박 안의 굴착 플랫폼은 시험 추출을 위한 것이지 자원을 추출하기 위한 것이 아니다(Ⓑ). 또한, 자동 위치 제어 장치로 환경적인 요소들의 영향을 상쇄한다고 하였다(Ⓒ). 시추선은 별도의 고정 장치를 바다 바닥에 설치하지 않아서 이동이 빠른 편이다. 그러므로 정답은 Ⓓ이다.

04. purely는 '순전히'의 의미로 사용되었으며 문맥상 only(오직)와 대체되어 사용될 수 있다. 그러므로 정답은 Ⓑ이다.

[어휘] **drillship** 시추선　**explore** 탐사하다, 탐험하다　**deposit** 매장층　**equip** (장비를) 설치하다, 설비하다　**dynamic positioning** 자동 위치 제어　**thruster** 반동 추진 엔진　**counteract** 상쇄하다　**essentially** 본질적으로, 기본적으로　**platform** (굴착용) 플랫폼　**mobile** 이동성이 있는　**submersible** 잠수형의　**drilling rig** 시추 장치　**anchor** 닻　**superstructure** 상부 구조물　**propulsion** 동력　**tug** 예인선　**vessel** 선박　**seabed** 해저　**stabilize** 안정화하다　**distinguish** 구분하다　**mount** 올려놓다　**hull** 선체　**marine-riser** 석유 시추 보호판　**exploratory** 탐사의, 탐험의　**extract** 추출하다, 뽑아내다　**viable** 실용적인, 실행 가능한　**detect** 감지하다, 발견하다

CHAPTER 03 Negative Fact

STRATEGY APPLICATION
Ⓒ

BUILDING SKILLS
01 Ⓓ 02 Ⓐ 03 Ⓒ 04 Ⓑ

BASIC DRILLS
01 Ⓓ 02 Ⓑ 03 Ⓑ 04 Ⓑ

READING PRACTICE
[PASSAGE A] 01 Ⓑ 02 Ⓓ   [PASSAGE B] 01 Ⓑ 02 Ⓓ

iBT PRACTICE
01 Ⓒ 02 Ⓐ 03 Ⓑ 04 Ⓓ

BUILDING SKILLS ▶ p.56

01 Ⓓ

[해석] 곤충은 몸이 3개 부위(머리, 흉부, 복부)로 구성되는 무척추동물이다. 곤충 대부분은 다음과 같은 단계로 이루어진 생애 주기를 거친다: 알, 애벌레, 번데기, 성충. 곤충은 알에서 부화하여 애벌레가 된다. 그런 뒤 애벌레는 번데기가 되는데 여기에서 엄청난 변화를 거치며, 그 이후에 성충이 된다. 날개가 있는 곤충은 그들의 수명 동안 그 형태에서 상당한 변화를 거친다. 이를 변태라고 부른다.

다음 중 문단에서 언급되지 않은 것은?
Ⓐ 곤충의 몸은 세 부위로 구성되어 있다.
Ⓑ 날개가 있는 곤충은 변태를 거친다.
Ⓒ 곤충은 네 가지의 주요 생의 단계를 거친다.
Ⓓ 곤충은 애벌레 단계에서 가장 많은 변화를 거친다.

[해설] Ⓓ를 제외한 나머지 선택지는 본문에 언급된 바와 동일하다. Ⓓ의 곤충이 가장 많은 변화를 겪는 단계에 대해서는 문단에 나와 있지 않다. 번데기 단계에서 엄청난 변화를 겪는다고 나와 있지만, 이것이 가장 변화가 많은 단계인지는 알 수 없다. 그러므로 정답은 Ⓓ이다.

[어휘] invertebrate 무척추동물 thorax 흉부 abdomen 복부 larva 애벌레 pupa 번데기 hatch 부화하다 immense 엄청난 undergo 겪다 span 기간 metamorphosis 변태

02 Ⓐ

[해석] 레슬링은 아마도 수천 년 전에 유래한 격투 방식의 경기이다. 이 경기에서는 2명 이상의 사람이 상대방에 압도적으로 우세하기 위한 가장 좋은 자세를 차지하기 위해 싸운다. 레슬링은 고대 올림픽에서 주요 경기였다. 그 이후로는 1800년대 후반에, 뉴욕 시에서 첫 번째 전국 레슬링 대회가 열렸다. 더 나아가 1900년대 초에는 레슬링이 근대 올림픽 대회의 종목이 되었다.

Answer Keys   17

ANSWER KEYS

다음 중 문단에서 레슬링에 대한 사실로 언급되지 않은 것은?
Ⓐ 첫 번째 전국 레슬링 대회는 1,800년 전에 열렸다.
Ⓑ 레슬링의 기원은 고대이다.
Ⓒ 레슬링은 아주 오래 전에 올림픽의 주요 경기 중 하나였다.
Ⓓ 최초의 전국 레슬링 대회는 뉴욕 시에서 열렸다.

[해설] Ⓐ를 제외한 나머지 선택지는 문단에 언급되었다. 문단에 의하면 첫 번째 전국 레슬링 대회가 열린 것은 1800년대 후반이지 1,800년을 거슬러 올라가는 게 아니므로 정답은 Ⓐ이다.

[어휘] **originate** 유래하다, 비롯되다   **dominate** 압도적으로 우세하다   **opponent** 상대방   **ancient** 고대의, 아주 오래 전의
origin 기원

03 Ⓒ

[해석] 아프리카 왕국들 중의 하나가 Nubia라 불리는 지역에 있었는데, 이곳은 오늘날 수단과 이집트 사이에 있다. "Nubia"라는 단어는 메로에 왕국이 멸망한 후 그 지역에 살았던 Noba 유목민들의 이름에서 유래한다. Nubia는 4세기 이전에 쿠슈나 이디오피아라고 불리기도 했으며 과거에는 Nubia 사람들이 여러 종류의 Nubia 언어로 말했다.

Nubia에 대한 다음 언급 중 문단과 일치하지 않는 것은?
Ⓐ Nubia는 수단과 이집트 사이에 있다.
Ⓑ "Nubia"라는 이름은 메로에 왕국이 멸망한 이후에 정착한 유목민들에서 유래한 것이다.
Ⓒ Nubia 사람들은 한 가지 언어만 말했다.
Ⓓ 쿠슈와 이디오피아는 Nubia의 다른 이름이다.

[해설] Ⓒ를 제외한 나머지 선택지는 문단에 언급되었다. 지문에 의하면 Nubia 사람들은 여러 종류의 Nubia 언어를 사용했으므로 오직 하나의 언어를 사용했다는 설명은 문단의 내용과 일치하지 않는다. 그러므로 정답은 Ⓒ이다.

[어휘] **wanderer** 유목민, 유랑자   **variety** 여러 가지, 갖가지   **nomad** 유목민   **dialect** 언어, 방언, 사투리

04 Ⓑ

[해석] 아메리카 원주민의 문화에서는 남녀의 역할이 각 부족에 따라 달랐다. 전통적으로 대부분의 부족에서 남성은 사냥이나 거래를 통해 먹을 것을 집에 가져왔고, 반면에 여성은 가족 구성원을 돌봤다. 어떤 부족들에서는 여성이 질병을 치유하기 위해 약초를 심고 거둬들였으며, 옷이나 도구를 만들기도 했다. 하지만 일부 다른 부족들에서는 남녀 역할이라는 것이 명확하게 정의되어 있지 않아서 남성과 여성의 역할 사이에 분명한 경계가 없었다.

아메리카 원주민에 대한 다음 언급 중 문단과 일치하지 않는 것은?
Ⓐ 남녀 역할은 각 부족마다 달랐다.
Ⓑ 모든 아메리카 원주민 부족에는 명확히 정의된 남녀 역할이 있었다.
Ⓒ 어떤 부족에서는 남성이 사냥과 거래와 같은 전통적인 역할을 맡았다.
Ⓓ 어떤 부족에서는 여성들이 질병을 치료하기 위해 식물을 재배했다.

[해설] Ⓑ를 제외한 나머지 선택지는 문단의 내용과 일치한다. 대부분의 부족에서는 남녀 역할이 명확하게 정의되어 있었으나 지문의 마지막에 일부 부족의 경우, 남녀 역할이 명확하지 않고 경계가 없었다는 설명이 있다. 그러므로 모든 아메리카 원주민이 명확한 남녀 역할을 가지고 있었다는 설명은 지문과 어긋난다. 정답은 Ⓑ이다.

18

[어휘] **gender** 성, 성별　**differ** 다르다　**plant** 심다, 식물　**herb** 약초　**cure** 치료하다　**define** 정의하다　**boundary** 경계　**cultivate** 재배하다

BASIC DRILLS ▶ p. 58

01 Ⓓ

[해석] 고전주의와 낭만주의의 문예 사조는 수세기 동안 문학과 미술에 영향을 미쳤다. 이 두 사조는 두 가지 다른 관점에서 미와 정서의 개념을 다룬다. 고전주의는 고대 그리스와 로마 문화에서 유래하며 아름다움을 균형과 질서, 기술적인 완벽함의 표현으로 정의하며 정서를 좀 더 거리를 두는 방식으로 표현한다. 그런 이유로, 고전주의는 전통적인 형태와 구조를 매우 중시한다. 반면에 낭만주의는 강한 정서의 표현에 주로 관심이 있다. 이것은 삶의 모든 측면에서 아름다움을 추구하는 것을 중요하게 여기며, 특히 상상을 아름다움을 찾는 훌륭한 도구로 보았다. 낭만파는 또한 기술적인 완벽함보다 정서의 표현을 중하게 여겼다는 점에서 고전주의자들과 달랐다.

문단에 의하면 다음 중 낭만주의에 대한 사실과 가장 거리가 먼 것은?
Ⓐ 아름다움을 강한 정서의 표현으로 정의하였다.
Ⓑ 삶의 모든 부분에서 아름다움을 찾을 수 있다고 주장하였다.
Ⓒ 상상을 아름다움을 표현하는 중요한 도구로 보았다.
Ⓓ 전통과 균형을 일종의 아름다움으로 믿었다.

[해설] Ⓓ는 고전주의에 대한 설명에 가깝다. Ⓐ, Ⓑ, Ⓒ는 낭만주의에 대한 지문의 설명과 일치한다. 그러므로 정답은 Ⓓ이다.

[어휘] **address** 다루다　**originate** 유래하다　**define** 정의하다　**differ** 다르다　**maintain** 주장하다

02 Ⓑ

[해석] 사막의 상징 낙타는 그들 주변의 혹독한 환경에 독특하게 적응하였다. 예를 들어 낙타의 눈썹은 더 넓고 두껍게 진화하여 햇볕으로부터 눈을 보호하는 한편, 속눈썹은 더 길게 진화하여 눈에 모래가 들어가지 않게 한다. 낙타는 또한 다리가 길어서 달궈진 땅으로부터 몸통을 멀리한다. 콧구멍에는 모래가 들어오는 것을 막기 위해 닫을 수 있는 덮개가 있고, 귀 또한 안팎으로 털로 덮여 있어 모래가 들어오는 것을 방지한다. 낙타는 초식 동물이라서 사막의 식물들을 먹는데, 이 식물들이 종종 가시로 뒤덮여 있다. 그래서 가시가 있는 식물들을 통증을 느끼지 않고 먹는데 도움이 되도록 낙타의 입술은 더 크고 두껍게 진화하였다.

낙타에 대한 다음 언급 중 문단과 일치하지 않는 것은?
Ⓐ 낙타의 콧구멍과 귀는 모래가 구멍으로 들어오는 것을 차단하도록 되어 있다.
Ⓑ 낙타의 두꺼운 눈썹은 눈에 모래가 들어가는 것을 방지하도록 적응한 것이다.
Ⓒ 낙타의 입술은 사막에서 자라는 식물 종류를 편안하게 먹을 수 있도록 적응하였다.
Ⓓ 낙타의 긴 다리는 달궈진 모래로부터 몸통을 보호한다.

[해설] 낙타의 두꺼운 눈썹은 눈을 햇볕으로부터 보호하는 역할을 하며, 눈에 모래가 들어가는 것을 막아주는 것은 속눈썹이다. 그러므로 정답은 Ⓑ이다.

[어휘] **icon** 상징, 우상, 유사 기호　**harsh** 혹독한　**eyelash** 속눈썹　**eyebrow** 눈썹　**nostril** 콧구멍　**flap** 덮개　**herbivore** 초식 동물　**prickly** 가시가 뒤덮인, 꺼칠꺼칠한　**thorn** 가시　**torso** 몸통

ANSWER KEYS

03 Ⓑ

[해석] 화분은 꽃이 피는 식물의 수분 성분이 함유된 가루로 수분을 위해 한 식물에서 다른 식물로 이동한다. 화분 자체로는 움직일 수 없기 때문에 수분을 하기 위해서는 다른 중개자의 도움이 필요하다. 수분에는 주로 두 종류가 있는데 하나는 살아 있는 유기체의 도움에 의존하는 동물매이며 다른 하나는 바람과 같은 무생물의 힘에 의존하는 풍매이다. 전체 화분 확산의 80%에서 동물매가 필요하다. 최대한 많은 중개자를 꾀어내기 위해서 이런 종류의 식물은 향이 강하고, 크고 색이 화려한 꽃을 가지는 경향이 있다. 풍매 식물은 같은 종의 식물에 화분이 떨어질 희박한 가능성에 의존하기 때문에 그 화분 알갱이는 매우 작고 가벼우며 수가 많은 경향이 있다.

문단에 의하면 다음 중 사실이 아닌 것은?
Ⓐ 화분은 꽃 수분을 위한 필요 성분을 담고 있는 고운 홀씨이다.
Ⓑ 동물매 식물의 80%가 크고 색이 화려한 꽃을 가지고 있다.
Ⓒ 풍매 식물의 꽃가루는 기류를 타고 이동한다.
Ⓓ 수분에는 종종 다른 유기체의 개입이 필요하다.

[해설] Ⓑ를 제외한 나머지 선택지는 본문의 내용과 일치한다. 문단의 앞 부분에서 화분에는 수분을 위한 성분이 담겨 있다 하였으므로 Ⓐ는 일치하며, 풍매 식물의 화분이 바람과 같은 힘에 의존한다고 하였으므로 이를 기류로 표현한 Ⓒ도 일치한다. 살아있는 유기체의 도움에 의존하는 수분도 있다고 하였으므로 Ⓓ도 일치한다. 문단 중간에 보면 화분이 퍼지는 것의 80%에서 동물의 역할이 필요하며, 이들 식물의 꽃이 크고 화려한 경향이 있다고 하였는데 이를 동물매 식물 전체로 일반화할 수는 없고 전체 식물의 80%이지 동물매 식물의 80%는 아니므로 Ⓑ가 지문과 어긋나는 정답이다.

[어휘] **pollen** 화분, 꽃가루 **fertilize** 수분하다, 수정시키다 **transfer** 이동하다 **static** 정지 상태의 **agent** 중개자
pollination 수분 **organism** 유기체 **zoophily** 동물매 **abiotic** 무생물의 **anemophily** 풍매 **dispersal** 확산
lure 꾀다, 유혹하다 **grain** 알갱이 **fine** 고운 **spore** 홀씨, 포자

04 Ⓑ

[해석] 회오리바람은 육지를 가로지르는 회전하는 공기의 기둥이다. 가장 격렬한 폭풍인 회오리바람에는 건물을 파괴하고 나무를 뿌리째 뽑아내며 자동차를 날려버리는 데 충분할 속도인 시속 480킬로미터 이상의 바람이 있다. 회오리바람의 파괴 경로는 그 폭이 1킬로미터가 넘을 수 있고 그 길이는 수백 킬로미터가 될 수 있으며, 가장 길었던 기록은 352킬로미터이다. 이들은 전형적으로 따뜻하고 습한 공기가 차갑고 마른 공기와 만날 때 뇌우로 형성된다. 그 결과 풍속이 증가하여 마침내 육지를 따라 수직으로 이동하는 빠르게 움직이는 공기 기둥이 만들어진다. 상승 기류가 강해질수록 상승하는 공기를 대체하기 위해 기저부에 더 많은 공기가 끌려 들어가게 되고, 이것이 회전을 유발한다.

다음 중 회오리바람에 대한 사실과 가장 거리가 먼 것은?
Ⓐ 따뜻하고 습한 공기가 차갑고 건조한 공기를 만났을 때 만들어진다.
Ⓑ 공기의 기둥이 빠르게 회전하기 시작할 때 만들어진다.
Ⓒ 수백 킬로미터 길이의 파괴 흔적을 남길 수 있다.
Ⓓ 상승 기류를 대체하기 위해 기저에 더 많은 공기가 끌려 들어갈 때 회전한다.

[해설] Ⓑ는 원인과 결과를 거꾸로 설명하였다. 따뜻하고 습한 공기와 차갑고 건조한 공기가 만나서 뇌우를 형성하고 상승기류를 대체하는 공기가 기저로 끌려 들어가면서 회전이 발생하는 것이므로, 회전은 회오리바람의 시작이 아니라 결과이다. 그러므로 정답은 Ⓑ이다.

[어휘] **tornado** 회오리바람 **rotate** 회전하다 **column** 기둥 **violent** 격렬한 **uproot** 뿌리를 뽑다 **moist** 습한, 촉촉한
thunderstorm 뇌우 **vertically** 수직으로 **updraft** 상승 기류 **spin** 회전하다 **trail** 흔적, 자취

READING PRACTICE ▶ p. 60

[PASSAGE A]

01 Ⓑ **02** Ⓓ

[해석] Selma Lagerlöf는 노벨 문학상을 수상한 최초의 여성 작가이다. 그녀는 농민의 삶과 북부 스웨덴 풍경에 대한 낭만적이고 상상력 가득한 문체로 유명하다. 그녀의 가장 유명한 책은 The Wonderful Adventure of Nils(닐스의 신기한 여행)로 초등학교의 지리학 입문서를 생각하고 쓴 것이며 아동 문학의 고전이 되었다.

Selma는 시 같은 문학 작품을 어려서부터 쓰기 시작했지만, 그 이후까지 출판작은 없었다. 그녀는 여자 고등학교 교사로 10여 년 동안 일했는데, 이 기간 동안 어렸을 때 할머니로부터 들었던 동화와 전설들을 글로 옮길 수 있는 방법을 찾으려고 노력했다. 그녀는 마침내 방법을 찾았고 1891년, 그녀의 첫 번째 책, Gösta Berling's Saga(예스타 베를링 이야기)를 출간했다. 이 책에는 자연주의에서 벗어나서 명료한 묘사와 낭만주의, 기독교 신앙에 더 초점을 맞춘 그녀의 문체가 드러난다. 이 책은 처음에 널리 호평을 받지는 못했지만, Georg Brandes라는 유명 비평가가 스웨덴 문학계를 장악한 사실주의와 대조되는 독특하고 리듬감 있는 이 책의 문체에 대해 극찬을 하였다. 이러한 관심에 이어 1893년에는 Lagerlöf의 진정한 작가로서의 삶이 시작되었다.

01. 다음 중 지문에서 언급되지 않은 것은?
Ⓐ Selma는 어린 나이에도 시를 쓰곤 했다.
Ⓑ The Wonderful Adventures of Nils는 수준 높은 독자들을 위한 책이다.
Ⓒ Selma의 작가로서의 삶은 Georg Brandes의 호의적인 평가 이후에 시작되었다.
Ⓓ Gösta Berling's Saga는 Selma가 고등학교 교사일 때 집필되었다.

02. 다음 중 Selma의 문체에 대한 사실과 가장 거리가 먼 것은?
Ⓐ 당시 스웨덴의 다른 문학작품들과 뚜렷하게 달랐다.
Ⓑ 낭만주의와 기독교 신앙을 반영했다.
Ⓒ 그녀의 어릴 적 기억들에 상당한 영향을 받았다.
Ⓓ 당시 사람들의 관심사를 잘 보여주었다.

[해설] **01.** Ⓑ를 제외한 다른 선택지들은 모두 지문에 언급되어 있다. 두 번째 문단 첫 부분에 그녀가 어려서부터 시 같은 문학 작품을 썼다고 하였고(Ⓐ), 같은 문단 마지막에 Georg Brandes라는 비평가의 호의적인 평가 이후에 그녀의 작가로서의 삶이 시작되었다고 하였다(Ⓒ). Gösta Berling's Saga 또한 그녀가 여자 고등학교 교사로 재직할 때 쓴 책이라고 나와 있다(Ⓓ). The Wonderful Adventures of Nils는 초등학교 지리학 입문서를 염두에 두고 쓴 책이므로 수준 높은 독자를 위한 책은 아니었을 것이다. 그러므로 정답은 Ⓑ이다.

02. 셀마의 문체는 Brandes의 비평에도 나와 있듯 당시 스웨덴 문학계의 기류와 대조되는 것이었다(Ⓐ). 또한 두 번째 문단 중간에 보면 그녀의 책이 낭만주의와 기독교 신앙에 더 초점을 맞추고 있다고 하였다(Ⓑ). 또한 어릴 적에 들은 할머니의 이야기를 글로 옮긴 것이므로 그녀의 어린 시절 기억에 상당한 영향을 받았을 것임을 추정할 수 있다(Ⓒ). 하지만 자연주의 문체에서 벗어났다는 것은 당시 사람들의 관심사로부터 멀어졌다는 것을 의미하므로 Ⓓ는 정반대의 얘기이다. 그러므로 정답은 Ⓓ이다.

[어휘] **romantic** 낭만적인 **imaginative** 상상력 가득한 **primer** 입문서 **fairy tale** 옛날 이야기, 동화 **legend** 전설
naturalism 자연주의 **critic** 비평가 **unique** 독특한 **rhythmic** 리듬감 있는 **in contrast to** ~과 대조되는, 상반되는
realism 사실주의 **dominate** 지배하다 **used to** ~하곤 했다 **sophisticated** 수준 높은, 교양 있는 **favorable** 호의적인
distinct 확실히 구별되는

[PASSAGE B]

01 Ⓑ **02** Ⓓ

[해석] 지구에서 생명은 암석으로 된 지각이 형성될 정도로 행성이 충분히 식었을 때에 비로소 시작될 수 있었다. 화산에서 나온 수증기는 비로

ANSWER KEYS

응결되었다; 그리고, 다른 기체들과 함께 생명의 기본 요소들이 대기 중에 가득하게 되었다: 탄소와 수소, 산소, 질소가 그것이다. 수백 억년에 걸쳐, 분자들은 핵과 세포막이 없는 복잡한 단세포들로 변형되기 시작했는데, 이들 중에서 고세균류라 불리는 미생물들이 지구 상의 최초 유기체로 여겨진다. 한때는 이들 고세균류가 박테리아의 일종이라 생각되었지만, 이것의 유전 형질과 진화적 역사가 박테리아의 그것과 다르다는 것이 곧 밝혀졌으며, 더 이상 고세균이라고 불리지 않는다. 오늘날에도 여전히 우리와 함께 있는 고세균류는 40억 년 이상이 되었을 것으로 생각되며, 광범위한 서식지에 그 수도 엄청나게 많다. 이것들은 혹독한 환경에서도 살 수 있는데, 그 혹독한 환경은 이것들이 처음 등장했을 때 맞닥뜨렸음에 틀림 없는 환경과 유사하다. 이것들은 대부분의 동물이 생존할 수 없는 해양 바닥의 열수구처럼 극도로 춥거나 뜨거운 지역에서, 또는 극도로 알칼리성을 띠거나 산성을 띠는 물 속에서도 발견된다.

01. 다음 중 고세균류에 대한 사실과 가장 거리가 먼 것은?
Ⓐ 극도로 뜨거운 환경에서 살 수 있다.
Ⓑ 박테리아의 한 종류이다.
Ⓒ 핵과 세포막이 없다.
Ⓓ 광범위한 서식지에서 쉽게 발견할 수 있다.

02. 다음 중 고세균류의 서식 가능한 환경으로 언급되지 않은 것은?
Ⓐ 높은 온도
Ⓑ 산성
Ⓒ 알칼리성
Ⓓ 높은 고도

[해설] **01.** 지문 중간에 보면 예전에는 고세균류를 박테리아의 일종으로 생각했지만, 이들의 유전 형질과 진화의 역사가 박테리아와 다르다는 것을 알게 되었다는 얘기가 나와 있다. 즉, 고세균류는 박테리아가 아니라는 얘기이므로 정답은 Ⓑ이다.

02. 고세균류가 서식할 수 있는 혹독한 환경으로 극도로 높은 온도와 낮은 온도, 강한 산성 및 알칼리성 물이 언급되었다. 높은 고도의 지역에서도 서식할 수 있을 것이나 이와 관련한 언급이 지문에 없으므로 정답은 Ⓓ이다.

[어휘] **planet** 행성 **rocky** 암석의 **crust** 지각 **vapor** 증기 **condense** 응결하다 **dominant** 우세한, 지배적인 **eon** 지질학에서 100억 년 **nucleus** 핵 **membrane** 세포막 **microorganism** 미생물 **Archaea** 고세균류(古細菌類) **genetic** 유전의 **makeup** 형질 **evolutionary** 진화의 **harsh** 혹독한 **encounter** 맞닥뜨리다 **emerge** 등장하다 **geothermal vent** 열수구 **alkaline** 알칼리성의 **acidic** 산성의 **altitude** 고도

iBT PRACTICE ▶ p.62

01 Ⓒ **02** Ⓐ **03** Ⓑ **04** Ⓓ

[해석] **아시아의 악극**
한국과 중국, 일본은 동북아시아라는 지리적 근접성 때문에 오래 전부터 가치관과 문화에서 공통점을 많이 공유하는 것으로 알려져 있다. 하지만 이 국가들의 문화는 독특하고 독립적이므로 각 나라의 가치관과 문화를 똑같다고 볼 수는 없다. 그런 문화적 차이의 한 가지 좋은 예를 악극에서 볼 수 있다: 1. 판소리, 2 경극, 3. 노

판소리는 가수와 고수가 출연하는 한국의 악극이다. 가수는 고수가 북이라고 불리는 한국식 드럼을 연주하는 동안 노래를 부른다. 판소리는 조선 왕조 중기에 시작되었으며, 이는 대략 17세기이다. 이것은 꾸준히 발전하여 19세기에 인기와 기술의 절정에 달한다. 하지만 판소리는 20세기에 와서 서양 문화와 일본 정부의 영향으로 인기를 잃기 시작하였다. 다행히 21세기에 유네스코에 의해 판소리는 인류 구전 및 무형 유산 걸작(MOIHH)으로 공인되었다.

경극은 북경 가극으로도 알려져 있는데, 중국의 전통 음악 공연이다. 이 공연에는 음악과 무언극, 춤, 심지어 곡예와 같은 다수의 요소들이 결합된다. 이것은 18세기 후반에 시작되었으며 발전을 거듭하여 19세기 중반에는 대중들에게 널리 알려졌다. 주로 베이징과 상하이

에서 공연을 접할 수 있지만 미국이나 일본, 대만과 같은 다른 지역에서도 볼 수 있다.

노는 노가쿠라고도 알려져 있는데 14세기에 시작된 일본의 전통 악극이다. 이것은 Kan'ami와 그의 아들에 의해 창작되었으며, 일본에서는 극장 공연의 가장 오래된 형태로 남아 있다. 공연에는 가면과 음악, 춤과 의상이 포함된다. 보통은 인간 영웅으로 변한 초자연적 존재와 관련한 전통 이야기들을 각색한다. 공연에서 배우들은 감정 표현을 위해 몸동작을 사용하며, 가면들은 다양한 등장인물을 보여준다.

01. 둘째 단락에 나온 peak와 가장 뜻이 유사한 단어는?
Ⓐ 우선 사항
Ⓑ 최악의 순간
Ⓒ 꼭대기
Ⓓ 대못

02. 동북아시아의 악극에 대한 다음 설명 중 지문과 일치하지 않는 것은?
Ⓐ 판소리는 20세기에 성황을 이루었다.
Ⓑ 경극은 대개 베이징과 상하이에서 공연된다.
Ⓒ 노의 배우들은 몸동작과 가면을 이용한다.
Ⓓ 판소리는 유네스코의 인류 구전 및 무형 유산 걸작 목록에 등재되었다.

03. 셋째 단락에서 it이 가리키는 것은?
Ⓐ 음악
Ⓑ 경극
Ⓒ 음악 공연
Ⓓ 무언극

04. 이 지문의 목적은 무엇인가?
Ⓐ 동북아시아 악극의 역사적 배경을 설명하기 위하여
Ⓑ 동북아시아 역사에서 여러 종류의 악극이 하는 역할을 보여주기 위하여
Ⓒ 여러 종류의 동북아시아 악극의 기원을 설명하기 위하여
Ⓓ 여러 종류의 동북아시아 악극을 비교하기 위하여

[해설]　**01.** peak는 '정점, 최고조'를 뜻하는 명사로 Ⓒ summit(정상, 절정)과 뜻이 가장 유사하다.
02. 경극은 베이징과 상하이에서 볼 수 있다고 하였다(Ⓑ). 노 공연에서는 가면을 쓴 등장인물들이 몸동작을 이용하여 감정을 표현한다고 하였다(Ⓒ). 또한, 판소리는 21세기에 들어 유네스코의 인류 구전 및 무형 유산 걸작(MOIHH)으로 등재되었다고 하였다(Ⓓ). 하지만 판소리는 17세기 조선 시대에 시작되어 19세기에 절정을 이루었다고 하였으므로 Ⓐ는 설명과 다르다. 그러므로 정답은 Ⓐ이다.
03. it은 셋째 단락 문장 첫머리에 소개되는 경극을 의미한다. 그러므로 정답은 Ⓑ이다.
04. 지문은 동북아시아에 근접하게 위치한 세 국가의 문화와 가치관이 유사하지만 완전히 동일한 것은 아니라는 점을 지적하고, 그 좋은 예로 각 국가마다 독특한 모습을 보이는 악극 형식을 들고 있다. 각 악극이 어떤 역사적 배경을 가지고 있고 서로 어떻게 다른지 비교하는 데에 글의 주안점이 맞춰져 있으므로 정답은 Ⓓ이다.

[어휘]　**share** 공유하다　**proximate** 근접한　**identical** 똑같은, 동일한　**independent** 독립적인　**recognize** 인정하다　**mime** 무언극　**acrobatic** 곡예　**incorporate** 포함하다　**supernatural** 초자연적인

ANSWER KEYS

CHAPTER 04 Reference

STRATEGY APPLICATION
Ⓑ

BUILDING SKILLS
01 Ⓐ 02 Ⓒ 03 Ⓑ 04 Ⓓ

BASIC DRILLS
01 Ⓒ 02 Ⓐ 03 Ⓑ 04 Ⓓ

READING PRACTICE
[PASSAGE A] 01 Ⓒ 02 Ⓐ   [PASSAGE B] 01 Ⓓ 02 Ⓑ

iBT PRACTICE
01 Ⓒ 02 Ⓑ 03 Ⓐ 04 Ⓑ

BUILDING SKILLS ▶ p. 66

01 Ⓐ

[해석] 원시 빙하학은 제사빙기의 빙하 작용 주기를 연구하는 과학 분야이다. 이 시기는 대략 200만 년 전으로, 남극 대륙과 북극으로부터 대륙 빙하가 확장해나간 때이다. 우주 광선 연대 측정법이라 부르는 새로 개발된 연대 측정 방식을 이용하여 연구원들은 언제 빙하 주기가 시작했는지 좀 더 정확한 연대를 알 수 있다. 이 방법은 또한 이들이 북극해에서 빙상이 두꺼워지는 현상을 연구하는 것도 가능하게 한다.

문단에서 them은 무엇을 가리키는가?
Ⓐ 연구원들
Ⓑ 우주 광선 연대 측정법
Ⓒ 빙하 작용의 주기
Ⓓ 대륙 빙하

[해설] them이 포함되어 있는 바로 앞 문장에서 Cosmogenic dating을 이용하여 연구원들이 좀더 정확한 연대 측정을 할 수 있게 되었다고 하였다. 그리고 동일 방법이 주어로 나오면서 또 다른 연구도 가능하게 하였다고 할 때, 연구를 하는 주체는 연구원들이고, 별도로 다른 이들이 본문에 언급되지 않기 때문에 them은 앞서 나온 연구원들을 가리킨다. 그러므로 정답은 Ⓐ이다.

[어휘] **paleoglaciology** 원시 빙하학   **glaciation** 빙하 작용   **quaternary** 네 번째   **ice sheet** 대륙 빙하   **cosmogenic** 우주 광선의   **ice shelf** 바다를 덮은 빙상

02 Ⓒ

[해설] Erik Erikson은 독일에서 태어난 미국의 발달 심리학자이며 정신 분석가이다. 그의 가장 잘 알려진 이론은 인간의 정신사회적 발달을 다루고 있다. 그의 이론에 의하면 이것은 8단계로 나타난다. 이들 8단계가 한 개인의 생애 전체를 아우르며, 가장 발달에 중요한 시기가 아동기 초기이다. Erikson에 의하면 아동의 발달은 자의식과 정체성의 발달 뿐 아니라 아이의 성장과 사회에의 적응에도 영향을 주는 가장

중요한 요소이다.

문단에서 it은 무엇을 가리키는가?
Ⓐ 그의 이론
Ⓑ 인간
Ⓒ 정신사회적 발달
Ⓓ 발달 심리학자

[해설] 발달 심리학자 Erikson을 소개하고 그의 주요 이론이 인간의 정신사회적 발달을 다루고 있다고 언급한 뒤, '이것이' 8단계로 일어난다고 했다. 그리고 뒤이어서 이러한 8단계가 한 인간의 전체 인생을 아우른다고 하니 8단계로 일어나는 이것은 일련의 과정이고 앞서 언급한 정신사회적 발달 과정임을 짐작할 수 있다. 그러므로 정답은 Ⓒ이다.

[어휘] **developmental psychologist** 발달 심리학자 **psychoanalyst** 정신 분석가 **psychosocial development** 정신사회적 발달 **formative** 발달에 중요한 **crucial** 결정적인, 중대한 **adjustment** 적응 **self-consciousness** 자의식 **identity** 정체성

03 Ⓑ

[해석] Nimrud 렌즈는 3,000년이 된 돌 조각으로 아시리아의 Nimrud 궁전에서 발견되었으며, 이곳은 현재 이라크 지역이다. 연구원들은 이것이 정확히 어떻게 사용되었는지 확신하지 못하지만, 여러 이론을 내놓았다. 주요 이론은 이 렌즈가 돋보기 또는 아마도 불을 점화하는 화경(火鏡)으로 쓰였을 거라 한다. 또 다른 이론은 이것이 그저 장식용으로 사용되었다고 한다.

문단에서 one은 무엇을 가리키는가?
Ⓐ 돌 조각
Ⓑ 이론
Ⓒ 용도
Ⓓ 궁전

[해설] one을 포함하는 문장 바로 앞에 여러 이론(several theories)이 언급되고, 다음 문장이 Another theory로 시작하는 것으로 보아 가운데에 오는 문장도 theory에 대한 것임을 알 수 있다. 뒤의 문장에서 또 다른 이론이 언급되고 있으므로 앞의 문장에는 이를 "또 다른"으로 만들어줄 이론이 등장해야 한다. 그러므로 the main one은 주요 이론을 의미하고 one은 theory를 가리킨다. 정답은 Ⓑ이다

[어휘] **unsure** 확신하지 못하는 **exact** 정확한 **come up with** (해답 등을) 내놓다 **magnifying glass** 돋보기 **burning glass** 화경 **decoration** 장식

04 Ⓓ

[해설] 모델링 심리학은 특정의 심리 치료 기법들에서 사용되는 방법이다. 이 방법에서 한 개인은 치료사로부터 특별한 구두 지시를 받지 않은 채, 모방을 통해서 학습한다. 어린아이가 치료사의 보조원 역할을 하는 또래들의 행동에 노출된 다음, 그들의 행동을 따라하라는 권고를 받는다. 예를 들어 모델링은 간단한 기술을 지적 장애가 있는 아이가 학습하거나 또는 사회적 통합을 향상시킬 수 있는 좀 더 복잡한 기술을 학습하도록 장려하는 데에 사용될 수 있다.

문단에서 their는 무엇을 가리키는가?
Ⓐ 장애아
Ⓑ 어린아이
Ⓒ 치료사들
Ⓓ 또래들

ANSWER KEYS

[해설] 타인의 행동을 모방하게 하여 치유를 이끌어내는 심리학 치료법인 모델링 심리학을 설명하는 글이다. 어린아이를 또래들의 행동에 의도적으로 노출시킨 후 '그들의' 행동을 모방하도록 장려한다면, 이 때 '그들'은 문맥 진행상 앞서 어린아이를 노출시킨 또래들일 것이다. 그러므로 정답은 ⓒ이다.

[어휘] **modeling** 모델링(심리 요법의 일종)　**psychotherapy** 심리 치료　**specific** 구체적인　**verbal** 구두의, 언어로 된　**therapist** 치료사　**expose** 노출시키다　**peer** 또래, 동료　**integration** 융화, 통합

BASIC DRILLS ▶ p. 68

01 ⓒ

[해석] Beowulf는 고대 영어로 된 서사시로 8세기부터 11세기 초반 사이의 어느 때인가에 영국에서 쓰여졌다. 작가는 알려지지 않았지만 고대 영문학의 가장 중요한 작품 중의 하나로 여겨진다. Beowulf의 중심 주제들 중의 하나는 충성심이다. 서사 여행의 매 단계에서 충성심이 Beowulf의 행동들을 규정한다. Beowulf의 행동은 스칸디나비아의 왕, Hrothgar에게 진 가문의 빚에서 비롯되는데, Hrothgar는 Beowulf의 아버지를 수년 전에 도와준 일이 있다. 두 가문의 유대는 수년 전으로 거슬러 올라가며, Beowulf는 Hrothgar 왕을 충성을 다해 섬기는 것을 자랑스러워한다.

문단에서 his는 무엇을 가리키는가?
Ⓐ Hrothgar
Ⓑ Beowulf의 아버지
Ⓒ Beowulf
Ⓓ 스칸디나비아의 왕

[해설] 문단을 보면 Beowulf의 아버지가 Hrothgar의 왕에게 갚아야 할 빚을 졌고, 이를 아들 Beowulf가 갚는다는 내용이므로 Hrothgar에게 충성을 다해 섬기는 것은 Beowulf 자신일 것이다. 그러므로 loyal service의 주체를 나타내는 his는 Beowulf를 가리키며, 정답은 ⓒ이다.

[어휘] **epic** 서사시의　**loyalty** 충성심　**define** 규정하다, 정의하다　**motivate** 이유가 되다, 동기를 부여하다　**debt** 빚, 채무

02 Ⓐ

[해석] 융조는 마다가스카르 섬에 살았던, 에피오르니데라 부르는 멸종된 과(科)의 새에 속한다. 이들은 날 수 없었으며, 이는 물론 그들의 엄청난 크기 때문이었다. 이것들은 17세기 무렵의 어느 때에 멸종되었는데, 가장 의심되는 이유는 인간의 활동이다. 융조는 지리학적으로 타조와 가까이에 있었지만, 이것들의 가장 가까운 친척은 사실 키위새다. 융조는 키가 10피트 이상이고 몸무게가 1톤 이상이었던 것으로 믿어졌다. 과학자들은 심지어 이들이 남긴 알의 유해를 찾아냈는데, 이것은 20파운드 이상의 무게가 나갔으며 계란보다 150배 정도의 크기였다.

문단에서 their는 무엇을 가리키는가?
Ⓐ 융조
Ⓑ 키위새
Ⓒ 알
Ⓓ 타조

[해설] their 앞의 구가 '융조와 지리적으로 가장 근접한 새가 타조였지만'의 역접의 표현으로 끝나고, 가장 가까운 친척이 키위새라고 나오므로,

의미상 타조와 지리상 가깝지만 생물학적으로는 키위새와 가까웠다는 대조되는 의미를 완성해야 자연스럽다. 그러므로 their는 융조를 가리키는 것으로 보는 것이 맞다. 정답은 Ⓐ이다.

[어휘] **elephant bird** 융조 **extinct** 멸종된 **enormous** 막대한, 거대한 **suspect** (~이라고) 의심하다 **proximity** 근접 **ostrich** 타조 **kiwi** 키위새 **roughly** 대략

03 Ⓑ

[해석] Centenarian은 100세 이상을 살아온 사람이다. 이 용어는 또한 장수라는 말과 맞바꿔 사용되어 왔는데, 그것은 세계의 기대 수명이 일반적으로 100세보다 많이 낮기 때문이다. 과학자들은 110세를 넘긴 이들을 위해 supercentenarian이라는 용어를 만들어냈다. 선진국의 나아진 생활 조건뿐만 아니라 의학 연구에서의 대단한 진보와 성과 덕분에 전 세계에 걸쳐 기대 수명은 증가하고 있다. 세계의 인구가 증가하면서 미래에는 100세를 넘기는 사람의 수가 빠르게 증가할 것으로 예측된다. 100세를 넘긴 것으로 알려진 사람들의 숫자가 가장 많은 국가는 미국과 일본이다.

문단에서 this term은 무엇을 가리키는가?
Ⓐ 장수
Ⓑ 100세를 넘은 사람
Ⓒ 110세를 넘은 사람
Ⓓ 성과

[해설] This term에서 term은 주로 특정 분야에서 사용되는 '용어'를 의미한다. 바로 앞 문장에서 100세 이상을 산 사람을 가리키는 말로 centenarian이 나왔고, 이 용어가 장수(longevity)와 맞교환해서 쓰인다고 설명되어 있으므로 this term은 centenarian을 가리킴을 알 수 있다. 그러므로 정답은 Ⓑ이다.

[어휘] **centenarian** 100세를 넘은 사람 **interchangeably** 서로 맞바꿔서, 호환해서 **longevity** 장수 **life expectancy** 기대 수명 **coin** 만들다, 주조하다 **surpass** 넘다

04 Ⓓ

[해석] 우리의 혀에 대해 생각할 때에 보통 바로 떠오르는 것은 다섯 가지 미각, 즉 단맛, 짠맛, 쓴맛, 신맛 그리고 감칠 맛이다. 음식이 우리 입으로 들어오면, 우리 혀의 표면에 있는 수용체들이 활성화되고 우리 뇌로 신호를 보내서 우리가 특정 맛을 느끼게 한다. 하지만, 혀는 이보다 복잡한데, 그것은 이것이 음식의 온도와 압력, 화학 물질에도 민감하기 때문이다. 예를 들어 화끈거리는 매운 맛은 실질적인 맛이 아니라 "맛이 아님"으로 분류된다. 우리가 고추처럼 매운 음식을 먹으면 그게 뜨겁게 느껴지는데, 왜냐하면 매운 음식은 혀에서 섭씨 42도 이상의 온도에만 반응하는 수용체를 작동시키기 때문이다.

문단에서 it은 무엇을 가리키는가?
Ⓐ 뇌
Ⓑ 표면
Ⓒ 온도
Ⓓ 혀

[해설] 문단에 의하면 혀는 5개의 맛을 느끼는 것보다 훨씬 복잡한데, 음식의 온도와 압력, 화학물질에 '이것'이 민감하다고 한다. 이어서 온도를 느끼는 것이 혀의 수용체라는 설명이 나오므로 여기에서 '이것'은 혀를 가리킴을 알 수 있다. 그러므로 정답은 Ⓓ이다.

[어휘] **pop** 휙 들어오다 **savory** 감칠 맛이 나는 **receptor** 수용체 **activate** 작동시키다 **sensation** 감각 **complicated** 복잡한

ANSWER KEYS

READING PRACTICE p. 70

[PASSAGE A]

01 ⓒ **02** Ⓐ

[해석] 현대 사회가 빠른 도시 성장에 대처하느라 안간힘을 씀에 따라 일부 건축가들은 공간을 최대한 효과적으로 이용할 수 있는 방법에 대해 관심을 갖기 시작했다. 건축가들과 조경사들 사이에서 서서히 중요한 사안으로 떠오르고 있는 또 다른 관심거리는 도시의 녹색 공간 개발이다. 일부 건축가들은 나무와 공원, 또는 정원이 들어선 건물을 설계하는 과감한 조치를 취했다. 이것들은 건물의 인근 지역으로 들어갈 수도 있고 또는 더 직접적으로 건물 설계 안으로 통합될 수도 있다. 이런 설계의 한 예가 옥상 정원이다. 하지만 미래로 앞서 나가는 건축가들은 떠있는 정원을 창조함으로써 새로운 수준으로 혁명적인 설계를 끌어올렸다. 이 창조물은 리모컨으로 조종되는 커다란 비행선에 매달린 채 공중에서 떠다닐 것이다. 각 비행선은 그로부터 늘어진 덩굴 식물에 붙어 있는 수천 개의 작은 식물들을 수용한다. 그 다음에는 비행선들이 도시 전역을 돌아다니며 온도나 오염 수준이 가장 높은 곳으로 이동한다. 그러고는 거대한 엽록소의 구름을 형성해서 그들 위의 공기를 깨끗하게 한다. 각 식물에는 날씨와 교통, 오염 및 그 외의 정보를 실시간으로 감지할 수 있는 센서가 갖춰져 있다.

01. 지문에서 these는 무엇을 가리키는가?
Ⓐ 일부 건축가들이 취한 조치들
Ⓑ 건축가와 조경사
ⓒ 나무와 공원 또는 정원
Ⓓ 효과적으로 공간을 이용하는 방법

02. 지문에서 them은 무엇을 가리키는가?
Ⓐ 지역들
Ⓑ 가장 높은 온도
ⓒ 비행선들
Ⓓ 작은 식물들

[해설] **01.** 지문은 도시의 녹색 공간 개발에 관한 내용으로, 설계 시 건축 디자인에 trees, parks, or gardens와 같은 자연물이 포함된다고 설명하고 있다. 이와 같은 사물을 반복하여 언급할 때 These를 사용하여 명사구를 대신하도록 하였다. 그러므로 정답은 ⓒ이다.
02. 비행선이 그 위로 이동하여 공기를 정화해 준다고 하였으므로, 여기에서 them은 비행선이 이동한 지역을 의미한다. 그러므로 정답은 Ⓐ이다.

[어휘] **struggle** 안간힘을 쓰다, 힘겹게 나아가다 **deal with** ~에 대처하다 **landscapist** 조경사 **prominence** 중요성 **incorporate** 포함하다 **vicinity** 인근 **rooftop** 옥상 **visionary** 예지력 있는, 상상의 **revolutionary** 혁명적인 **float** 떠다니다 **suspend** 매달다 **dirigible** 비행선 **vine** 덩굴 식물 **massive** 거대한 **chlorophyll** 엽록소

[PASSAGE B]

01 Ⓓ **02** Ⓑ

[해석] 보스턴 차 사건은 영국의 조세 정책에 대항하는 아메리카 식민지 저항의 가장 중요한 행동 중의 하나로 여겨진다. 영국의 통치 하에 있던 회사들 중의 하나인 동인도 회사는 재정적으로 곤란을 겪고 있었고, 따라서 영국 의회는 1773년에 다세법(茶稅法)의 시행을 결정한다. 이 법률은 차에 부과하는 수입 관세를 인상하였고, 이는 미국의 식민지 주민들을 매우 격분하게 하였는데, 이들은 자신들이 떠나온 대영 제국에 금전적으로 도움을 주어서는 안 된다고 생각했다. 찰스턴 시와, 뉴욕 시, 필라델피아 시의 시민들은 영국에서 오는 어떠한 차의 출하도 받아들이기를 거부했는데, 보스턴 시는 처음에는 그들의 차 출하를 받아들였다. 첫 번째 차 수송은 11월 27일에 보스턴에 도착했는데, 배 두 척 분의 수송이 주중 후반에 추가로 도착하게 되어 있었다. 보스턴의 시민들은 대규모 집회를 열었고 여기에서 이들은 어떠한 세금과 관세도 지불하지 않은 채 차를 영국으로 돌려보낼 것을 요청했다. 결국 1773년 12월 16일 밤에 비밀 결사 '자유의 아들'은 Samuel Adams의 지휘로 보스턴 항구에 있던 배들에 잠입해서 342 상자의 차를 물 속으로 던져버렸다. 이러한 행동의 결과로 영국은 1774년에 강압법을 통과시켰다. 이들 법률은 식민지의 저항하는 행위를 처벌하기 위하여 통과되었다.

01. 지문에서 its는 무엇을 가리키는가?
Ⓐ 찰스턴
Ⓑ 뉴욕
Ⓒ 필라델피아
Ⓓ 보스턴

02. 지문에서 this action은 무엇을 가리키는가?
Ⓐ 다세법의 통과
Ⓑ 차를 물 속으로 비워 버린 것
Ⓒ 세금과 관세를 지불한 것
Ⓓ 차 출하를 거부한 것

[해설] **01.** 차를 배에서 내리는 것을 받아들였다는 말이므로, 짐을 내리는 주체는 보스턴 시가 된다. 그러므로 its가 가리키는 것은 Ⓓ의 보스턴이다.

02. this action은 비밀 결사 '자유의 아들'이 배에서 차 상자를 물 속으로 던져버린 것을 의미한다. 그러므로 정답은 Ⓑ이다.

[어휘] **protest** 저항, 시위   **parliament** 의회   **impose** 시행하다, 도입하다   **outrage** 격분   **colonist** 식민지 주민
shipment 출하, 수송, 선적   **tariff** 관세   **sneak** 몰래 움직이다   **defiance** 저항, 반항   **empty** 비우다, 쏟다

iBT PRACTICE ▶ p. 72

01 Ⓒ   **02** Ⓑ   **03** Ⓐ   **04** Ⓑ

[해석]   과달루페 이달고 조약
과달루페 이달고 조약은 1848년 2월 2일, 과달루페 이달고 시에서 멕시코와 미국 사이에 조인된 평화 조약이다. 이 조약은 멕시코-미국 전쟁의 종료를 나타냈고 그 정식 명칭은 평화와 우호, 국경과 정착에 대한 조약(Treaty of Peace, Friendship, Limits and Settlement)이다. 미국은 전투에서 멕시코에 승리하였고, 전쟁을 끝내는 협상을 하는 것에 동의하도록 멕시코에 강제했다. 이 조약의 결과로, 미국은 지금 캘리포니아 지역의 상당 부분과 뉴멕시코, 애리조나, 네바다, 유타, 와이오밍과 콜로라도의 소유권을 얻게 되었다. 이들 지역에는 상당한 인구의 멕시코인들이 살고 있었기 때문에, 이들에게는 멕시코가 새 영역으로 이주하는 것과 온전한 시민이 권리가 주어지는 미국 시민권을 받는 것 중의 하나를 선택할 선택권이 주어졌다. 이들 중 100%에 가까운 이들이 미국 시민이 되는 것을 택하였다. 그 외의 이들은 멕시코로 돌아가서 땅을 받았으며, 일부는 그들의 멕시코 시민권을 유지하면서 뉴멕시코에 사실상 정착할 수 있었다. 전쟁의 근원은 1821년, 멕시코가 스페인 제국으로부터 독립한 이후의 19세기 초에 뿌리를 두고 있었다. 스페인 제국은 이전의 3세기 동안 토착 부족들로부터 상당 부분의 영토를 빼앗았지만, 멕시코 북부 지역에는 강력한 토착민들의 거대 집단들이 남아 있었다. 1845년 3월 1일, 미국 대통령은 텍사스 공화국의 합병을 재가하였다. 하지만 이 지역 주변에는 상당히 많은 멕시코인들이 살고 있었기 때문에, 멕시코 정부는 미국의 이러한 행동이 선전포고로 간주될 것이라고 경고했다. 멕시코의 분노를 누그러뜨리려는 외교적 노력은 성과가 없었고 1846년에 영토 분쟁이 몇 차례 더 있은 후에 양국은 상대방에 대해 전쟁을 선포하였다. 1847년 9월까지 미군은 멕시코의 중부지방까지 성공적으로 침투하여 멕시코 시티를 점령하였으며, 이것이 조약의 조인으로 이어졌다.

01. 둘째 단락에서 The others는 무엇을 가리키는가?
Ⓐ 미국의 새 영토로 이주한 이들
Ⓑ 멕시코 근처 지역에 살던 이들
Ⓒ 미국 시민권을 받는 것을 선택하지 않은 이들
Ⓓ 뉴멕시코에 정착한 이들

02. 셋째 단락에 나온 indigenous와 가장 뜻이 유사한 단어는?

ANSWER KEYS

Ⓐ 지배적인
Ⓑ 원주민의
Ⓒ 기발한
Ⓓ 단정적인

03. 셋째 단락에서 such an action은 무엇을 가리키는가?
Ⓐ 합병을 승인하는 것
Ⓑ 이 지역 주변에 거주하는 것
Ⓒ 토착 부족들을 정복하는 것
Ⓓ 멕시코의 화를 달래는 것

04. 둘째 단락에서 유추할 수 있는 것은 무엇인가?
Ⓐ 멕시코인들과 미국인들은 오랫동안 전쟁을 벌일 것을 계획했다.
Ⓑ 멕시코인들은 미국을 살기에 더 좋은 나라로 여겼다.
Ⓒ 멕시코인들은 조약의 타결에 만족하였다.
Ⓓ 멕시코는 미국을 더 우월한 국가로 인정하였다.

[해설]   **01.** 둘째 단락에서 the others는 100%에 가깝게 미국 시민이 되는 것을 선택한 이들을 제외한 나머지 사람들을 의미한다. others 앞에 정관사는 앞서 나온 이들을 제외한 확실하게 한정할 수 있는 이들이라서 붙은 것이다. 그러므로 정답은 Ⓒ이다.
02. 셋째 단락의 indigenous는 '토착민의'를 의미하는 형용사로, 유럽인들이 아메리카 대륙에 도착하기 전에 살고 있던 원주민들을 가리키고 있다. 그러므로 Ⓑ의 native(원주민의)와 가장 뜻이 유사하다.
03. 셋째 단락에서 such an action은 바로 앞 문장에서 미국 대통령이 텍사스 공화국의 합병을 승인하는 것을 가리킨다. 그러므로 정답은 Ⓐ approving the annexation(합병을 승인하는 것)이다.
04. 미국 시민권과 멕시코 시민권 사이의 선택권을 부여받은 이들의 100% 가까이가 미국 시민권을 선택했다는 사실과 미국 시민권을 선택하지 않은 이들 중에서 그 일부가 멕시코 영토로 들어가지 않고 미국의 영토인 뉴멕시코에 눌러앉았다는 것에서 이들이 멕시코보다 미국을 더 살기 좋은 국가로 인식했음을 알 수 있다. 그러므로 정답은 Ⓑ이다.

[어휘]   **treaty** 조약, 협정   **mark** 나타내다   **defeat** 패배시키다   **negotiate** 협상하다   **relocate** 이주하다, 이전하다
territory 영역, 영토   **retain** 유지하다   **origin** 기원   **conquer** 정복하다   **previous** 이전의   **faction** 집단, 파당
authorize 인가하다, 승인하다   **annexation** 합병   **declaration** 선언   **diplomatic** 외교의   **appease** 누그러뜨리다
fruitless 성과 없는   **dispute** 분쟁   **invade** 침공하다   **occupy** 점령하다   **overrun** 정복하다   **acknowledge** 인정하다
superior 우월한, 우세한

CHAPTER 05 Sentence Simplification

STRATEGY APPLICATION
Ⓑ

BUILDING SKILLS
01 Ⓑ 02 Ⓓ 03 Ⓐ 04 Ⓒ

BASIC DRILLS
01 Ⓐ 02 Ⓒ 03 Ⓒ 04 Ⓑ

READING PRACTICE
[PASSAGE A] 01 Ⓒ 02 Ⓒ   [PASSAGE B] 01 Ⓐ 02 Ⓑ

iBT PRACTICE
01 Ⓐ 02 Ⓑ 03 Ⓐ 04 Ⓐ

BUILDING SKILLS ▶ p. 76

01 Ⓑ

[해석] 투표권법은 1965년에 Lyndon Johnson 대통령에 의해 서명되었다. 이것은 인종과 피부색, 모국어에 따른 차별로부터 소수 민족의 권리를 보호하기 위한 가장 포괄적인 투표권 법안으로 서명을 통해 법률이 되었다. 동등한 투표권이라는 핵심 조항 외에도, 이 법은 문맹 검사와 같이 미국 흑인들에 불리한 다수의 투표 장벽들을 금지하였다.

Ⓐ 많은 미국 흑인들이 동등한 투표권에는 동의하였으나 문맹 검사라는 발상에는 반대하였다.
Ⓑ 이 법은 동등한 투표권을 보장하고 문맹 검사와 같은 투표를 위한 전제 조건들을 폐지하였다.
Ⓒ 이 법이 동등한 투표권을 허용하였지만, 많은 미국 흑인들은 문맹 검사의 장벽을 통과하는 데에 실패했다.
Ⓓ 이 법은 동등한 투표권을 얻는 데에는 가까스로 성공하였으나 유권자 등록을 위한 필요 조건들을 폐지하는 데에는 실패했다.

[해설] 문단의 문장은 1965년의 투표권법이 동등한 투표권이라는 핵심 조항 외에도 문맹 검사와 같이 흑인들의 투표 참여에 장애물이 되었던 다수의 조건들을 폐지하였다는 내용을 담고 있다. 즉, 원칙적인 투표권 보장 외에도 실질적인 투표권 행사가 가능하도록 실제적인 조치들이 있었다는 얘기이다. 선택지 Ⓑ는 이 법안이 동등한 투표 권리를 보장하고 문맹 검사와 같은 선거를 위한 전제 조건을 폐지했다는 핵심 내용을 모두 담고 있다. 그러므로 정답은 Ⓑ이다.

[어휘] **comprehensive** 포괄적인 **bill** 법안 **minority** 소수 민족[집단] **discrimination** 차별 **core** 핵심적인 **provision** 조항 **ban** 금지하다 **barrier** 장벽 **literacy** 글을 읽고 쓸 줄 아는 능력 **guarantee** 보장하다 **abolish** 폐지하다 **prerequisite** 전제 조건 **manage to** 가까스로 ~을 해내다 **abrogate** 폐지하다 **requirement** 필요 조건

02 Ⓓ

[해석] 향수에는 일반적으로 톱 노트, 미들 노트, 베이스 노트라는 세 단계의 노트가 있다. 노트마다 독특한 향이 있으며, 향수의 향기 조화는 이것들이 모두 섞였을 때 나온다. 톱 노트는 향수를 바른 직후 인식할 수 있으며, 매우 휘발성이 강한 성질을 띠고 있다. 미들 노트는 배합

Answer Keys 31

ANSWER KEYS

된 향수의 대부분을 구성하며, 베이스 노트는 이 세 노트 중에서 가장 오래 지속하는 향을 말한다.

Ⓐ 톱 노트는 사람들이 즉시 인식할 수 있는, 가장 유명한 향이다.
Ⓑ 톱 노트는 너무 빨리 사라져 대부분 사람들은 그것을 인식하지 못한다.
Ⓒ 톱 노트는 처음 바른 직후 바로 사라져 버린다.
Ⓓ 톱 노트는 사람들이 가장 먼저 맡는 향이며 금방 증발해버린다.

[해설] 문단의 내용에 따르면, 향수는 세 가지의 노트가 있다고 하였다. 첫째 단계인 톱 노트는 향수를 뿌린 직후 풍기는 향을 말하는데, 성질상 휘발성이 강하여 금방 사라진다고 하였다. 선택지 Ⓓ를 보면 톱 노트는 사람들이 가장 먼저 맡는 향이며 금방 증발한다고 하였으므로 지문의 핵심 내용과 일치한다. Ⓐ는 사람들이 즉시 인식하는 향이라는 설명은 맞지만 가장 유명한 향이라는 설명은 지문에 없으며, Ⓑ는 빠르게 사라져서 사람들이 인식하지 못한다는 부분이 틀렸다. 톱 노트는 금방 사라지지만, 그렇다고 뿌리자마자 바로 사라지는 것은 아니므로 Ⓒ도 지문과 일치하지 않는다. 참고로, 노트(note)란 향수에서 향이 풍기는 단계; 첫 향기는 톱 노트(향수를 뿌린 뒤 첫 15분 정도까지 풍기는 향), 시간이 어느 정도 흘러 변화된 미들 노트(향수를 뿌린 후 30분에서 1시간 사이의 향), 마지막까지 유지되는 향기, 즉 잔향을 베이스 노트(향수를 뿌린 후 2~3시간 정도 이어지는 향기)라고 한다.

[어휘] **perfume** 향수 **note** 성분, 향내 **scent** 향, 내음 **accord** 조화 **blend** 혼합하다 **recognize** 인식하다 **volatile** 휘발성이 강한 **fade** 사라지다 **vanish** 사라지다, 없어지다 **evaporate** 증발하다

03 Ⓐ

[해석] 유전자 변형 생물(GMOs)은 유전 공학 기술을 이용하여 DNA에 특정한 변화를 준 식품이다. 보통은 상업적인 이유에서 이런 변화들이 이루어진다: 질병에 대한 저항력을 늘리거나 풍미를 강화하기 위해, 또는 수확량을 늘리기 위해서이다. 또한, 과거 방법에 비해 더 많은 통제를 제공한다. 유전자 변형 생물을 사용하는 것은 그 이점에도 불구하고 안전성과 관련된 논란을 불러일으키고 있다.

Ⓐ 유전자 변형 생물에는 많은 이점이 있지만 이것들의 안전성에 대한 논쟁이 있다.
Ⓑ 유전자 변형 생물을 지지하는 이들은 이것이 소비하기에 안전한지 염려한다.
Ⓒ 유전자 변형 생물이 실제로 식품 안전을 향상시키는지에 대한 논란이 아주 많다.
Ⓓ 유전자 변형 생물은 다른 이점들과 함께, 소비하기에 안전한 것으로도 알려져 있다.

[해설] 문단 속 문장에서는 GMOs의 이점에도 불구하고 그 안전성에 대한 논란이 있음이 설명되어 있다. 선택지 Ⓐ는 GMOs에 여러 이점이 있지만 이것의 안정성에 대한 논쟁이 있다라고 하므로 동일한 내용의 문장이라 할 수 있다. 그러므로 정답은 Ⓐ이다.

[어휘] **genetically** 유전적으로 **modify** 수정하다 **organism** 생물체, 유기체 **specific** 특정한 **genetic engineering** 유전 공학 **commercial** 상업적인 **flavor** 풍미 **yield** 수확(량) **controversy** 논란 **disputation** 논쟁 **proponent** 지지자 **abound** 아주 많다 **promote** 촉진하다

04 Ⓒ

[해설] 교토 의정서는 기후 변화에 맞서 싸우기 위한 노력의 일환으로 온실 가스 배출을 줄이도록 국가들을 구속하는 국제 협약이다. 의정서에는 기후 변화가 인간이 만든 이산화탄소의 배출이 야기한 것이라는 전제가 깔려 있다. 이것은 선진국들에게 배출을 줄일 의무를 지우고 있는데 왜냐하면 이들 선진국이 현재의 수준에 대해 역사적으로 책임이 있다고 여겨지기 때문이다.

Ⓐ 역사적 책임은 현재의 이산화탄소 수준을 위해 배출을 줄이는 의무와 별다른 관련이 없다.
Ⓑ 선진국들은 이산화탄소의 배출을 줄이는 데에 역사적으로 책임이 있다.
Ⓒ 역사적으로 책임이 있는 선진국들에게 배출을 줄이는 의무가 부과되었다.
Ⓓ 개발도상국들은 현재의 이산화탄소 수준에 대해 책임이 있는 것으로 여겨지며 그 수준을 낮추라는 요구를 받고 있다.

[해설] 문단 속 문장은 이미 선진국이 된 국가들이 그동안 이산화탄소를 많이 배출했을 것이므로 현재의 이산화탄소 수준에 대해 역사적으로 책임이 있으므로 이들이 이산화탄소 배출량을 줄여야 한다는 내용이다. 선택지 ⓒ는 선진국들에게 역사적인 책임이 있으며, 그래서 그들에게 배출을 줄이는 의무가 부과되었다고 하므로 핵심 내용을 온전히 담고 있다. 그러므로 정답은 ⓒ이다.

[어휘] **protocol** 의정서(議定書), 조약안 **agreement** 협정, 합의 **commit** (약속 등으로) 구속하다 **emission** 배출, 배출가스 **premise** 전제 **obligation** 의무 **bearing** 관련 **accountable** 책임이 있는

BASIC DRILLS ▶ p. 78

01 Ⓐ

[해석] Romain Gary는 프랑스 작가이자 영화 감독이고 외교관이었으며 명망 있는 공쿠르 문학상을 두 차례 수상한 것으로 잘 알려져 있다. Gary는 첫 번째 상을 그의 소설 "Les Racines du Ciel"로 1956년에 받았는데, 이는 "하늘의 뿌리"를 의미한다. 이후 1975년에 그는 소설 "La Vie Devant Soi"(자기 앞의 생)로 다시 한 번 상을 받았는데, 이 소설은 그가 Emile Ajar라는 필명으로 쓴 것이었다. 학술원은 작가가 누구인지 정말로 알지 못한 채 이 책의 작가에게 상을 수여했다. 몇 년 동안 실제 작가는 미스터리로 남아 있었으며, 잠시 동안은 Gary의 조카가 실질적인 작가 행세를 하였다. Ajar의 정체가 Gary라는 것이 드러난 것은 그가 죽고 난 뒤로, 그의 몸에서 진실을 밝히는 메모가 발견되면서였다.

Ⓐ 아무도 작가의 진짜 정체를 모르는 채 이 상이 수여되었다.
Ⓑ 이 상은 익명의 작가가 쓴 작품에 매년 수여되는 것이었다.
Ⓒ 학술원은 익명의 작가가 누구인지 알아내기 위해서 이 상을 수여했다.
Ⓓ 공정성을 담보하기 위해서 학술원은 저자의 이름을 아는 것이 허용되지 않았다.

[해설] 문단 속 문장에 의하면 학술원이 저자가 누구인지도 모르는 상태에서 상을 수여했다고 한다. 이는 저자의 진짜 정체를 아무도 모르면서 상이 수여된 것이라고 설명한 선택지 Ⓐ와 동일한 내용이다. 그러므로 정답은 Ⓐ이다.

[어휘] **diplomat** 외교관 **prestigious** 명망 있는, 일류의 **literary** 문학의 **translate** 의미하다, 번역되다 **pseudonym** 필명, 가명, 익명 **pose as** ~인 체하다 **reveal** 밝히다, 드러내다 **anonymous** 익명의 **impartiality** 공정성

02 Ⓒ

[해설] 많은 종류의 동물들은 생존 가능성을 높이고 더 나아가 번식의 가능성을 높이기 위하여 천연 위장을 사용한다. 근본적으로 동물은 사냥을 돕거나 또는 포식자의 공격을 피하기 위해서 천연 위장을 사용한다. 동물의 주변 환경은 그 동물이 취할 위장의 형태를 결정하는 가장 중대한 요인이다. 대부분은 포식자가 잘못 알아보도록 주변 환경과 섞여들려는 노력의 일환으로 색깔과 모양, 무늬를 모방한다. 종마다 다른 위장법을 개발한다. 예를 들어, 대벌레라 불리는 곤충은 나뭇가지를 닮기 위해서 그들의 몸통을 맞춰왔다. 나방의 일부 종들은 포식자들을 쫓아내려는 노력으로 독이 있는 종들을 닮도록 진화해왔다.

Ⓐ 동물의 생존 가능성은 그 위장이 주변과 얼마나 잘 어울리느냐에 달려 있다.
Ⓑ 주변 환경과 같은 요인이 동물에게 위장이 필요한지를 좌우한다.
Ⓒ 동물의 위장 방식은 대개 주변 환경에 의해 결정된다.
Ⓓ 동물은 주변 환경의 특정 조건들이 맞을 때에 위장을 한다.

[해설] 문단 속 문장에서는 동물의 주변 환경이 그 동물이 취할 수 있는 위장 방식을 결정하는 가장 중요한 요인이라 하였다. 즉, 주변 환경이 위장 방식을 결정하게 된다는 내용이므로 이를 온전하게 담고 있는 Ⓒ가 정답이다.

ANSWER KEYS

[어휘] **camouflage** 위장, 위장하다 **by extension** 더 나아가 **reproduce** 번식하다 **essentially** 근본적으로 **take on** 취하다 **mimic** 흉내내다 **blend in** 섞여들다 **misidentify** 오인하다 **predator** 포식자 **branch** 나뭇가지 **poisonous** 독이 있는 **repel** 쫓아내다 **match** 어울리다, 일치하다, 비슷하다 **dictate** 좌우하다, 영향을 주다 **largely** 대개, 대체로

03 ⓒ

[해석] 1911년의 트라이앵글 셔트웨이스트 공장 화재는 뉴욕 시를 강타한 가장 치명적인 산업 재해였다. 화재는 의류 공장 안에서 발생했고 146명의 노동자가 죽었는데, 이들의 대부분은 이주 여성들이었다. 사망자 수가 많았던 것은 계단과 출구로 나가는 문이 공장 주인들에 의해 잠겨 있었기 때문이었다. 화재가 발생했을 때 노동자들 중 상당수는 건물 아래의 길거리로 뛰어내려 죽어야만 했다. 이 끔찍한 사건은 노동조합의 결성 뿐만 아니라 전국적으로 공장 안전 기준의 강화와 근로 환경의 개선으로 이어졌다. 화재가 있은 직후에 뉴욕 주는 노동법을 현대화하였고 위험하고 비위생적인 근로 환경으로부터 피고용인들을 보호하는 방안들을 도입하였다.

Ⓐ 노동조합이 요구한 대로 근로 환경과 안전 기준이 강화되었다면 화재는 발생하지 않았을 것이다.
Ⓑ 화재 이후에 노동조합이 개선을 요구할 때까지 안전 기준은 대체로 느슨했다.
Ⓒ 화재의 여파 속에서, 노동자를 위한 환경과 안전이 강화되었다.
Ⓓ 노동조합은 근로 환경과 공장 안전을 개선시키기 위한 대중의 지지를 모으기 위해 화재를 이용하였다.

[해설] 끔찍한 화재로 인해 노동조합이 형성되었고 전국적으로 공장의 안전 기준과 근로 환경이 개선되었다는 내용을 담고 있는 문장을 찾아야 한다. Ⓒ는 화재의 여파로 근로자를 위한 근로 환경과 안전이 강화되었다고 하므로 문단 속 문장의 핵심 내용을 가장 잘 표현하고 있다.

[어휘] **deadly** 치명적인 **industrial** 산업의 **garment** 의류 **toll** 희생자 수 **break out** 발생하다, 발발하다 **awful** 끔찍한 **incident** 사고 **modernize** 현대화하다 **institute** 도입하다 **hazardous** 위험한 **unsanitary** 비위생적인 **largely** 대체로 **lax** 느슨한 **aftermath** 여파 **fortify** 강화하다

04 Ⓑ

[해석] 낙서 예술은 최근의 표현 양식이 아니라 고대부터 있어 왔던 양식이다. 낙서 예술의 가장 간단한 양식은 어떤 사물의 표면에 불법으로 적어 놓은 간단한 단어나 그림이다. 이것들은 수백 년 전에 사원의 벽에 생긴 긁힌 자국에서부터 오늘날 벽이나 기차의 옆면과 같은 표면에 스프레이로 뿌려놓은 이름 등의 낙서까지 다양하다. 낙서 예술은 공공 기물 파손의 행위로 여겨지기 때문에, 현대의 많은 낙서 예술가들은 익명으로 남아 있거나 그들의 실제 이름 대신에 상징을 사용하는 것을 선호한다. 이처럼 자기 마음대로 정하는 서명을 태그라 부르는데 현대 낙서의 여러 양식 중에서 가장 흔한 양식으로 진화하였다.

Ⓐ 낙서 예술가들은 그들의 예술 작품에 대해 저작자임을 주장하지 않는 것에 만족한다.
Ⓑ 낙서 예술가들은 법적 처벌에 대한 두려움 때문에 자기 신원을 밝히지 않는 편이다.
Ⓒ 낙서 예술가들은 공공 기물 파손 행위를 자아의 진정한 표현이라 생각한다.
Ⓓ 낙서 예술가들은 법적 처벌을 피하기 위해 추상적인 디자인의 낙서를 선호한다.

[해설] 낙서를 통한 예술 행위를 하는 것이 불법적인 공공 시설 파손 행위로 간주되기 때문에 낙서 예술가들은 이름을 밝히지 않거나 그들을 상징하는 기호를 사용한다는 내용이다. 불법 행위에 대한 처벌이 두려워 신원을 밝히지 않으려는 것이므로 Ⓑ가 정답이다.

[어휘] **graffiti** 낙서, 그래피티 **illicitly** 불법으로, 위법으로 **equivalent** 상응하는 것, 등가물 **vandalism** 공공 기물 파손 행위 **anonymous** 익명의 **personalize** 개인화하다 **tag** (그래피티 예술가들이 쓰는) 별명, 상징 **authorship** 저작자임, 원작자 **authentic** 진정한, 진짜의

READING PRACTICE ▶ p. 80

[PASSAGE A]

01 ⓒ **02** ⓒ

[해석] 내진 구조물은 구조적으로 온전한 채로 지진의 힘을 견딜 수 있도록 설계된다. **A** 이것이 최근에 개발된 개념처럼 들릴 수도 있겠지만 그렇지 않다. 중앙아메리카 대륙의 고대 피라미드는 대단한 규모로 지어졌는데, 수백 년간의 지진에도 견딜 수 있었다. 내진 건물을 짓는 것과 관련하여 두 가지의 주요 설계 철학이 있다. 첫 번째는 강하지만 유연한 건물을 만들기 위해 애쓰는 것이다. **B** 그렇게 하여 건물은 지진에 흔들리거나 움직일지는 몰라도 부서지지는 않을 것이다. 이렇게 하여 건물은 그 건물 자체에 가해지는 힘을 흡수하고 그것을 움직임으로 전이시킨다. 두 번째는 기초를 분리시켜, 건물 전체가 근본적으로 땅 위에 "뜨는" 것이다. 이러한 구조에서는 건물이 단단한 기초를 이용하여 바닥에 안전하게 고정되는 것이 아니고, 오히려 기초 위에 놓여 있는 것이다. 지진이 일어나는 동안 분리된 기초는 지진 에너지를 흡수하고 건물을 안전하고 손상 없이 유지한다.

01. 문장 **A**의 핵심 내용을 가장 잘 표현한 문장을 선택하라.
   Ⓐ 역사를 통틀어 지진은 인류에게 위협이었다.
   Ⓑ 최근에 와서야 내진 구조로 건축하는 발상이 혁신적인 것으로 여겨지게 되었다.
   Ⓒ 내진 구조의 개념은 오랫동안 존재해 왔다.
   Ⓓ 최근에 와서야 건물들이 지진에 견디도록 설계되고 있다.

02. 문장 **B**의 핵심 내용을 가장 잘 표현한 문장을 선택하라.
   Ⓐ 대부분의 건물들은 지진 발생시 휘어지기만 하도록 설계된다.
   Ⓑ 결과적으로, 이 건물은 지진에 휘어지거나 파괴될 것이다.
   Ⓒ 그러한 구조는 건물이 움직이지만 무너지지 않게 할 것이다.
   Ⓓ 이 건물은 처음에는 휘어졌다가 이어서 심각한 붕괴로 이어질 것이다.

[해설] 01. 문장 **A**는 내진 설계의 개념이 최근에 개발된 것처럼 들릴 수 있겠지만, 그 뒤의 문장에서 고대 피라미드 얘기를 언급할 정도로 실제로는 오래 전부터 있어온 개념이라고 설명하고 있다. 그러므로 내진 설계 구조에 대한 개념이 오랫동안 있었다는 선택지 Ⓒ가 핵심 내용을 정확하게 담고 있다고 할 수 있다.

02. 문장 **B**는 강하지만 유연하게 지은 건물이 지진에 흔들리거나 움직일 수 있지만, 부서지지는 않을 것이라는 점을 전달하고 있다. 지진의 충격파를 건물의 자연스러운 움직임으로 흡수하고 그로 인해 전체 형태를 유지하는 것이므로, 건물이 움직이지만 무너지지 않게 한다는 선택지 Ⓒ가 문장의 핵심을 잘 표현하고 있다.

[어휘] **earthquake-resistant** 내진(耐震)의 **resist** 견디다 **intact** 온전한 **withstand** 견디다 **strive** 애쓰다 **flexible** 유연한 **quake** 지진(비격식 표현) **transfer** 전이하다 **isolate** 분리하다, 격리하다 **seismic** 지진의 **threat** 위협 **bend** 휘어지다 **collapse** 무너지다, 붕괴하다 **catastrophic** 비극적인, 대재앙의

[PASSAGE B]

01 Ⓐ **02** Ⓑ

[해석] 깨진 유리창 이론은 방치된 도시 환경이 추가적인 범죄와 반사회적 행동을 어떻게 간접적으로 유발할 수 있는지를 설명한다. 구체적으로 말하면, 만약 어느 건물의 깨진 유리창이 오랫동안 수리되지 않은 채로 있다면 사람들은 법률의 준수와 질서가 부재함을 느낄 것이고, 이는 범죄에 대한 더 큰 두려움과 공동체의 효율 축소로 이어진다. **A** 이에 상응하여 그 건물의 더 많은 창문들이 깨지게 될 것이고, 더 심각한 범죄가 발생할 것이다. 역으로, 깨진 유리창을 바로 교체하는 것은 질서와 법률 준수의 분위기를 나타내어 추가적인 범죄를 방지할 것이다. 인도를 청소하는 것처럼 창문 수리와 같은 효과를 나타내는 사소한 정비 작업들이 많다. 기본적으로 이 이론은 작은 문제들을 바로 잡고 작은 범죄들을 해결함으로써 범죄 행위들이 더 심각하거나 더 큰 피해를 주는 행동으로 확대되지 않을 것이라고 주장한다. **B** 이런 이유에서, 깨진 창문 이론은 도시의 무질서와 공공 기물 파괴와 관련된 많은 개혁과 정책들의 근거로 이용되어 왔다.

ANSWER KEYS

01. 아래의 문장 중 어느 것이 문장 Ⓐ의 핵심 내용을 가장 잘 표현하는가?
Ⓐ 그 결과, 작은 범죄가 심각한 범죄의 증가를 야기할 것이다.
Ⓑ 깨진 창문의 수가 늘어날수록 범죄는 더 심각해질 것이다.
Ⓒ 심각한 범죄는 깨진 창문 수로 특징 지워진다.
Ⓓ 창문을 깨는 것을 심각한 범죄로 분류하는 것이 실제로 추가 범죄를 막는다.

02. 아래의 문장 중 어느 것이 문장 Ⓑ의 핵심 내용을 가장 잘 표현하는가?
Ⓐ 이 이론은 범죄자들의 반사회적 행동을 교정하는 데에 사용된다.
Ⓑ 이 이론은 도시 범죄에 대한 대응 정책에 반영되어 왔다.
Ⓒ 창문을 포함한 공공 시설물을 파괴하지 않는 것이 법에 의한 강제 사항이다.
Ⓓ 이 이론은 모든 방범 정책의 기초가 되어 왔다.

[해설] 01. 문장 Ⓐ는 얼핏 'the 비교급, the 비교급' 형태의 구문처럼 보이지만 그렇지 않다. 앞 문장 내용의 결과로 깨진 유리창의 수가 늘어나고 심각한 범죄가 발생할 것이다는 의미이다. 앞 문장은 작은 범죄가 준법 의식과 질서의 부재함으로 이어지고 이것이 두려움과 공동체 효율 축소로 이어진다고 설명했다. 즉, 작은 범죄가 여러 단계를 거치면서 큰 범죄를 유발하게 되는 상황을 설명하고 있으므로 이를 잘 설명한 선택지 Ⓐ가 정답이다.

02. 문장 Ⓑ는 깨진 창문 이론이 도시 무질서와 공공 기물 파괴에 대한 개혁과 정책의 근거로 이용된다고 하였는데, 이는 이 이론이 도시 범죄에 대한 대응 정책에 반영되어 왔음을 의미한다. 그러므로 정답은 Ⓑ이다. Ⓓ의 every anticrime policy에서 every가 아닌 다른 말로 나왔다면 이 또한 답이 될 수 있었을 것이다.

[어휘] **neglect** 방치하다　**efficacy** 효율　**correspondingly** 상응하여　**conversely** 역으로　**escalate** 확대되다, 악화되다　**vandalism** 공공 시설물의 파괴　**characterize** 특징 지우다　**deter** 막다, 단념시키다　**mandatory** 강제의, 의무적인　**groundwork** 기초, 토대

iBT PRACTICE ▶ p. 82

01 Ⓐ　**02** Ⓑ　**03** Ⓐ　**04** Ⓐ

[해석] **대공황**
대공황은 1929년부터 1939년까지 10년간 지속되었으며, 역사상 가장 심각했던 경제 침체기로 여겨진다. 대공황이 월가의 붕괴라고 부르는 1929년 10월 24일 목요일의 주식 시장 붕괴와 함께 시작했다는 것은 널리 받아들여지고 있는 사실이다. 대공항에 앞서, 소비자들의 소비가 저조해지기 시작했고 팔리지 않은 상품들이 창고에 쌓이기 시작하여, 투자자들로 하여금 부진한 시장 때문에 예상한 수입을 맞추지 못할 것을 걱정하게 하였다. 1929년 10월 24일, 투자자들이 더 이상 성공할 것이라고 생각하지 않는 투자에서 벗어나려는 시도를 함에 따라 1,290만 주 이상의 주식이 거래되었다. 수십 억 달러가 사라졌고, 투자자들의 신뢰는 곤두박질쳤다. 이날은 "검은 목요일"로 알려지게 되었다. 그로부터 몇 달 뒤 공장들은 가동을 늦췄고, 제품 생산을 중단했으며, 노동자들을 해고했다. 많은 노동자들이 빚더미에 올랐고 압류와 실업에 속도가 붙기 시작했다.
대공황이 미국에서 시작되긴 하였지만, 곧 전 세계로 빠르게 퍼져나갔다. 악화된 경제가 더 나빠지면서, 세금과 인건비, 대출 이자가 증가하였고, 이 모든 것이 상황을 악화시켰다. 당시에는 많은 유럽 국가들이 그들의 통화를 환율의 표준화를 고려하여 금본위제에 고정시켰었다. ➡ 이 기준에 묶여 있다 보니 미국은 경제 문제를 해결하기 위한 어떠한 수단도 취하기 어려웠다. 1930년대 중반까지 미국의 은행 중 절반 가까이가 도산했고 어림잡아 1,300만~1,500만 명의 사람들이 실업 상태였다. 1939년 제2차 세계대전이 발발하고 나서야 미국의 경기는 전쟁 대비의 일환으로 생산이 급증하면서 회복하기 시작했다.

01. 첫째 단락에 나온 sluggish와 가장 뜻이 유사한 단어는?
Ⓐ 침체된

Ⓑ 끈적끈적한

Ⓒ 끔찍한

Ⓓ 참혹한

02. 다음 문장 중 지문에 별도 강조 표시를 한 문장의 핵심 내용을 가장 잘 표현한 문장은 어느 것인가? 맞지 않는 선택을 하면 지문의 의미를 중대하게 바꿔 놓거나 핵심 내용을 놓치게 된다.

Ⓐ 미국은 경제적인 문제들에도 불구하고 표준을 유지할 수 있었다.

Ⓑ 금본위제는 미국이 경제 위기를 완화하는 것을 어렵게 하였다.

Ⓒ 유럽 국가들이 금본위제를 사용하고 있음에도 불구하고 경제를 바로잡기 위하여 어려운 대책들이 강구되었다.

Ⓓ 미국의 경제 문제는 상당 부분 금본위제 때문에 발생했다.

03. 지문에 의하면 다음 중 월가의 붕괴의 조짐이었던 것은?

Ⓐ 경제 시장이 둔화되기 시작했다.

Ⓑ 많은 투자자들이 빚의 악순환에 빠져들었다.

Ⓒ 물가가 폭등했다.

Ⓓ 많은 국가들이 금본위제를 채택하기 시작했다.

04. 지문에 의하면 다음 중 대공황에 대한 사실과 가장 거리가 먼 것은?

Ⓐ 제2차 세계대전이 지나고 훨씬 후에야 경제는 회복되었다.

Ⓑ 검은 목요일 이후에 투자자 신뢰가 심각하게 감소하였다.

Ⓒ 검은 목요일은 월가 붕괴의 첫 날을 나타낸다.

Ⓓ 많은 국가들에 영향을 준 상당한 경기 침체였다.

[해설]

01. sluggish는 '부진한, 활발치 못한'을 의미하는 형용사로, 경제 상황을 묘사할 때에 Ⓐ stagnant(활기 없는, 침체된)와 유사한 의미로 쓰인다.

02. 지문의 문장은 주어와 동사가 생략된 분사구문으로 미국이 그 기준에 묶여 있었다는 것에 대한 비유적인 표현으로 원인을 나타냈고, 이 때문에 경제 문제를 해결할 대책을 강구하기 어려움을 설명한다. 여기에서 기준은 금본위제를 의미하며 경제 문제를 해결한다는 것은 경제 위기를 완화하는 것과 같은 의미이므로 '금본위제'는 미국이 경제 위기를 완화하는 것을 어렵게 하였다는 선택지 Ⓑ가 내용을 가장 잘 표현한 문장이다.

03. 지문에서는 '소비자들의 소비가 저조해지고', '재고가 쌓이고', 이는 '예상 수입을 달성하지 못할 것이라는 투자자들의 걱정'으로 이어진 상황들이 월가의 붕괴의 조짐으로 제시되었다. 달리 표현하면 경제 시장이 둔화된 것이 투자자들의 걱정으로 이어졌고, 이것이 월가 붕괴 바로 전의 모습이었던 것이다. 그러므로 정답은 Ⓐ이다. Ⓑ와 Ⓒ는 언급되지 않았고 Ⓓ의 금본위제도 언제부터 채택했는지 지문에 나와 있지 않다.

04. 지문 마지막에 보면 제2차 세계대전이 발발하면서 전쟁에 대비하기 위해 물자 생산이 급증하기 시작했고 이것이 경기 회복으로 이어졌다고 하였다. 제2차 세계대전의 발발과 함께 제조업이 살아났고 경기 회복으로 이어진 것이므로, 제2차 세계대전이 지나고 훨씬 후에야 경제가 회복되었다는 Ⓐ의 설명은 지문과 일치하지 않는다. 그러므로 정답은 Ⓐ이다.

[어휘] **downturn** 침체, 하강 **stock** 주식 **crash** 붕괴 **pile up** 쌓이다 **forecast** 예측하다 **share** 주, 주식 **viable** 생존할 수 있는, 성공할 수 있는 **confidence** 신뢰 **plummet** 곤두박질치다, 급락하다 **foreclosure** 압류, 담보권 행사 **momentum** 가속도, 탄력 **aggravation** 악화 **exacerbate** 악화시키다 **measure** 조치 **address** 해결하다 **woe** 문제 **estimated** 예상의, 추측의 **accelerate** 속도를 내다 **buildup** 비축, 대비 **alleviate** 완화하다 **crisis** 위기 **surge** 급등하다 **adopt** 채택하다 **decline** 감소하다, 위축되다

ANSWER KEYS

CHAPTER 06 Inference

STRATEGY APPLICATION
Ⓒ

BUILDING SKILLS
01 Ⓑ   02 Ⓒ   03 Ⓐ   04 Ⓓ

BASIC DRILLS
01 Ⓒ   02 Ⓑ   03 Ⓐ   04 Ⓑ

READING PRACTICE
[PASSAGE A] 01 Ⓓ   02 Ⓒ   [PASSAGE B] 01 Ⓒ   02 Ⓑ

iBT PRACTICE
01 Ⓒ   02 Ⓑ   03 Ⓓ   04 Ⓒ

BUILDING SKILLS ▶ p. 88

01 Ⓑ

[해석] 증기 기관은 산업 혁명을 추진하는 데에 도움이 된 발명품 중의 하나였다. 서구 사회는 오랫동안 농경 사회였는데, 이 발명 덕분에 도심부에서 사람들을 집중적으로 고용하기 시작했다. 증기 기관은 인구의 상당 부분이 일자리를 얻게 된 제분소와 공장을 돌리는 데 필요한 동력을 공급하였다. 나아가 증기 기관은 생산된 물품과 사람들을 빠르고 더 효과적으로 이곳저곳으로 수송할 수 있도록 배와 기차에 동력을 공급하였다.

다음 중 증기 기관의 발명에 대해 추론할 수 있는 것은 무엇인가?
Ⓐ 농사와 농업에 매우 도움이 되었다.
Ⓑ 이것의 발명 덕에 도시의 인구가 증가하였다.
Ⓒ 이것의 발명으로 도시가 더 오염되었다.
Ⓓ 공장에서의 사용이 선호되었다.

[해설] 두 번째 문장을 보면 증기 기관의 발명으로 오랜 시간 농경 사회였던 서구 사회가 도시에서 사람들을 집중적으로 고용하기 시작하였다고 한다. 또한 마지막 문장에서 사람들을 이곳저곳으로 빠르게 수송할 수 있게 되었다는 언급도 있다. 즉, 이것의 발명 덕에 도시에서 고용이 늘어났으므로 인구도 증가하였을 것으로 추론할 수 있다. 그러므로 정답은 Ⓑ이다. 농사와 농업에 도움이 되었는지 여부는 문단만 보고는 알 수 없고(Ⓐ), 상식적으로 도시의 오염과 연관이 있겠지만(Ⓒ) 지문에는 그와 관련된 직접적인 언급이 없다. 공장에서 증기 기관을 많이 사용했겠지만, 산업 혁명 당시 공장의 주요 동력이 무엇이었는지에 대한 언급은 없다. 그러므로 공장에서의 사용이 선호되었는지는 (Ⓓ) 알 수 없다.

[어휘] **steam engine** 증기 기관   **drive** 추진시키다, 몰아가다   **Industrial Revolution** 산업 혁명   **agrarian** 농업의   **urban** 도회의, 도시의   **segment** 부분   **power** 동력을 공급하다   **manufacture** 생산하다   **pollute** 오염시키다

02 ⓒ

[해석] Alan Turing은 영국의 수학자이자 논리학자이면서 암호 해독자였다. 그는 컴퓨터와 인간의 지능을 판단하는 Turing Test를 개발한 것으로 가장 잘 알려져 있지만, 제2차 세계대전 당시 가장 어려운 독일 암호 코드 중 하나인 ENIGMA를 풀기 위해 그의 기술을 이용하는 데에서도 큰 역할을 하였다. 덕분에 영국은 독일의 군사 및 스파이, 사보타주 활동에 대한 정보를 얻을 수 있었다. 영국은 당시 독일의 암호화된 메시지를 가로챌 수 있었으며 영국의 이익을 위해 이들 정보를 사용하였다.

문단으로부터 유추할 수 있는 것은?
Ⓐ Turing의 발견이 없었다면 독일은 영국을 물리쳤을 것이다.
Ⓑ 영국은 암호 해독 덕분에 전쟁에서 이길 수 있었다.
Ⓒ Turing의 업적이 제2차 세계대전에서 영국에 도움이 되었다.
Ⓓ 결과적으로 영국은 암호가 별로 필요 없었다.

[해설] 영국의 수학자 Turing에 대한 글로, 제2차 세계대전 때 암호 해독 과정에 참여하여 영국에 도움이 되었다는 것이 문단의 주된 내용이다. Turing의 기술이 암호를 해독하는 데에 큰 역할을 했고 이를 이용하여 독일의 정보를 얻어냈으므로 Ⓒ처럼 Turing의 업적이 영국에 도움이 되었을 것임을 알 수 있다. 그러므로 정답은 Ⓒ이다. Turing의 발견이 없었다고 해서 독일이 영국을 물리쳤을지는(Ⓐ) 문단 내용만으로는 알 수 없고, 또한 암호 해독이 전쟁에 도움이 되었을 수 있으나 결정적인 승리의 요인인지는 알 수 없다(Ⓑ). 그리고 영국이 해독한 암호를 유용하게 활용했다는 언급이 있으므로 Ⓓ도 오답이다.

[어휘] **logician** 논리학자   **cryptanalyst** 암호 해독자   **instrumental** 중요한   **espionage** 스파이 행위   **sabotage** 사보타주   **intercept** 가로채다   **defeat** 패배시키다   **eventually** 결과적으로

03 Ⓐ

[해석] 인터넷 안전은 인터넷 사용자를 일반적인 컴퓨터 범죄로부터 보호하는 것은 물론이고 개인 정보에 대한 보안상 위험 요인으로부터 보호할 수 있을 정도의 최고 수준으로 유지하는 것과 관련 있다. 특히 중요한 영역 중의 하나가 개인의 암호를 해킹하여 접근할 수 있는 민감한 정보들이며, 그러므로 암호는 최대한 자주 변경되어야 한다. 피싱이나 인터넷 사기, 컴퓨터 시스템 파괴 소프트웨어 등이 모두 누군가의 개인 정보에 접근하기 위해 이용되는 방법이다.

다음 중 문단으로부터 인터넷 보안에 대해 추론할 수 있는 것은 무엇인가?
Ⓐ 암호를 변경하는 것이 개인 정보를 보호하는 데에 도움이 된다.
Ⓑ 인터넷 보안은 온라인 범죄를 막을 만큼 충분히 강력하지 않다.
Ⓒ 컴퓨터 범죄율이 빠르게 증가하고 있다.
Ⓓ 온라인 상에 개인 정보를 공개하지 않는 것이 권장된다.

[해설] 두 번째 문장을 보면 개인의 암호를 해킹하여 민감한 정보에 접근할 수 있으니 암호를 최대한 자주 변경해야 한다고 되어 있다. 이는 암호를 자주 변경하면 민감한 정보를 보호할 수 있다는 것과 같은 내용이므로 암호 변경이 개인 정보 보호에 도움이 된다고 할 수 있다. 그러므로 정답은 Ⓐ이다. 다른 선택지들은 문단에 나온 내용들만으로는 알 수 없다.

[어휘] **concerned with** ~와 관련 있는   **access** 접근하다   **scam** (신용) 사기   **malware** 컴퓨터 시스템 파괴 소프트웨어   **modify** 변경하다, 수정하다   **disclose** 밝히다, 폭로하다

04 Ⓓ

[해설] 기원전 8,000년경 농업의 출현과 거의 같은 시기에 인간은 야생 동물을 가정용으로 길들이기 시작했다. 농사 일이 극도로 힘들었기 때문에, 암소나 황소처럼 길들여진 동물들이 필요한 노동력의 상당 부분을 제공하였다. 돼지와 같은 동물들은 식량원이었을 뿐 아니라 이들이 거리에서 썩은 고기 등을 먹어 치움으로써 초기 공동체의 위생에도 도움이 되었다. 마지막으로, 길들여진 말은 넓은 지역에서 수송과 빠

ANSWER KEYS

른 의사 소통을 가능하게 하였다.

문단으로부터 유추할 수 있는 것은?
Ⓐ 농업은 동물 가축화의 결과이다.
Ⓑ 동물을 가축화한 이후로 인간은 더 이상 농사 일을 할 필요가 없었다.
Ⓒ 말은 농사 일에도 유용했다.
Ⓓ 부분적으로는 위생 관리를 목적으로 돼지가 방목되었다.

[해설] 농업의 시작과 동물을 길들이기 시작한 것이 거의 같은 시기이지만, 둘 사이의 인과 관계를 추론할 수 있는 근거가 제시되어 있지 않다(Ⓐ). 가축으로부터 필요한 노동력을 얻어낸 것은 맞지만 이로 인하여 인간이 농사일을 하지 않아도 되었다(Ⓑ)는 내용은 없으며, 문단에 말을 농사일에 부렸다는 내용 또한 없다(Ⓒ). 지문에 돼지를 방목했다는 직접적인 언급은 없지만 거리에서 썩은 고기 등을 먹어 치워 위생에도 도움이 되었다는 내용으로 보아 길거리에 놓아 키웠음을 짐작할 수 있다. 그리고 돼지로부터 고기를 얻은 것 외에도 위생적으로도 도움을 받았다고 하였으므로 부분적으로는 위생 관리가 목적이었음을 알 수 있다. 그러므로 정답은 Ⓓ이다.

[어휘] **emergence** 출현, 발생 **tame** 길들이다 **domestic** 가정용의, 집안의 **extremely** 극도로 **strenuous** 몹시 힘든 **domesticate** 길들이다 **sanitation** 위생 (관리) **scavenge** 썩은 고기나 폐물을 찾아 다니다 **graze** 방목하다

BASIC DRILLS ▶ p. 90

01 Ⓒ

[해석] 학습에는 여러 종류의 접근법이 있으며, 어느 한 접근법이 다른 접근법보다 더 우수하다는 것은 없다. 효과적인 학습은 귀하의 공부 습관을 개인 스스로의 필요에 맞도록 조정하여 얻을 수 있다. 일반적으로 학습자들에게 그들이 이용하는 학습법이 정보를 얻는 그들의 능력에 도움이 되는지를 평가하도록 권한다. 특정 학습 방식이 효과적이지 않은 것으로 밝혀진다면 반드시 다른 접근법을 시도해봐야 한다. 학습 주기에 대한 주요 이론들 중 하나는 학습자들을 학습 방식에 따라 세 집단으로 편성한다: 시각적 방식과 청각적 방식, 그리고 운동 감각의 방식. 시각적 학습자에게는 단어 외에 개념을 나타내는 자료를 보는 것이 유익하다. 청각적 학습자는 청취를 통해 가장 잘 학습한다. 마지막으로, 운동 감각의 학습자들은 행동과 경험을 통해 학습하는 것을 선호한다.

필자는 학습 방식에 대해 무엇을 암시하는가?
Ⓐ 인간은 여러 학습 방식에 적응하는 데에 어려움이 있다.
Ⓑ 시각적 학습이 청각적 학습보다 더 효과적이다.
Ⓒ 어느 학습 방식이 자신의 필요에 맞는지 알아내는 것이 유익하다.
Ⓓ 개인의 공부 습관을 조정하는 것이 효과적인 학습을 보장한다.

[해설] 필자는 여러 방식의 학습법을 제시하면서 각자에 맞는 학습법을 찾는 것이 도움이 된다고 했다. 문단 첫 문장을 보면 특정 학습법이 더 우수한 경우는 없다고 하였으므로 Ⓑ는 정답이 아니며, 두 번째 문장에 개인의 공부 습관을 조정하여 효과적인 학습을 얻을 수 있다고 하지만 이를 보장해준다는 내용은 없다(Ⓓ). 특정 학습 방식이 효과적이지 않은 것으로 판명되면 다른 학습 방법을 시도해봐야 한다는 언급으로 볼 때, 필자는 학습자에 맞는 학습법을 찾아내는 것이 학습에 도움이 된다고 생각하는 것으로 추정할 수 있다. 그러므로 정답은 Ⓒ이다.

[어휘] **approach** 접근법 **superior** 우수한 **adjust** 조정하다, 조율하다 **evaluate** 평가하다 **beneficial** 유익한, 이로운 **imperative** 반드시 해야 하는 **organize** 편성하다, 체계화하다 **auditory** 청각의 **kinesthetic** 운동 감각의 **adapt** 적응하다 **determine** 알아내다, 밝히다 **guarantee** 보장하다

02 Ⓑ

[해석] 인류는 해충이 곡식에 피해를 입히는 것을 방지하기 위해 수백 년 동안 천연 살충제를 사용해왔다. 그간 사용되어온 혼합물의 일부는 식물에서 추출한 것이었고, 다른 일부는 땅에서 캐낸 것이었다. 하지만 20세기 이래로 합성 살충제가 해로운 곤충과 진드기류를 막는 표준적인 수단으로 천연 살충제를 대체하기 시작했다. 천연 살충제는 환경과 인간의 건강에 훨씬 좋지만, 이를 사용할 때 불리한 점은 해충을 항상 충분히 막아주지는 못한다는 것이었다. 반면에 합성 살충제는 해충 살상률이 훨씬 높지만, 환경과 인간의 건강에 더 해로운 영향을 끼친다.

다음 중 살충제 사용에 대해 추론할 수 있는 것은 무엇인가?
Ⓐ 농부들은 합성 살충제가 더 많은 곤충을 죽이기 때문에 이를 선호한다.
Ⓑ 농부들은 20세기 이래로 합성 살충제의 사용을 늘려왔다.
Ⓒ 일부 국가는 환경을 보존하기 위해 합성 살충제의 사용을 금지한다.
Ⓓ 천연 살충제는 합성 살충제보다 가격이 더 비싸다.

[해설] 천연 살충제와 합성 살충제의 사용에 대한 글로 선택지 Ⓒ나 Ⓓ를 유추할 수 있는 정보는 나와 있지 않다. 20세기 이래로 합성 살충제가 천연 살충제를 대체하기 시작했다고 하였으므로 합성 살충제의 사용이 늘어났음을 알 수 있다. 그러므로 정답은 Ⓑ이다. 문단 내용만 놓고 봐서는 농부들의 합성 살충제 사용이 천연 살충제를 넘어섰는지 알 수 없으므로, 어느 쪽을 선호한다고 유추할 수 없다. 그러므로 Ⓐ는 정답이 아니다.

[어휘] **insecticide** 살충제 **pest** 해충 **compound** 혼합물 **synthetic** 합성의 **detrimental** 해로운 **tick** 진드기 **mite** 진드기 **downside** 불리한 면 **prohibit** 금지하다

03 Ⓐ

[해석] 행동 생물학이란 동물 행동에 대한 과학적이고 객관적인 연구를 말하며, 주로 동물의 자연 서식지에서의 행동에 초점을 맞춘다. 행동 생물학의 뿌리는 19세기 말과 20세기에 새를 연구하던 조류학자들은 물론이고, Charles Darwin으로까지 거슬러 올라갈 수 있다. 동물의 행동을 이해하는 능력은 동물 훈련 및 인간과 동물의 일반적인 상호 작용의 방식에 큰 영향을 미쳐왔다. 다양한 종류의 동물들의 행동을 고려함으로써 조련사들은 특정 작업을 수행하는 데에 어느 동물이 가장 적합할 것인지를 알아낼 수 있다. 조련사들은 또한 자연스럽게 발생하는 행동들을 하며 일할 수 있게 되고, 작업에 바람직하지 않은 것으로 여겨지는 동물 행동을 피할 수 있게 된다.

필자는 행동 생물학에 대해 무엇을 암시하는가?
Ⓐ 행동 생물학은 특정 작업에 어떤 동물이 적합할지 알아내는 데 도움이 된다.
Ⓑ 행동 생물학은 동물들이 다른 종의 동물들과 어떻게 상호 작용하는지 이해하는 것을 돕는다.
Ⓒ 행동 생물학자들은 동물의 행동을 고치는 방법을 배우는 것에 관심이 있다.
Ⓓ 행동 생물학자들은 주로 새들의 행동에 관심이 있다.

[해설] 조련사들이 다양한 종류의 동물 행동을 고려하여 특정 작업에 적합한 동물을 알아낼 수 있다고 하였고, 행동 생물학이 바로 다양한 종류의 동물 행동을 연구하는 학문이므로 행동 생물학은 특정 작업에 필요한 동물을 선별하는 데에 도움이 될 것이다. 그러므로 정답은 Ⓐ이다. 인간이 동물과 어떻게 상호 작용해야 하는지에 대해 도움을 줄 수는 있겠지만 다른 종의 동물간의 상호 작용을 이해하는 데에 도움이 되는지는 문단의 내용으로는 알 수 없다(Ⓑ). 또한 동물의 행동을 고치는 것에 관심 있다는 내용은 나오지 않으며(Ⓒ), 행동 생물학의 주 관심사는 자연 서식지에서의 동물 행동에 있다고 하였으므로 Ⓓ도 정답이 아니다.

[어휘] **ethology** 행동 생물학 **objective** 객관적인 **trace** 거슬러 추적하다, 찾아내다 **ornithologist** 조류학자 **interact with** ~와 상호 작용하다 **suit** ~에 적합하게 하다(to, for) **undesirable** 바람직하지 않은

ANSWER KEYS

04 Ⓑ

[해석] 포러 효과로도 알려져 있는 바넘 효과는 사람들이 자신들의 성격에 대한 묘사가 실제로는 종종 모호하고 보편적인 얘기에 지나지 않아도 이를 상당히 정확한 것으로 생각한다는 관찰 결과이다. 그러므로 이러한 성격 묘사는 광범위한 사람들에게 적용될 수 있다. 이 효과는 사람들이 왜 점성술이나 점 등을 통해서 듣는 얘기를 그처럼 쉽게 믿는지를 설명해준다. 이러한 효과를 불러오려면 두 가지 중요한 요인이 필요하다. 첫 번째는 묘사 내용이 긍정적인 면과 부정적인 면에 있어 균형을 이루어야 한다는 것이다. 두 번째 요인은 대상자가 그에게 정보를 주는 이를 신뢰하고 그 정보에 거짓이 없다고 생각해야 한다는 것이다.

다음 중 문단으로부터 유추할 수 있는 것은?
Ⓐ 바넘 효과는 다른 이들과 가까워지려 할 때 종종 사용된다.
Ⓑ 바넘 효과는 사람들이 어떻게 자신들에 대한 보편적인 묘사를 믿으려 드는지를 보여준다.
Ⓒ 점성술이나 점에서 말하는 사람들에 대한 묘사에는 보통 부정적인 면보다 긍정적인 면이 더 많이 포함된다.
Ⓓ 점성술사나 점쟁이들이 항상 손님들로부터 신뢰를 얻는 것은 아니다.

[해설] 바넘 효과가 서로 낯선 이들 사이에 친밀감을 쌓기 위해 사용될 수는 있지만 문단에서는 그와 관련된 언급이 전혀 없다(Ⓐ). 점성술이나 점에서 듣는 성격에 대한 묘사를 믿기 위해서는 긍정적인 면과 부정적인 면에서 균형을 이루어야 한다고 하였으므로 Ⓒ도 문단과 어긋난다. 사람들이 점성술사나 점쟁이들의 말을 늘 신뢰하는지 여부에 대한 설명은 없었으므로 Ⓓ도 정답이 아니다. 바넘 효과는 사람들이 자신들에 대한 보편적 묘사를 맞는 것으로 생각하는 경향을 관찰한 것이므로 Ⓑ가 정답이다.

[어휘] **assume** (증거는 없지만 사실이라고) 생각하다, 가정하다 **accurate** 정확한 **vague** 모호한 **astrology** 점성술 **intimate** 친밀한

READING PRACTICE ▶ p. 92

[PASSAGE A]

01 Ⓓ **02** Ⓒ

[해석] 세계 인구는 1800년에 약 10억 명에서 2015년에 70억 명으로 증가하였다. 세계 인구는 계속 증가할 것으로 예상되며 2060년까지는 거의 100억 명에 도달할 것으로 추산된다. 이러한 인구 증가의 대부분은 저개발 국가에서 발생하며, 이로 인해 여러 문제들이 발생할 뿐만 아니라 삶의 수준도 저하된다. 라틴 아메리카와 아프리카, 그리고 아시아 일부 지역의 인구 과잉은 사회적 갈등과 환경 악화, 그리고 저개발 국가로부터 그보다 발전한 국가로의 대규모 이주 등을 일으키는 원인이 되고 있다.

인류학자들은 이런 대규모 인구 증가 현상에 대해 연구해 왔으며, 인구의 폭발적 증가에 중대한 영향을 미치는 다산의 행위에 대해 문제를 제기하였다. 미개발 국가의 농촌 인구에서 대규모 가족들을 발견하게 되는 이유는 그러한 환경에서 아이를 많이 가지는 것이 유용하기 때문이다. 아이들은 집안일, 밭일 그리고 가축을 돌보는 일에 도움이 되는 것으로 여겨진다.

인류학자들은 또한 2050년까지 세계 인구의 약 절반이 도시에 살게 될 것이라고 지적한다. 더 많은 사람들이 일자리를 찾아 시골에서 도시 지역으로 이동할 것이다. 이는 도시를 다니며 그들의 길을 찾아 나설 대규모의 사람들을 수용하기 위해 도시의 기반 시설에 상당한 자금을 투자할 필요가 있음을 의미한다.

01. 다음 중 저개발 국가의 국민들에 대해 추론할 수 있는 것은 무엇인가?
Ⓐ 인구 증가는 궁극적으로 생활 수준의 향상을 낳을 것이다.
Ⓑ 정부가 국민들에게 대가족을 가지도록 권장하고 있다.
Ⓒ 아이가 많은 가족일수록 더 큰 경제적 부담에 직면한다.
Ⓓ 아이들이 가족의 수입에 보탬이 될 것으로 기대된다.

02. 필자가 암시하는 것은 무엇인가?

Ⓐ 도시 기반 시설의 향상이 도시 과밀화의 완화에 도움이 될 것이다.
Ⓑ 인구 증가에 대비하기 위해 더 많은 일자리가 창출될 것이다.
Ⓒ 도시로의 이주 때문에 지방의 인구는 계속 감소할 것이다.
Ⓓ 도시들은 지방 거주자들에게 도시의 중심부로 이사올 것을 권하고 있다.

[해설] 01. 첫째 단락의 중간에 보면 저개발 국가에서 인구 증가의 대부분이 일어나며 이로 인해 삶의 수준이 낮아진다고 하였다. 그러므로 Ⓐ는 지문의 내용과 반대된다. 저개발 국가의 정부의 입장에 대한 내용은 없으므로 Ⓑ가 정답인지는 알 수 없다. 둘째 단락의 마지막 문장에 아이들이 집안일과 밭일, 가축 돌보는 일에 도움이 되어 더 많은 아이를 가진다고 언급되었으므로, 아이가 가족의 수입에 보탬이 될 것으로 기대된다고 할 수 있다. 즉, 이들에게는 아이가 경제적 부담이 아니라Ⓒ 보탬이므로 정답은 Ⓓ이다.

02. 시골 지역에서 도시 지역으로 이주하는 이들이 늘어날 것이라는 언급은 시골에 남아 있는 사람 수가 줄어들게 됨을 의미한다. 그러므로 정답은 Ⓒ이다. urban infrastructure 투자에 대한 지문 후반부의 언급은 더 많은 인구를 수용하기 위해 기반 시설 투자가 필요하다는 것이지 Ⓐ에서처럼 더 좋은 기반 시설이 도심의 정체를 해결하는 데에 도움이 될 것이라는 의미는 아니다.

[어휘] **global** (전) 세계의 **estimate** 추산, 추정 **underdeveloped** 저개발의 **overpopulation** 인구 과잉 **degradation** 악화, 저하 **massive** 거대한 **migration** 이주 **anthropologist** 인류학자 **phenomenon** 현상 **explosion** 폭발 **livestock** 가축 **invest** 투자하다 **infrastructure** 기반 시설 **accommodate** 수용하다 **mass** 무리, 집단 **navigate** 길을 찾다 **eventually** 결국에는 **financial** 재정적인 **burden** 부담, 짐 **supplement** 보태다, 추가하다 **relieve** 완화하다 **congestion** 밀집, 혼잡 **resident** 거주자

[PASSAGE B]

01 Ⓒ **02** Ⓑ

[해석] 미국 독립전쟁은 1765년과 1783년 사이에 일어난 엄청난 대격변의 시기였다. 이 시기에 아메리카 13개 주의 식민지 주민들은 영국 왕실을 인정하는 것을 거부했다. 영국 당국에 저항하는 오랜 투쟁 끝에 이들은 결국 미합중국을 설립하였다.

1765년까지 아메리카 식민지 주민들은 영국이 식민지 정부에 대표자를 한 명도 두지 않으면서도 영국 의회가 그들의 상품에 세금을 부과하는 데에 불만을 가졌었다. 이듬해부터는 Patriots로 알려진 식민지 주민들의 한 집단이 항의 시위들을 벌였는데, 그중 하나가 악명 높은 1773년의 보스턴 차 사건이었다. 이때 Patriots는 대량의 영국 차를 파괴하였다. 이에 영국은 1774년 '강압법(Coercive Acts)'을 시행함으로써 대응하여, 차에서 입은 금전적 손해를 되갚도록 식민지 주민들에게 강요했다. 비록 대영 제국을 충실히 따르는 Loyalists라 불리는 사람들의 집단이 여전히 있었지만, 반영국 정서가 곧 식민지 전역에 걸쳐 빠르게 자라났다.

1775년까지 Patriots 집단과 영국군 사이에 전투가 자주 발발했다. 결국 이 갈등은 영국과 싸우는 Patriots 집단과 그 동맹국들, 그리고 Loyalists와의 국제적 전쟁으로 확대되었다. 8년의 전쟁이 있은 후, 1783년에 미합중국의 영국으로부터의 완전한 분리를 공식화하는 평화 조약이 조인되었다.

01. 다음 중 식민지 주민에 대해 추론할 수 있는 것은 무엇인가?
Ⓐ 영국적인 것은 무엇이든 반대한다는 평판을 얻었다.
Ⓑ 보스턴 차 사건은 영국인들로 하여금 식민지 주민을 존중하게 하였다.
Ⓒ 미합중국이 수립된 이후에도 이들은 여전히 영국과 교역을 하였다.
Ⓓ 대부분의 이웃 국가들이 이들의 독립을 지지하였다.

02. 지문으로부터 유추할 수 있는 것은?
Ⓐ 식민지 주민들은 원래 영국의 통치를 받아들였었다.
Ⓑ 몇몇 다른 국가들도 전쟁에 참여했다.
Ⓒ 영국은 전쟁 이후 식민지에서 최소한의 영향력을 유지하였다.
Ⓓ 영국은 군사력의 열세로 전쟁에서 패하였다.

[해설] 01. 첫째 단락의 마지막 문장을 보면 식민지 주민들이 미합중국을 수립하였다고 되어 있는데 이것이 정확하게 언제인지 언급되어 있지 않

ANSWER KEYS

다. 하지만 전쟁 이후에 영국으로부터의 완전한 분리를 공식화하는 평화 조약을 맺은 것으로 보아 미합중국 수립이 바로 분리로 이어진 것은 아님을 알 수 있다. 그러므로 미합중국 수립 이후에도 영국과 교역이 이뤄졌음을 짐작할 수 있으므로, 정답은 ⓒ이다. 지문에 Ⓐ와 Ⓓ를 유추할 수 있는 내용은 없으며, 보스턴 차 사건 이후 영국이 강압법을 시행한 것으로 보아 영국 국민이 식민지 주민을 존중하지는 않았으리라 짐작할 수 있다(Ⓑ).

02. 셋째 단락의 둘째 문장에 의하면 이 갈등이 결국 국제적 전쟁으로 확대되었고, Patriots 집단 외에 다른 동맹들이 영국에 맞서 싸웠다고 한다. 국제 전쟁으로 확대되었다는 것을 통해 Patriots를 도운 다른 동맹들이 다른 국가들임을 짐작할 수 있다. 그러므로 정답은 Ⓑ이다. 지문 내용만으로는 Ⓐ와 Ⓓ의 내용을 유추할 수 없으며 영국으로부터 완전하게 분리되었다고 하였으므로 최소한의 영향력을 유지하였다는 ⓒ도 정답이 될 수 없다.

[어휘] **tremendous** 엄청난 **upheaval** 대격변 **colonist** 식민지 주민 **acknowledge** 인정하다 **monarchy** 군주국, 군주제 **defy** 저항하다 **authority** 당국 **establish** 설립하다 **representative** 대표자 **protest** 시위, 항의 운동 **impose** 시행하다 **sentiment** 정서 **faithful** 충직한 **regularly** 자주, 정기적으로 **escalate** 확대되다 **ally** 동맹국, 협력자 **treaty** 조약 **reputation** 평판 **minimal** 최소한의 **inferior** 열등한

iBT PRACTICE ▶ p. 94

01 Ⓒ **02** Ⓑ **03** Ⓓ **04** Ⓒ

[해석] **아르누보**

아르누보는 미술과 건축, 응용 미술 – 특히 장식용 미술 –의 한 양식으로 1890년에서 1910년까지 가장 인기 있었다. 아르누보의 주요 목표 중 하나는 곡선이나 꽃, 식물처럼 자연에서 찾을 수 있는 형태와 구조의 영감을 이용하는 것이었다.

아르누보는 삶의 한 방식으로 여겨졌다. 아르누보가 나타난 이유 중 하나는 19세기 후반의 역사주의와 신고전주의에 뚜렷하게 나타난 예술의 복고적 움직임에 대한 저항의 수단으로서였다. 아르누보의 창안자들은 역사주의의 경계를 넘어 나아가는 것에 관심이 있었는데, 이는 19세기 미술의 상당 부분이 고전시대의 이상으로 회귀하는 것에 영향을 받았기 때문이다. 아르누보는 미술 작품에만 한정되지 않고 보석과 가구 그리고 그 외의 가정용품뿐만 아니라 건축 및 그래픽 아트, 그리고 실내 디자인까지 포함된 더 폭넓은 영역을 망라했다. 삶에 대한 이러한 예술적 철학관은 시간이 흐르면서 그것이 시작된 독일과 프랑스에서 전 세계의 국가들로 퍼져나갔으며, 특히 미국으로 확산되었다. 미술이 일상 생활의 일부가 되어야 한다는 아르누보의 철학에 따라, 어느 미술 형태에서나 쓰일 수 있는 무난한 장식용 무늬들이 사용되었다. 전형적인 장식 요소에는 호화로운 새나 꽃, 엉클어진 머리에 곡선미가 넘치는 아름다운 여성에 대한 묘사들뿐만 아니라 잎사귀나 덩굴손 디자인, 유기적으로 뒤얽힌 형태 등이 포함되었다. 이들 요소들의 상당수는 파리 지하철의 일부 입구들에서부터 스페인의 유명한 예술가, Antoni Gaudi가 설계한 리드미컬하게 비대칭적인 건물들에 이르기까지, 유럽 도처의 건물에서 여전히 눈에 띈다.

01. 둘째 단락에 나온 encompassed와 가장 뜻이 유사한 단어는?
Ⓐ 에워쌌다
Ⓑ 맞닥뜨렸다
Ⓒ 포함했다
Ⓓ 제한했다

02. 다음 중 아르누보 양식과 관련이 없는 것은?
Ⓐ 복잡한 이목구비의 여성들에 대한 묘사
Ⓑ 사실적인 인간 용모에 대한 묘사
Ⓒ 화려하게 장식된 꽃과 새에 대한 묘사
Ⓓ 잎사귀와 덩굴 무늬에 대한 묘사

03. 아르누보에 대하여 추론할 수 있는 것은 무엇인가?

Ⓐ 그 영향이 20세기 내내 지속되었다.
Ⓑ 자연적 형태를 고전적 양식과 조화롭게 조합하였다.
Ⓒ 자연에 대한 묘사를 진정한 미술로 여겼다.
Ⓓ 일상생활에서 사용되는 광범위한 물건들의 디자인에서 찾을 수 있다.

04. 필자는 왜 리드미컬하게 비대칭적인 건물들을 언급하였는가?
Ⓐ 이 건물들에 어떤 장식적인 요소가 사용되었는지 분석하기 위하여
Ⓑ Antoni Gaudi의 건축물에 대한 예를 들기 위하여
Ⓒ 유럽 건축에서 발견되는 장식적 요소들의 범위를 보여주기 위하여
Ⓓ 아르누보 양식의 위대함을 칭송하기 위하여

[해설]
01. 둘째 단락에서 encompassed는 '망라했다'는 뜻으로 쓰였으며, Ⓒ involved(포함했다)의 의미와 가장 유사한 의미를 지닌다.
02. 아르누보 양식은 고전주의 이상으로 돌아가려는 흐름에 저항하면서 발생하였다. 사실적이기보다는 자연 요소들로부터 영감을 얻어 이를 장식적으로 활용하려는 움직임이었기 때문에 Ⓑ의 사실적 인간 용모에 대한 묘사는 아르누보 양식과 거리가 멀다. 그러므로 정답은 Ⓑ이다.
03. 첫 문장에서 아르누보가 1890년에서 1910년까지 가장 유행했다고 하였는데, 그 뒤로는 어떻게 되었는지 언급이 없다. 그러므로 20세기 내내 영향을 미쳤는지(Ⓐ)는 알 수 없다. 고전 양식으로의 회귀에 대한 저항이 아르누보 발생의 원인이었기에 Ⓑ는 아르누보와 정반대의 설명이다. 자연에 대한 묘사를 진짜 예술로 여긴 것(Ⓒ)은 고전주의적 이상과 가깝다. 두 번째 문단의 중간에 보면 아르누보가 미술 작품에만 제한되지 않고 가정용품까지 망라했다고 하였으므로 폭넓은 일상용품의 디자인에서 아르누보 양식을 찾을 수 있을 것이다. 그러므로 정답은 Ⓓ이다.
04. 필자가 Gaudi 건물을 예로 든 것은 아르누보의 요소들이 유럽 건축의 곳곳에 퍼져 있으며, 유명한 Gaudi의 건물 디자인에까지 영향을 미칠 정도로 널리 유행했음을 보여주기 위한 것이다. 그러므로 정답은 Ⓒ이다.

[어휘] architecture 건축   applied-art 응용 미술   decorative 장식용의   principal 주요한   objective 목적
draw upon ~을 이용하다, ~에 의존하다   inspiration 영감   revival 재유행   evident 분명한, 눈에 띄는
historicism 역사주의   neo-classicism 신고전주의   fine art 미술   spectrum 범위, 영역   outlook 관점, 견해
in line with ~에 따라   tendril 덩굴손, 덩굴손 모양의 것   motif 디자인, 주제   intertwine 뒤얽히다   organic 유기적인
depiction 묘사   lavish 호화로운   intricate 뒤얽힌, 복잡한   curvaceous 곡선미가 있는
rhythmically 리드미컬하게, 율동적으로   asymmetrical 비대칭의   renowned 유명한   associated with ~와 관련된
harmoniously 조화롭게   blend 조합하다, 섞다   analyze 분석하다

ANSWER KEYS

CHAPTER 07 Rhetorical Purpose

STRATEGY APPLICATION
Ⓑ

BUILDING SKILLS
01 Ⓒ 02 Ⓓ 03 Ⓑ 04 Ⓑ

BASIC DRILLS
01 Ⓒ 02 Ⓑ 03 Ⓓ 04 Ⓓ

READING PRACTICE
[PASSAGE A] 01 Ⓓ 02 Ⓒ   [PASSAGE B] 01 Ⓓ 02 Ⓐ

iBT PRACTICE
01 Ⓑ 02 Ⓓ 03 Ⓑ 04 Ⓑ

BUILDING SKILLS ▶ p. 98

01 Ⓒ

[해석] 프리즘은 투명한 광학체로 반듯한 면들을 지니고 있으며 빛을 굴절시킨다. 빛은 한 경로에서 나와서 다른 경로로 들어갈 때 그 속도가 변하며, 이러한 현상이 빛의 방향에 변화를 유발한다. 보통의 전통 프리즘은 삼각형 모양의 바닥과 직사각형 모양의 옆면으로 구성된 삼각형 형태이다. 프리즘은 유리나 플라스틱과 같은 물질로 만들어진다.

필자는 문단에서 유리나 플라스틱을 왜 언급하였는가?
Ⓐ 프리즘의 두 가지 다른 재료를 비교하기 위하여
Ⓑ 프리즘이 어떻게 만들어지는지 설명하기 위하여
Ⓒ 프리즘이 무엇으로 만들어지는지 예를 들기 위하여
Ⓓ 프리즘의 용례를 들기 위하여

[해설] 필자가 문단 마지막에 유리와 플라스틱을 언급하면서 이것이 프리즘의 재료라고 하였다. 그 외의 재료로 만들어질 수도 있으므로 유리와 플라스틱이 재료의 예가 될 것이다. 그러므로 Ⓒ가 정답이다.

[어휘] **ocular** 시각의, 눈의 **refract** 굴절시키다 **channel** 경로 **trigger** 유발하다, 촉발하다 **in the direction of** ~의 방향으로 **triangle** 삼각형 **rectangle** 직사각형 **material** 재료, 소재

02 Ⓓ

[해석] 군중 심리학은 개인이 무리 속에 있을 때의 다양한 사고 과정과 행동 양식을 연구한다. 이 이론에 의하면 개인은 군중 속에 있을 때 몰개성화 과정 때문에 더욱 극단적이고 일탈적인 방식으로 행동하려는 경향이 있는데, 이 몰개성화 과정은 평소의 사회적 제약을 벗겨내고 개인적 행동에 대한 책임이 분명하지 않도록 한다.

필자는 문단에서 몰개성화 과정을 왜 언급하는가?
Ⓐ 몰개성화로 초래될 수 있는 결과에 대해 경고하기 위하여
Ⓑ 군중 속에 있을 때의 일탈 행동의 정도를 설명하기 위하여
Ⓒ 몰개성화 과정의 각 단계의 이름을 언급하기 위하여
Ⓓ 사람들이 군중 속에 들어가면 왜 다르게 행동하는지 설명하기 위하여

[해설] 몰개성화 과정을 거치면서 평소의 사회 제약에서 벗어나고 그로 인해 일탈 행동을 하려는 경향이 있다는 것이 문단의 내용이므로 사람들이 군중 속에 들어가면 왜 다르게 행동하는지를 설명하기 위해 몰개성화 과정을 언급했다는 것을 알 수 있다. 그러므로 정답은 Ⓓ이다.

[어휘] **mob** 군중, 무리 **mass** 무리 **tend to** ~하는 경향이 있다 **extreme** 극단적인 **deviant** 일탈의 **de-individuation** 몰개성화 **constraint** 제약 **diffusion** 초점을 흐림, 확산

03 Ⓑ

[해석] 남부 시골 지방의 인종 차별로 흑인들의 이주가 엄청나게 급증한, 이른바 '대이주'가 1910년부터 1970년까지 있었다. 거의 6백만 명의 흑인들이 북부의 산업 도시로 이주하면서 북부 주들의 흑인 인구가 40% 가까이 증가했다. 교육을 받은 일부 흑인들은 일자리를 구할 수 있었던 반면, 이주자들 상당수는 다시 인종 차별과 제약에 직면했고 열악한 근로 조건 하에서 일했다.

필자는 문단에서 인종 차별을 왜 언급하였는가?
Ⓐ 미국 흑인 역사에서 대이주의 중요성을 설명하기 위하여
Ⓑ 대이주의 이유를 설명하기 위하여
Ⓒ 남부 시골의 지방에서의 전형적인 인종 차별을 보여주기 위하여
Ⓓ 첫 번째 대이주와 두 번째 대이주의 차이를 설명하기 위하여

[해설] 문단은 대이주의 발생 원인부터 그 결과가 어떠했는지를 약술하고 있는데, 인종 차별을 언급한 이유는 그것이 대이주의 원인이었기 때문이다. 그러므로 정답은 Ⓑ이다.

[어휘] **racial** 인종의 **discrimination** 차별 **rural** 시골의 **surge** 급등 **migration** 이주 **migrant** 이주자 **restriction** 제약 **significance** 중요성, 의미

04 Ⓑ

[해석] 1943년에 멕시코에 있는 한 농부의 옥수수밭에서 갑작스럽게 화산이 출현했다. 그 뒤를 이어서 계속 진행이 된 화산 폭발은 파리쿠틴이라는 이름으로 불렸는데, 현대 과학자들이 화산의 형성과 폭발을 그렇게 가까운 거리에서 관찰할 기회를 가진 것은 처음이었다. 그 후 7년에 걸쳐, 전 세계의 과학자들이 이 화산이 자신이 라이프 사이클을 거쳐가는 과정을 지켜보면서 화산을 철저하게 연구할 수 있었다. 파리쿠틴 화산에 대한 연구는 화산 현상에 대한 이해를 상당히 넓혀 놓았다.

문단의 목적은 무엇인가?
Ⓐ 화산 형성의 방식을 보여주기 위하여
Ⓑ 화산을 연구하는 흔치 않은 기회를 설명하기 위하여
Ⓒ 화산 이후에 발생할 수 있는 여파를 설명하기 위하여
Ⓓ 화산학의 연대기를 보여주기 위하여

[해설] 문단은 아무런 조짐도 없었던 옥수수밭에 화산이 출현하고 폭발을 한 비교적 최근의 사건을 설명하고 있다. 문단에서 언급되었듯이 화산이 형성되고 폭발하는 것을 그처럼 가까이에서 관찰할 수 있었던 기회가 없었으므로, 이는 흔치 않은 연구 기회였음이 틀림없다. 문단은 이러한 기회를 통해 어떤 것들을 얻었는지를 주로 설명하고 있으므로 정답은 Ⓑ이다.

ANSWER KEYS

[어휘] **emerge** 출현하다 **cornfield** 옥수수밭 **on-going** 진행 중인 **eruption** 폭발, 분출 **range** 거리 **thoroughly** 철저하게 **lifecycle** 생명 주기 **volcanism** 화산 활동 **mechanism** 방법 **occasion** 기회 **aftermath** 여파, 후유증 **chronicle** 연대기 **volcanology** 화산학

BASIC DRILLS ▶ p. 100

01 ⓒ

[해석] Richard 1세 왕은 1189년부터 1199년까지 영국을 통치했다. 그는 Henry 2세의 아들이었는데, 헨리 2세는 이전의 영국 왕이었다. Richard 1세는 아키텐과 가스코뉴, 낭트 같은 여러 지역에서 공작, 영주, 백작 같은 역할도 맡았다. 그는 훌륭한 군사 지도자로 알려져 있었는데, 그래서 그는 사자왕 Richard라고 불리었다. 16세가 되자 그는 자기 군대를 통솔하여 그의 아버지 Henry 2세에 저항하는 봉기를 처리하였다. 훌륭한 군사 지도력에 더하여 그는 두 가지 언어를 말할 수 있었다: 프랑스어와 프로방스어를 구사했다.

필자는 문단에서 사자왕 Richard에 대해 왜 논의하는가?
Ⓐ Richard 1세의 유명한 승리를 기리기 위하여
Ⓑ Richard 1세의 총명함을 칭송하기 위하여
Ⓒ Richard 1세가 훌륭한 군사 지도자였음을 설명하기 위하여
Ⓓ Richard 1세가 2개 언어를 구사할 수 있었음을 내비치기 위하여

[해설] Lionheart라는 단어는 고유명사로 사자왕을 의미하기도 하지만 용맹스러운 사람을 의미하는 명사로도 쓰인다. Richard 1세의 별칭을 언급한 것은 그가 용맹한 군사 지도자로서 당시 사람들에게 널리 인정받고 있었음을 나타내기 위한 것이다. 그러므로 정답은 ⓒ이다.

[어휘] **previous** 이전의 **take command of** ~을 통솔하다, 지배하다 **revolt** 봉기

02 Ⓑ

[해석] 금속의 상태가 악화될 때 부식이 발생한다. 부식에는 여러 종류가 있다. 부식의 여러 형태 중에서 가장 흔한 것이 균일 부식인데, 이것은 화학 반응이나 전기 화학 반응 때문에 발생하고 노출되어 있는 금속 표면 전체를 악화시킨다. 다행히도 이 부식은 다른 종류의 부식에 비해 안전한 것으로 여겨지는데, 그것은 부식 발생을 미리 예상할 수도 있고 그런 이유에서 종종 예방도 가능하기 때문이다. 다른 종류의 부식은 이종금속 부식이다. 이 부식에서는 2개의 다른 종류의 금속이 함께 놓여지고 그 중 한 금속이 단독으로 있을 때보다 상태가 빠르게 악화되고, 다른 금속은 단독으로 있을 때보다 천천히 악화된다.

필자는 전기 화학 반응을 왜 언급하는가?
Ⓐ 부식이 두 가지 다른 방식으로 발생함을 증명하기 위하여
Ⓑ 가장 흔히 일어나는 부식의 발생 가능한 이유를 제시하기 위하여
Ⓒ 전기 화학 반응이 화학 반응보다 중요함을 강조하기 위하여
Ⓓ 균일 부식을 이종금속 부식과 대조하기 위하여

[해설] 필자는 금속의 부식에 대해 설명하면서 가장 흔히 일어나는 균일 부식의 원인으로 화학 반응과 전기 화학 반응을 언급한다. 전기 화학 반응에 대해서는 그 뒤에 다시 언급되지 않으므로 균일 부식의 원인으로만 지목된 것이라 할 수 있다. 그러므로 부식 발생의 원인을 제시하기 위해서라는 Ⓑ가 정답이다.

[어휘] **corrosion** 부식 **deteriorate** 악화되다 **uniform** 균일한, 획일적인 **chemical** 화학의 **electrochemical** 전기 화학의 **reaction** 반응 **expose** 노출시키다 **in advance** 미리, 사전에 **galvanic** 전류를 발생시키는 **otherwise** 그렇지 않으면

48

highlight 강조하다   contrast 대조하다

03 ⓓ

[해석] 동남아 국가 연합(ASEAN)은 동남아시아 10개국으로 이루어진 기구이다. 이것의 공식적인 목표는 경제 발전의 촉진, 사회의 발전, 그리고 지역의 평화와 안정이다. 또한 회원국들이 이견들을 평화적으로 조율할 수 있는 토론의 장을 제공하는 일에 주로 관여한다. 이들의 갈등 해결 방법을 흔히 동남아 국가 연합 방식이라고 부른다. 이 특별한 접근 방법은 격식에 얽매이지 않고 당사자들이 직접 해결하는, 비(非) 대립적인 방식을 강조한다. 이 방법은 회원국들 간의 갈등을 대중이 모르게 해주는 타협과 합의의 형성을 강조한다. 회원국들은 이런 방법으로 국민들이 당혹해 하는 사태를 피할 수 있고, 행동과 절차에 대한 그들의 규범을 따라가고 있다.

필자는 문단에서 ASEAN Way에 대해 왜 논의하는가?
ⓐ 이것이 ASEAN 국가들 사이에서 어떻게 갈등을 촉발시키는지를 설명하기 위하여
ⓑ ASEAN 기구의 주요 목표를 명확하게 하기 위하여
ⓒ 지역 조직체들의 효율성을 분석하기 위하여
ⓓ ASEAN이 국제 기구로서의 분위기를 설명하기 위하여

[해설] 필자가 ASEAN Way를 자세히 설명하는 것은 ASEAN이 이를 통해서 공식적인 목표인 지역의 평화와 안정을 잘 지켜나가고 있기 때문이다. ASEAN Way는 대치하지 않는 접근 방식을 강조하며, 또한 타협과 합의의 형성도 강조하는 갈등 해결 문화이다. 필자는 ASEAN Way를 통해서 국제 기구로서의 분위기를 설명하고 있으므로 정답은 ⓓ이다.

[어휘] organization (국제) 기구, 조직체   stated 공식의, 명백히 규정된   foster 촉진하다   forum 토론의 장
non-confrontational 대치하지 않는   consensus 합의   embarrassment 당혹해 함   behavioral 행동의, 행동에 관한
procedural 절차의, 절차에 관한   norm 규범   trigger 촉발하다   clarify 명확하게 하다   institutional 기관의

04 ⓓ

[해석] 가부장제는 남성이 사회에서 주요 권력을 쥐고 재산과 지위를 남성 혈통을 통해 물려주는 사회 체계이다. 이것을 여성에 맞춘 것이 모계제이다. 모계 사회는 일반적으로 재산권을 여성 혈통을 통해 관리하며, 조상의 혈통 또한 모계 혈통을 통해 따라간다. 가부장제가 가장 널리 알려진 사회 형태이지만, 가부장제와 모계제 양쪽 모두에 해당하는 몇몇 사회가 있으며, 이들 중에 인도네시아의 미낭카바우가 약 400만 명의 가장 큰 사회이다. 이 사회에서는 여성들이 가정과 가족과 관련된 집안 문제들을 처리하는 반면 남성들은 정치적이고 영적인 책무들에 관여한다. 재산은 어머니로부터 딸에게로 전해지며, 여성들이 그들 가족의 지도자로 여겨진다.

필자가 그들 가족들의 지도자를 언급하는 것은 무엇 때문인가?
ⓐ 미낭카바우 여성들의 가족 부양자로서의 의무에 초점을 맞추기 위하여
ⓑ 가부장 사회에서 여성들의 역할의 예를 들기 위하여
ⓒ 미낭카바우가 실제로는 가부장 사회라는 주장을 논박하기 위하여
ⓓ 미낭카바우의 가정에서 여성들이 맡는 역할을 부각하기 위하여

[해설] 미낭카바우 사회에서 여성들이 가족 부양의 의무를 지는지는 언급되지 않았다(ⓐ). 또한 미낭카바우는 가부장제 사회가 아니기에 ⓑ의 내용 또한 관련이 없다. 미낭카바우가 실제로는 가부장 사회라는 언급도 없었고 이를 논박하는 내용 또한 없었다(ⓒ). 가부장 사회에서는 가장이 남성이지만, 미낭카바우에서는 가족의 지도자가 여성이므로, 가족의 지도자라고 설명하면 여성들이 이 사회에 맡고 있는 역할이 더 대조적으로 부각되게 된다. 그러므로 정답은 ⓓ이다.

[어휘] patriarchy 가부장제   pass down 물려주다   property 재산   title 지위   lineage 혈통   orient 맞추다
equivalent ~와 같은 것, 등가물   matriarchy 모계제   ancestral 조상의   maternal 어머니의   ancestry 혈통
domestic 집안의   breadwinner 가족 부양자

ANSWER KEYS

READING PRACTICE ▶ p. 102

[PASSAGE A]

01 Ⓓ **02** ⒞

[해석] ADD로도 알려져 있는 주의력 결핍 장애는 주의를 기울이는 것, 조용히 앉아 있는 것, 그리고 스스로의 행동을 통제하는 것을 어려워하는 아이들에게서 흔하게 발견되는 장애를 가리킨다. ADD라는 용어는 1980년대 후반에 추가적인 증상인 "과잉 행동"을 더하여 ADHD로 곧 바뀌었다.

두 용어 모두 부주의한 상태를 가리키지만, ADHD는 그 증상에 과잉 행동과 충동성을 포함한다. ADHD 아동의 과잉 행동과 충동적인 행동은 여러 방식으로 드러날 수 있으며, 아이마다 많이 다르다. ADHD를 앓는 아이들은 부적절하고 버릇 없는 행동의 결과 때문에 전문적인 지원과 시설이 없는 일반적인 학교 환경에서는 힘든 시간을 보내는 경향이 있다.

아이들의 AHDH에 대한 일반적인 치료에는 과잉 행동과 충동성을 통제하는 약물 치료가 있다. 아이들이 나이를 먹을수록 그보다는 인지 행동 치료가 권해지는데, 이는 아이에게 특정 종류의 충동적이고 부주의한 행동을 인식하고 그 행동을 통제하고 다스리는 조치를 취하도록 가르친다.

01. 필자는 과잉 행동을 왜 언급하는가?
Ⓐ ADHD라는 용어가 ADD로 바뀐 이유를 설명하기 위하여
Ⓑ 의학 용어들이 시간이 흐르면서 어떻게 변할 수 있는지 설명하기 위하여
Ⓒ 초기의 용어 사용을 둔감하고 포괄적이지 않은 것으로 비판하기 위하여
Ⓓ ADD에 새로 추가된 기준을 나타내기 위하여

02. 필자는 인지 행동 치료를 왜 논의하는가?
Ⓐ ADHD 증상이 나이를 먹음에 따라 어떻게 변하는지를 보여주기 위하여
Ⓑ ADHD를 위한 다른 종류의 약물 치료법을 제공하기 위하여
Ⓒ 상황에 따라 다른 치료법 사용을 보여주기 위하여
Ⓓ ADD를 위한 치료법을 ADHD를 위한 치료법과 대조하기 위하여

[해설] 01. 필자는 ADD가 ADHD로 바뀌게 된 이유를 설명하는 과정에서 H가 과잉 행동(Hyperactivity)을 의미하며 기존의 ADD에 이를 추가한 것이라 하였다. 즉, 과잉 행동을 언급한 것은 기존의 ADD에 추가된 증상이 무엇인지 설명하기 위해서므로 정답은 Ⓓ이다. Ⓐ는 앞뒤가 바뀐 설명이다.

02. ADHD에 가장 일반적으로 쓰이는 치료가 약물 치료이지만, 아이가 나이를 먹으면 인지 행동 치료를 권한다고 하였다. 즉, 나이라는 상황이 변하면 그에 맞춰 치료법도 변할 수 있음을 시사한 것이므로 Ⓒ가 정답이다. 나이에 따른 증상 변화는 설명된 적이 없으므로 Ⓐ는 옳지 않으며, Ⓑ에서처럼 다른 약물 치료가 언급되지도 않았다. Ⓓ의 ADD와 ADHD의 치료법이 다르다는 내용은 지문에 없다.

[어휘] **deficit** 결핍, 부족 **disorder** 장애 **symptom** 증상 **hyperactivity** 과잉 행동 **inattention** 부주의 **impulsivity** 충동성 **manifest** 드러내다, 나타내다 **inappropriate** 부적절한 **undisciplined** 버릇 없는 **accommodation** 시설 **medication** 약물 치료 **regulate** 통제하다 **cognitive** 인지의 **therapy** 치료, 요법 **recommend** 추천하다 **recognize** 인식하다 **measure** 대책

[PASSAGE B]

01 Ⓓ **02** Ⓐ

[해석] 오늘날 우리 행성은 여러 대륙과 바다를 그 특징으로 한다. 하지만 약 3억 년 전 지구에는 팡게아라 불리는 단 하나의 거대한 땅덩어리만 있었다. 시간이 흐르면서 이 땅덩어리의 부분들이 서서히 떨어져서 이동하기 시작했고 오늘날 우리가 살고 있는 대륙들이 되었다. 하지만 우리가 이러한 지각 변동 운동을 이해한 것은 꽤 최근이며, 전 세계의 지질학적, 고생물학적인 특징들을 분석하고 비교하면서 이를 이해하게 되었다.

50

가장 흔하게 언급되는 증거는 동일한 화석이 전 세계의 여러 다른 대륙들에서 출현하는 것이다. 지질학자들은 화석이 오늘날 어디에서 발견되는지를 지도에 표기하면서 어느 대륙들이 과거에 서로 접해 있었는지를 밝혀왔다. 예를 들어, 메소사우루스는 일종의 민물 파충류인데 그 화석들이 남아메리카의 뾰족한 끝과 남아프리카의 뾰족한 끝에서 발견되었고, 이는 이들 두 지역이 과거에 서로 맞붙어 있었음을 시사한다. 마찬가지로 지질학자들과 탐광자들은 동일한 광물 매장층과 빙하 표석 점토가 세계의 다른 지역 어디에서 발견되었는지를 지도에 표기하여, 지각판들의 움직임을 역설계하였는데 이는 이들이 서로 어떻게 떨어져 나왔는지를 밝혀내기 위함이었다.

01. 지문의 목적은 무엇인가?
Ⓐ 판구조론의 역사를 설명하기 위하여
Ⓑ 지질학 연구에서 팡게아의 중요성을 강조하기 위하여
Ⓒ 동일한 광물 매장층이 어떻게 세계의 다른 지역들에서 발견되는지를 설명하기 위하여
Ⓓ 팡게아 이론을 뒷받침하는 근거를 설명하기 위하여

02. 필자는 메소사우루스의 화석을 왜 언급하는가?
Ⓐ 대륙들이 한때는 하나의 땅덩어리였다는 이론을 뒷받침하기 위하여
Ⓑ 메소사우루스의 다양한 형태의 서식지를 묘사하기 위하여
Ⓒ 메소사우루스의 멸종 이유를 찾아내기 위하여
Ⓓ 판구조론을 둘러싼 논란을 소개하기 위하여

[해설] 01. 필자는 지질학의 판구조론을 소개하면서 이 이론이 무엇이며 어떤 식으로 입증되어 왔는지를 설명한다. 판구조론이 언제 누구에 의해 발표되었는지조차 설명이 없으므로 Ⓐ는 정답이 될 수 없으며, 팡게아가 지질학에서 어떤 역할을 하는지 설명되어 있지 않으므로 Ⓑ도 정답이 아니다. Ⓒ는 지문의 일부 내용이기는 하지만 전체 내용이 아니고, 지문 중반부터 판구조론을 뒷받침하는 근거 몇 가지가 설명되어 있으므로 Ⓓ가 정답이다.

02. 메소사우루스의 화석은 다양한 대륙들에서 발견되고 있다. 이것은 이들의 서식지가 다양했음을 설명하기 위해서가 아니라, 그 다양한 대륙들이 예전에는 한 곳에서 맞붙어 있었음을 설명하기 위해서이다. 그러므로 정답은 Ⓐ이다.

[어휘] **feature** ~을 특징으로 하다, 특징 **landmass** 광활한 땅덩어리 **drift** 서서히 이동하다 **tectonic** 지각 변동의
paleontological 고생물학의 **fossil** 화석 **abut** 인접하다 **reptile** 파충류 **tip** 뾰족한 끝 **adjoin** 인접하다, 붙어 있다
identical 동일한 **mineral** 광물 **deposit** 매장층 **glacial till** 빙하 표석 점토 **prospector** 탐광자
reserve-engineer 역설계하다 **habitat** 서식지 **extinction** 멸종 **controversy** 논란

iBT PRACTICE ▶ p. 104

01 Ⓑ **02** Ⓓ **03** Ⓑ **04** Ⓑ

[해설] **회색가지나방**

진화는 세대를 연이어 거치면서 생명체의 유전 형질에서 일어나는 변화이다. 19세기에 Charles Darwin은 진화의 새로운 관점인 자연 선택설을 발표했는데, 이것은 개별 생명체의 유전 형질 변화가 생존에 매우 도움이 되는 장점이라면 그것이 다음 세대로 전달된다고 주장한다. 이 과정은 시간이 흐르면서 생명체 개체군의 전반적인 변화로 이어질 것이다. 자연 선택설에 의한 진화의 가장 잘 알려진 예들 중 하나가 회색가지나방의 진화이다.

산업 혁명 이전에는 회색가지나방은 보통 흰색이었고 날개를 가로질러 검은색 작은 반점이 있었다. 0.01% 미만의 매우 소수의 나방이 어두운, 거의 검은색의 날개를 가지고 있었다. 낮 시간에 이들 나방은 일종의 이끼인 밝은 색깔의 지의류가 자라나는 나무에 앉아 쉬었다. 나방의 색깔은 지의류와 잘 섞여들 수 있었고 새의 포식을 피할 수 있었다. 하지만 어두운 색깔의 나방은 도드라졌고 쉽게 포식자들의 표적이 되었다.

ANSWER KEYS

산업 혁명이 진행되면서 공기의 질이 악화되었고 나무의 지의류들은 죽어서 사라지기 시작했으며 나무껍질은 어둡게 변했다. 이러한 환경의 변화는 한때 잘 위장되었던 밝은 색의 나방이 어두운 색깔의 나무껍질에 도드라지면서 이제 새들의 쉬운 먹잇감이 되었음을 의미했다. 어두운 색깔의 나방이 회색가지나방의 가장 적합한 형태가 되었다. 이러한 변화의 결과는 어두운 색의 나방이 회색가지나방 개체군의 거의 98%를 구성하게 된 것인데, 이것은 단 40년이 경과하면서 일어난 엄청난 변화였다. 20세기에 대기 오염이 줄어들고 그에 따라 공기의 질도 개선되었다. 또다시 나무 몸통의 색이 지의류에 의해 밝아졌고 이는 밝은 색 나방의 개체 수 증가로 이어졌다.

01. 지문의 목적은 무엇인가?
Ⓐ 진화론에 대한 비판들을 논박하기 위하여
Ⓑ 자연 선택설의 한 예를 설명하기 위하여
Ⓒ 유전학에서 자연 선택설의 역할을 설명하기 위하여
Ⓓ 자연 선택설의 다양한 예들을 분류하기 위하여

02. 둘째 단락에서 필자가 산업 혁명을 언급한 것은 무엇 때문인가?
Ⓐ Darwin이 자연 선택설을 발표했던 당시를 설명하기 위하여
Ⓑ 당시 생태계가 직면했던 어려움들을 강조하기 위하여
Ⓒ 오염이 환경에 입히는 피해와 오래 지속되는 영향을 설명하기 위하여
Ⓓ 자연 선택을 일으키는 환경적 요인을 소개하기 위하여

03. 셋째 단락의 it은 무엇을 가리키는가?
Ⓐ 새
Ⓑ 밝은 색의 나방
Ⓒ 어두운 색의 껍질
Ⓓ 먹이

04. 아래 문장 중 강조 표시된 문장의 핵심 내용을 가장 잘 표현한 것은 어느 것인가?
Ⓐ 어두운 색 나방의 생존에 번식이 가장 중요하다.
Ⓑ 어두운 색 나방이 그들 주변 환경에 가장 잘 적응하였다.
Ⓒ 환경 변화에 어두운 색 나방의 갑작스러운 증가의 원인이 있다.
Ⓓ 어두운 색 나방은 환경의 변화를 견디는 능력에서 우월했다.

[해설]
01. 지문은 Charles Darwin의 자연 선택설을 통해 진화론을 설명하면서 그 대표적인 예로 회색가지나방을 들고 있다. 주로 회색가지나방의 예를 설명하면서 자연 선택설이 무엇인지 전달하고 있으므로 정답은 Ⓑ이다. 진화론에 대한 비판이나 유전학, 그리고 자연 선택설의 다른 예들은 언급되지 않았다.
02. 산업 혁명의 진행으로 당시 환경이 급격하게 변화하고, 이로 인해 회색가지나방의 개체에서 자연 선택의 한 예로 보이는 현상이 발생했기 때문이다. 그러므로 정답은 Ⓓ이다.
03. 셋째 단락에서 it은 어두운 색깔의 껍질에 반해서 도드라졌다고 되어 있다. 즉, 어두운 색의 반대색인 밝은 색임을 알 수 있고, 이로 인해 쉽게 새들의 먹이가 되었다고 하므로 it은 밝은 색 나방임을 가리키는 말이다. 그러므로 정답은 Ⓑ이다.
04. 강조 처리된 문장은 어두운 색의 나방이 가장 적합한 종이 되었음을 의미한다. 전후 사정을 살펴보면 그간 적합하지 않았던 어두운 색의 나방이 환경의 변화로 적합한 종이 된 것이므로 어두운 색 나방이 환경에 가장 잘 적응했다는 Ⓑ가 핵심 내용을 온전히 담고 있다 할 수 있다. Ⓐ의 번식의 중요성은 언급되지 않았고, Ⓒ는 지문의 내용에 부합하지만 주어진 문장과는 다른 내용을 말하고 있으며, Ⓓ는 지문의 관점과는 다른 내용이다.

[어휘] heritable 유전의, 유전성의 trait 형질 organism 생명체 successive 연속적인, 잇따른 publish 발표하다, 발간하다 perspective 관점, 시각 assert 주장하다 overall 전체적인, 전반적인 speckle 작은 반점 lichen 지의류 moss 이끼 predation 포식 stand out 도드라지다, 눈에 띄다 bark 껍질 camouflage 위장하다 prey 먹이, 희생양 accordingly 그에 따라 refute 반박하다 criticism 비판, 비난 highlight 강조하다 ecosystem 생태계 factor 요인 reproduction 번식 adapt 적응시키다 superior 우월한 withstand 견디다

CHAPTER 08 Text Insertion

STRATEGY APPLICATION
Ⓑ

BUILDING SKILLS
01 Ⓒ 02 Ⓓ 03 Ⓑ 04 Ⓐ

BASIC DRILLS
01 Ⓑ 02 Ⓒ 03 Ⓒ 04 Ⓓ

READING PRACTICE
[PASSAGE A] 01 Ⓒ 02 Ⓓ   [PASSAGE B] 01 Ⓓ 02 Ⓑ

iBT PRACTICE
01 Ⓒ 02 Ⓐ 03 Ⓓ 04 Ⓑ

BUILDING SKILLS ▶ p. 108

01 Ⓒ

[해석] [하지만, 20세기 중반을 시작으로 새로운 양식의 민속 음악이 등장하여 1960년대에 최고의 인기를 누렸다.]
전통 민속 음악을 정의하는 데에는 여러 방법이 있다. Ⓐ 첫 번째 방법은 이것을 세대를 거쳐 구전으로 전승되어온 음악으로 보는 것이다. Ⓑ 민속 음악의 두 번째 전형적인 특징은 대체로 작곡가가 알려져 있지 않다는 점이다. Ⓒ 이 음악은 보통 부드러운 목소리와 강렬한 통기타로 구성된다. Ⓓ

[해설] 추가 문장에는 however가 들어가 있어서, 이 문장 앞에서 나온 내용들과 맥락을 달리함을 알 수 있다. 또한, 20세기 중반에 시작된 민속 음악이므로 작곡가가 미상이기 어려울 것이기에 두 번째 전형적인 특징과는 거리가 있을 것이다. 그러므로 Ⓒ나 Ⓓ에 늘어갈 수 있을 것인데, Ⓒ에 들어가면 20세기 중반에 시작된 새로운 양식의 민속 음악을 그 뒤에 나오는 문장이 설명해주게 되므로 자연스럽다. 그러므로 정답은 Ⓒ이다.

[어휘] **folk music** 민속 음악, 민요 **emerge** 등장하다 **peak** 절정 **popularity** 인기 **orally** 구전으로 **be comprised of** ~으로 구성되다 **composer** 작곡가 **acoustic guitar** (전자 기타가 아닌) 통기타

02 Ⓓ

[해석] [이들 초기의 작물들에 더하여, 밀이 대규모로 재배된 첫 번째 작물이라는 근거가 있다.]
Ⓐ 약 1만 2,000년 전, 마지막 빙하기 후에 심각한 기후 변화가 일어났을 때, 지구의 상당 부분은 수시로 길고 건조한 계절을 맞게 되었다. Ⓑ 이러한 기후 변화는 중동의 강 주변의 비옥한 땅의 많은 지역에 있던 수렵-채집인들이 최초의 정착 마을을 형성하고 상당량의 야생 곡물을 저장할 수 있도록 하였다. Ⓒ 거둬들일 수 있었던 최초의 곡물들 중 일부는 보리와 편두, 병아리콩이었다. Ⓓ

[해설] 추가 문장이 In addition to these early crops로 시작하므로, 여기에서 지칭하는 초기 작물들이 추가 문장보다 먼저 나와야 한다. 문

Answer Keys 53

ANSWER KEYS

단에서 작물들이 구체적으로 언급되고 있는 것은 마지막 문장이므로, **D**에 추가 문장이 들어가면 자연스럽다. 그러므로 정답은 ⓓ이다.

[어휘] **crop** 작물 **be prone to** ~를 겪기 쉽다 **fertile** 비옥한 **grain** 곡물 **harvest** 거둬들이다, 수확하다 **barley** 보리 **lentil** 편두 **chickpea** 병아리콩

03 ⓑ

[해석] [과학자들은 이 씨앗들이 빙하기의 한 다람쥐에 의해 그곳에 묻혔을 것이라 믿는다.]
시베리아의 한 은닉처에서 발견된 실레네 스테노필라의 씨앗은 현존 최고(最古)의 씨앗임이 밝혀졌다. **A** 방사성 탄소 연대 측정법은 이 씨앗이 약 32,000년 전의 것임을 말해준다. **B** 이 고대의 씨앗은 파손되어 있었는데, 이는 아마도 그 다람쥐가 그랬을 것이다. 이 때문에 이들은 땅에서 자라지 못하였다. **C** 하지만, 몇몇 씨앗은 싹을 틔울 수 있었고 과학자들은 성공적으로 이들을 되살릴 수 있었다. **D**

[해설] 주어진 문장에 나오는 다람쥐는 빙하기의 다람쥐로, 특정되지 않은 an (Ice Age) squirrel이다. 하지만 문단에서 이 다람쥐를 다시 언급하므로(possibly by the squirrel), 이 부분보다 앞에 추가 문장이 들어가야 함을 알 수 있다. 씨앗의 추정 연대가 언급되었고, 과학자들은 이 연대를 근거로 빙하기에 씨앗이 묻힌 것으로 믿는 것이 자연스러우므로, **B**에 추가 문장이 들어가야 한다. 정답은 ⓑ이다.

[어휘] **squirrel** 다람쥐 **cache** 은닉처 **radiocarbon dating** 방사선 탄소 연대 측정법 **germinate** 싹을 틔우다 **reproduce** 재현하다, 번식하다

04 ⓐ

[해석] [아기들은 아직 말을 하기 전에도 그들 주변에서 들리는 소리에 귀를 기울인다.]
A 아기들은 매우 기본적인 말하기 패턴을 발전시키기 시작하면서, 제일 먼저 그들 주변의 다른 소리로부터 사람의 소리를 구분해내기 시작할 것이다. **B** 아기들은 보통 처음에는 그들의 부모가 가장 강조하는 단어들을 알아챌 뿐이다. **C** 아기들은 생후 2개월 정도 되었을 때, 소리와 고저의 어조가 있는 단어 사이의 미세한 차이들을 감지하기 시작하고, 이것이 아이의 정서와 행동에 영향을 줄 수 있다. **D**

[해설] 주변의 다른 소리와 사람의 소리를 구별하고, 단어를 알아채는 것 등의 단계는 소리에 귀를 기울이는 단계 이후의 것이다. 말하기 패턴을 발전시키기 시작하는 것이 문단 가장 앞에 나온 문장에서 언급되는데, 주어진 문장에서는 '말을 하기 전에도'라고 하고 있으므로 이 문장이 주어진 문단의 첫 문장 앞에 놓여야 한다는 것을 알 수 있다. 그러므로 정답은 ⓐ이다.

[어휘] **pay attention to** ~에 주의를 기울이다, 주목하다 **distinguish** 구분하다 **detect** 감지하다 **slight** 미세한, 약간의

BASIC DRILLS ▶ p. 110

01 ⓑ

[해석] [흥미롭게도, 이들 여러 운석에는 화석화된 화성 미생물의 증거가 포함되어 있는데, 이는 지구 외부에 생명이 있을 수 있음을 의미한다.]
화성 운석은 원래 화성에서 생성된 뒤, 소행성이 화성에 충돌하면서 지구로 날아오게 된 암석이다. **A** 최근에 NASA는 지구에서 발견된 운석들 중 몇 개는 확실히 화성에서 온 것으로 확인해 주었는데, 이 운석들이 화성에 있는 우주선이 분석한 암석과 유사한 기본 특성들을 갖고 있기 때문이다. **B** 과학자들은 운석 일부의 틈에서 나노 박테리아 화석의 증거를 찾아냈다. **C** 비록 일부 과학자들은 이 증거에 이의를 제기하지만, 이러한 주장의 타당성을 판별하기 위해 이 암석에 대한 더 정밀한 조사가 진행 중이다. **D**

[해설] 추가로 주어진 문장에는 지시어 these가 들어가 있고, 화성의 미생물 화석의 증거 얘기가 나온다. 지시어는 가리키는 대상 뒤에 등장하는데, 복수 형태의 운석이 등장하는 것은 NASA의 화성 운석 확인 뒤이다. 그러므로 Ⓐ는 정답이 될 수 없다. 또한, 과학자들이 나노 박테리아 화석의 증거를 찾았다는 언급 뒤에 이어서 이들 운석에 화성의 미생물 화석의 증거가 포함되어 있다는 말이 나오는 것은 동일한 말의 반복처럼 되어 어색하다. 추가 문장이 먼저 나오고, 그 화석이 구체적으로 어디에서 발견되었는지 설명하는 것이 자연스러우므로 Ⓑ에 추가 문장이 들어가는 것이 가장 자연스럽다. 정답은 ⓑ이다.

[어휘] **meteorite** 운석 **fossilize** 화석화하다 **micro-organism** 미생물 **impact** 충돌 **asteroid** 소행성 **elemental property** 기본 특성 **spacecraft** 우주선 **fossil** 화석 **dispute** 반박하다 **precise** 정밀한 **underway** 진행 중인 **validity** 타당성

02 Ⓒ

[해석] [이들은 또한 세포 성장은 물론이고 세포 분화나 세포사와 같은 다른 중요 임무를 수행한다.]
미토콘드리아는 세포의 이중 세포막 부분으로 세포 활동에서 매우 특수한 기능들을 한다. 독특한 기능을 하는 세포의 부분들을 세포 기관이라고 부른다. Ⓐ 이들 세포기관들은 세포의 발전소 역할을 한다. Ⓑ 이것들은 세포가 공급하는 대부분의 아데노신 삼인산의 생산을 책임지고 있는데, 이는 화학 에너지의 원천으로 사용된다. Ⓒ 결과적으로 미토콘드리아는 심장 마비와 심부전과 같은 인간의 여러 신체 장애와 관련이 있는 것으로 보인다. Ⓓ 나아가, 캘리포니아 대학의 최근 한 연구는 자폐증 또한 미토콘드리아 이상과 관련이 있을 가능성을 시사했다.

[해설] 주어진 문장이 They also로 시작하므로 그 앞에 They가 가리키는 대상이 나와야 하며, also 뒤에 나오는 의미와 대구되는 내용이 나와야 한다. 세포 기관이 발전소 역할을 하고, 그 발전소 역할이 어떤 것인지 이어서 설명하고 있으므로 그 내용 사이인 Ⓑ에는 적절하지 않다. 이러한 기능을 설명한 뒤 또 다른 기능을 설명하면서 주어진 문장이 들어가면 자연스럽고, They가 These organelles를 받는 것이 적절하므로 Ⓒ에 추가 문장이 들어가는 것이 자연스럽다. 그러므로 정답은 ⓒ이다.

[어휘] **cellular differentiation** 세포 분화 **mitochondria** 미토콘드리아 **membrane** 세포막 **specific** 특수한, 독특한 **organelle** 세포 기관 **disorder** 장애, 이상 **cardiac arrest** 심장 마비 **heart failure** 심부전 **autism** 자폐증

03 Ⓒ

[해석] [이 초기 인류는 남극 대륙은 물론이고 유럽의 상당 부분과 북아메리카 및 남아메리카를 덮고 있던 거대한 대륙 빙상에 적응해야 했다.]
과학자들은 일반적으로 가장 최근의 빙하기를 홍적세(洪積世) 시대라고 한다. 이 기간은 대략 180만년 전으로 약 12,000년간 지속되었다. Ⓐ 털북숭이매머드와 마스토돈, 그리고 검치호(劍齒虎)를 포함하는 빙하기의 많은 거대 동물들이 멸종된 것이 바로 이 기간 동안이다. Ⓑ 홍적세 기간은 또한 최초의 호모 사피엔스의 출현을 목격한 시기인데, 이들은 이 기간이 끝날 때까지 이 행성의 구석구석에 퍼져나갔다. Ⓒ 한때 지구를 덮고 있던 대륙 빙상과 빙하의 나머지들은 그린란드와 남극 대륙과 같은 지역에서 지금도 볼 수 있다. Ⓓ

[해설] 가장 최근의 빙하 시기에 대해 설명하면서 인류의 첫 등장을 언급한다. 추가로 넣어야 할 문장이 These early humans로 시작하므로 These가 지칭할 수 있는 대상이 있음을 의미한다. These가 지칭할 수 있는 대상은 Homo Sapiens이므로 Ⓐ와 Ⓑ는 답이 아님을 알 수 있다. Ⓒ 이후에는 인류가 아닌 현재 빙하를 볼 수 있는 지역에 대한 내용이 나오므로 이들 초기 인류와 관련이 없음을 알 수 있다. 그러므로 Ⓒ에 넣어야 가장 적합하다. 정답은 ⓒ이다.

[어휘] **acclimatize oneself to** ~에 익숙해지다, 적응하다 **wooly mammoth** 털북숭이매머드 **mastodon** 마스토돈 **saber-tooth tiger** 검치호(劍齒虎) **extinct** 멸종된 **witness** 목격하다 **emergence** 출현 **epoch** 시대, 시기

04 Ⓓ

[해설] [딕시랜드 음악은 스윙 음악이 인기를 얻으면서 자취를 감추기 시작했다.]

Answer Keys

ANSWER KEYS

딕시랜드 음악은 20세기 초에 뉴올리언스 지방에서 나온 재즈 음악의 한 양식이다. ⓐ 이 음악 양식은 또한 핫 재즈로 불리기도 한다. ⓑ 이 양식이 시카고에 퍼지면서 시카고의 음악가들은 보다 빠른 속도의 음악 양식을 연주하기 위해 더블베이스와 기타를 사용하는 데에 집중하기 시작했고, 이것이 독주 연주에 더 강조점을 두게 되었다. ⓒ 딕시랜드 음악의 특징적인 사운드는 한 악기가 선율을 연주하고 그 외의 악기들이 원래의 선율과 비슷한 즉흥 변주를 할 때 만들어진다. ⓓ 이후에, 은퇴한 음악가들은 1940년대 말과 1950년대에 딕시랜드가 재유행하면서 재즈 순회에 복귀할 기회가 있었다.

[해설] 문단의 내용을 읽어보면 딕시랜드 음악에 대한 자세한 설명 후에 딕시랜드의 재유행 내용이 나온다. 즉, 딕시랜드 음악이 인기를 잃은 내용이 빠져 있음을 알 수 있다. 주어진 문장에 이러한 내용이 담겨 있는데, 딕시랜드 음악에 대한 설명이 나오던 중간에 딕시랜드 음악이 자취를 감춘 내용이 나오면 이상하다. 다시 딕시랜드 음악에 대한 설명이 이어져야 하기 때문이다. 그러므로 ⓓ의 위치에 제시된 문장이 들어가면 적절하다. 정답은 ⓓ이다.

[어휘] **die out** 자취를 감추다   **emerge** 등장하다   **string bass** 더블베이스   **emphasis** 강조   **melody** 선율, 멜로디   **improvise** 즉흥적으로 하다   **variation** 변주   **circuit** 순회   **revival** 재유행, 부활

READING PRACTICE ▶ p. 112

[PASSAGE A]

01 ⓒ **02** ⓓ

[해석] 고대 그리스의 도자기에는 방대한 양의 꽃병 모양부터 그리스의 문화적 믿음과 관습을 도자기에 묘사하여 재현한 것까지 많은 독특한 특징이 있다. 그리스인들은 그들의 독특한 도자기를 생산하기 위해 질적으로 다양한 점토를 사용했는데, 그것은 그리스의 어느 곳에서나 쉽게 구할 수 있는 것들이었다. ⓐ 점토는 만들려는 도자기의 종류에 따라 다양한 농도를 얻을 수 있도록 준비되었고 이물질이 제거되었다. ⓑ 그리스인들은 점토를 원하는 그릇 모양으로 빚고 난 뒤, 보통은 이를 검은 색의 묽은 점착 물감으로 장식하였다. ⓒ 도자기에 대한 장식이 완료되면 가마에 넣고 약 섭씨 960도의 온도에서 구웠다. ⓓ
처음에 나온 그리스의 독특한 도자기 양식 중 일부는 미노스인들의 크레테 문명과 미케네 본토 문명에서 온 것이었다. 나중에, 기원전 7세기 경에는 이른바 동방화양식(東方化樣式)이 코린트 지역에서 인기를 끌었는데, 이 양식은 양식화된 식물과 동물 그리고 곡선들을 묘사하는 것에 초점을 맞추었다. 이러한 선례를 따라서, 아테네인들은 이 양식을 그리스 도자기의 유명한 흑화(黑畵)식 양식으로 발전시켰다.

01. 네 개의 정사각형은 다음의 문장이 추가될 수 있는 곳을 나타낸다.
[이 물감은 알칼리성 칼륨과 점토, 검은색 산화철을 배합한 것이었다.]
어느 곳이 가장 알맞겠는가?
ⓐ A
ⓑ B
ⓒ C
ⓓ D

02. 다음 중 그리스인들이 도자기를 만들기 위해 사용한 방법으로 언급되지 않은 것은?
ⓐ 점토의 농도를 조절했다.
ⓑ 도자기를 점착 물감을 이용해서 장식하였다.
ⓒ 도자기를 가마에서 높은 온도로 구웠다.
ⓓ 외국의 다양한 점토를 사용했다.

[해설] 01. 주어진 문장이 This paint로 시작하므로 이 문장 앞에 paint에 대한 언급이 있어야 한다. 그러므로 ⓐ와 ⓑ 위치는 제외된다. ⓓ 위치는 이미 도자기를 가마에 구운 뒤이므로 물감에 대해 언급할 수 없다. 물감에 대해 이제 막 언급을 한 ⓒ의 위치가 추가 문장이 들

어가기 가장 적합하다. 그러므로 정답은 ⓒ이다.

02. 그리스인들이 도자기를 만들 때 사용하지 않은 방법을 찾는 문제이므로, 각각의 선택지를 체크하면서 언급되었는지 확인해야 한다. 도자기의 종류에 따라 점토의 농도를 달리했다고 하였으므로 점토의 농도를 조절한 것이 언급되었고(Ⓐ), 검은색 점착 물감으로 장식을 했다고 하였으므로 Ⓑ도 언급된 사항이다. 섭씨 960도 온도로 가마에서 구웠다고 하였으므로 Ⓒ 또한 언급되었다. 점토의 출처에 대해서는 그리스의 어느 곳에서나 쉽게 구할 수 있는 점토를 사용했다고 하였으므로 외국의 점토를 사용했다는 Ⓓ는 지문과 일치하지 않는다. 그러므로 정답은 Ⓓ이다.

[어휘] **pottery** 도자기, 자기 **vast** 어마어마한 **array** 모음, 배열 **depict** (그림으로) 그리다, 묘사하다 **practice** 관습 **distinctive** 독특한 **clay** 점토 **refine** 불순물을 제거하다 **consistency** 농도 **vessel** 그릇 **decorate** 장식하다 **adhesive** 점착성의 **kiln** 가마 **Orientalising Style** 동방화양식 **alkali** 알칼리의 **potash** 칼륨 **ferrous oxide** 산화철 **adjust** 조정[조절]하다 **embellish** 장식하다, 꾸미다

[PASSAGE B]

01 Ⓓ **02** Ⓑ

[해석] 옐로스톤 국립공원은 와이오밍과 몬태나, 아이다호에 위치한 미국의 국립공원이다. Ⓐ 옐로스톤 국립공원의 자연 경관은 다양한 지질학적 과정들에 의해 형성되었고, 형성되는 중에 있다. Ⓑ 지구에서 가장 활동적인 몇몇 화산과 열수(熱水)계 및 지진계는 이 공원을 귀중한 지질학적 보고로 만드는 원인이 된다. Ⓒ 이 공원에는 옐로스톤 강의 그랜드캐년과 같은 경이로운 볼거리들뿐만 아니라 기이한 간헐천과 온천, 머드 포트와 증기 구멍 등으로 가득하다. Ⓓ 옐로스톤의 지질학적 일대기는 지질학적 과정이 어떻게 전 지구적 규모로 작용하는지의 예들을 제공한다. 이 공원에서 전 지구적인 규모의 지질학적 과정을 분명하게 보여주는 가장 중대한 지질학적 특징 중의 하나가 옐로스톤 칼데라인데, 이곳은 종종 옐로스톤 슈퍼화산이라고 불리기도 한다. 일반적으로 슈퍼화산이라는 용어는 이례적으로 큰 화산 폭발을 한 화산 지대를 묘사할 때 사용된다. 지난 200만 년 동안, 옐로스톤 칼데라의 대규모 폭발은 공원의 경관을 형성하는 데에 절대적 역할을 해왔고, 그 결과 많은 호수와 강 그리고 능선이 형성되었다.

01. 네 개의 정사각형은 다음의 문장이 추가될 수 있는 곳을 나타낸다.
[사실, 이러한 독특한 지질학적 특징의 결과로, 옐로스톤은 세계 최초의 국립공원으로 자리잡게 되었다.]
어느 곳이 가장 알맞겠는가?
Ⓐ A
Ⓑ B
Ⓒ C
Ⓓ D

02. 필자는 둘째 단락에서 왜 옐로스톤 칼데라를 언급하는가?
Ⓐ 최근의 화산 폭발의 사례를 제시하기 위하여
Ⓑ 칼데라가 어떻게 이 공원의 지질학적 경관을 형성했는지를 보여주기 위하여
Ⓒ 칼데라가 환경에 미치는 부정적인 영향을 분명하게 보여주기 위하여
Ⓓ 칼데라가 공원의 지진계에 어떻게 영향을 미치는지 입증하기 위하여

[해설] 01. these unique geological features가 지칭하는 요소들이 이 문장 앞에 나와야 한다. 또한 이렇게 지칭하는 문장 뒤에 추가적인 요소들이 등장하면 문맥이 어색해지므로 공원의 독특한 지리학적 예들을 최종적으로 제시한 문장 뒤인 Ⓓ가 가장 적절하다. 그러므로 정답은 Ⓓ이다.

02. 저자는 옐로스톤 칼데라가 슈퍼화산이라는 용어로 불리기도 하며, 이를 빼놓고는 어떻게 국립공원의 자연 경관이 형성되었는지를 설명할 수 없다고 하였다. 공원의 자연 경관을 설명하는 과정에서 칼데라의 언급이 빠질 수 없으므로 정답은 Ⓑ이다.

[어휘] **physical** 자연의, 물질의 **landscape** 경관 **hydrothermal** 열수의 **geological** 지질학적 **replete with** ~으로 가득한 **extraordinary** 특이한 **geyser** 간헐(온)천 **planetary** 행성의 **eruption** 폭발, 분출 **massive** 대규모의

Answer Keys 57

ANSWER KEYS

indispensable 빼놓을 수 없는, 필수적인 **mountain ridge** 능선

iBT PRACTICE ▶ p. 114

01 Ⓒ **02** Ⓐ **03** Ⓓ **04** Ⓑ

[해석] **건조한 서부**

지구의 건조 지역은 수자원이 상당히 부족한 것이 특징이며, 이는 결과적으로 식물과 동물이 성장하는 것을 방해하게 된다. 흔히 이런 지역들은 초목이 매우 희박하며 농업에도 쓸모가 없다. 대부분의 건조한 기후는 일반적으로 적도 주변에서 발견되지만, 미국 서부의 대부분 또한 건조 지역으로 미국의 다른 지역들에 비해 인구가 희박하다.

미국 서부는 수천 마일에 걸쳐 있는 커다란 땅덩어리로, 국토의 중앙에 있는 대평원으로부터 태평양 해안을 따라 이어지는 여러 지역에 이른다. 유럽에서 온 이주민들은 동쪽으로부터 서쪽으로 이동했기 때문에, 이들을 기다리고 있던 혹독한 환경에는 준비가 되어 있지 않았다. 미국 원주민들은 이런 기후에 적응하고 수 세대 동안 건조 지역에서 거주했지만, 새로 이주해온 이들은 지형에 익숙하지 않아서 살아남기 위해 고군분투해야 했다. 어떤 미국 원주민들은 사막의 씨앗이나 작은 포유류들, 그리고 메뚜기를 먹고 사는 법을 배웠다. 반면에 초기의 유럽 이주민들은 농사에 의존했고 그처럼 비가 적은 강우에 익숙하지 않았기 때문에 생계를 유지할 새로운 방법을 개발해야만 했다. 이들 초기 세대는 또한 극심한 가뭄과 말라버린 물 웅덩이, 그리고 손으로 파는 우물이라는 문제들을 해결해야 했다.

하지만 오늘날에는 물이 있는 지역들 주변에 밀집되어 있긴 하지만, 수백 만의 사람들이 건조한 서부에 살고 있다. Ⓐ 심지어 미국인들은 수력 공학적으로 엄청난 위업으로 평가받는 구조물들을 건축하여, 천연 수자원을 그들의 필요에 따라 절묘하게 통제하고 다룬다. Ⓑ 최근에 재개된 서부 개발에 대한 관심으로 물 부족은 근본적인 문제를 제시한다. Ⓒ 일부 사업체들은 이곳을 개발하여 고급 골프 코스나 또는 도시가 더 확장하는 것을 보고 싶어하지만, 다른 이들은 이 땅이 더 이상 사막화되는 것을 방지하기 위해 기존의 천연 수자원을 보존해야 한다는 사실을 지적한다. Ⓓ

01. 다음 중 유럽 이주민과 미국 원주민에 대해 언급되지 않은 것은?
Ⓐ 미국 원주민들은 유럽 이주민들이 도착하기 오래 전부터 이미 이 건조 지역에 살고 있었다.
Ⓑ 미국 원주민들은 씨앗이나 작은 포유류, 그리고 일부 식용 곤충을 먹고 살았다.
Ⓒ 유럽 이주민들은 혹독한 환경에 적응하는 것에 대하여 미국 원주민들의 도움을 받았다.
Ⓓ 유럽 이주민들은 농사 외에 다른 생계 유지 방법을 찾아야 했다.

02. 셋째 단락에 나온 manipulating과 가장 뜻이 유사한 단어는?
Ⓐ 통제하다
Ⓑ 굶주리다
Ⓒ 확장하다
Ⓓ 정수하다

03. 셋째 단락의 their는 무엇을 가리키는가?
Ⓐ 수력 공학
Ⓑ 수자원
Ⓒ 위업
Ⓓ 미국인들

04. 네 개의 정사각형은 다음의 문장이 셋째 단락에 추가될 수 있는 곳을 나타낸다.
[그러한 위업 중의 하나가 거대한 Hoover 댐이며, 이것은 홍수를 통제하고 관계 용수를 제공하며 수력 전기를 생산한다.]
어느 곳이 가장 알맞겠는가?
Ⓐ A
Ⓑ B

ⓒ C
ⓓ D

셋째 단락은 [➡] 표시가 되어 있다.

[해설]   01. 유럽 이주민들이 아메리카 대륙에서 원주민들의 도움을 받았던 것은 역사적 사실이지만, 이 지문에서는 전혀 언급되지 않았다. 그러므로 정답은 ⓒ이다.
02. 셋째 단락의 manipulating은 '절묘하게 통제하다'를 의미하는 동사의 현재분사 형태이며, Ⓐ의 controlling(통제하다)과 가장 뜻이 유사하다.
03. 미국인들이 수력 공학적 위업으로 평가받는 구조물들을 건설하여, 천연 수자원을 통제하고 다루는 것은 바로 미국인들의 필요를 충족시키기 위함일 것이다. 그러므로 their가 가리키는 것은 ⓓ Americans(미국인들)이다.
04. One such feat으로 문장을 시작하므로 이 문장 앞에서 feat에 대한 언급이 있었어야 한다. 그러므로 🅐는 아니며, 🅑의 앞 문장에 feats를 건설해서 물을 통제했다는 내용은 있지만, 구체적으로 어떠한 것인지 언급되어 있지 않고, 뒤에서는 문맥이 전환되어 서부 개발에 대한 새로운 관심을 언급하고 있으므로 🅑 자리에 주어진 문장을 추가하는 것이 가장 적절하다. 그러므로 정답은 ⓑ이다.

[어휘]   **arid** 건조한, 메마른   **animal life** (집합적) 동물   **vegetation** 초목   **equator** 적도   **settler** 이주민, 정착민
harsh 혹독한, 거친   **inhabit** 거주하다   **grasshopper** 메뚜기   **sustenance** 생명 유지에 필요한 것   **densely** 밀집하여
feat 위업   **hydraulic engineering** 수력 공학   **manipulate** (교묘한 방법으로) 통제하다   **fundamental** 근본적인
desertification 사막화   **edible** 식용의, 먹을 수 있는

ANSWER KEYS

CHAPTER 09 Prose Summary

STRATEGY APPLICATION
Ⓒ

BUILDING SKILLS
01 Ⓐ, Ⓓ   02 Ⓒ, Ⓓ   03 Ⓑ, Ⓒ   04 Ⓐ, Ⓓ

BASIC DRILLS
01 Ⓑ, Ⓓ   02 Ⓐ, Ⓔ   03 Ⓓ, Ⓔ   04 Ⓐ, Ⓒ

READING PRACTICE
[PASSAGE A] 01 Ⓒ   02 Ⓐ, Ⓓ, Ⓕ   [PASSAGE B] 01 Ⓐ   02 Ⓐ, Ⓓ, Ⓔ

iBT PRACTICE
01 Ⓐ   02 Ⓐ   03 Ⓓ   04 Ⓑ, Ⓓ, Ⓕ

BUILDING SKILLS ▶ p. 120

01 Ⓐ, Ⓓ

[해석] 로마 제국이 정복한 영토를 로마로 동화시키는 것에 그처럼 성공적이었던 것에는 두 가지 주요 이유가 있다. 첫 번째 이유는 이들에게 우수한 법률 문화가 있었다는 것이다. 이들에게는 사회를 통제하는 엄격한 법률이 있었기 때문에, 시민들은 따라야 할 일련의 사회적 기준을 가지고 있었다. 두 번째 이유는 로마 제국에는 상당히 우수한 인력이 있었으며, 종종 전투에서 적보다 수적으로 우세하곤 했다.

로마 제국이 성공적으로 이웃 국가들을 흡수한 데에는 두 가지 주요 요인이 있다.
Ⓐ 로마 사회에는 로마인들이 따라야 할 일련의 법률들이 있었다.
Ⓑ 로마의 병사들은 어린 나이에 전문적으로 훈련 받고 기술적으로 우월했다.
Ⓒ 로마인들은 법률을 두려워했고 그래서 범죄를 저지르지 않았다.
Ⓓ 로마군은 그들의 적들과 비교할 때 많은 수의 병사들로 구성되었다.

[해설] 문단은 로마 제국이 전쟁을 벌여 차지한 영토를 로마 제국 안으로 잘 동화시킨 원인 두 가지를 설명하고 있으므로 요약 상자 안에는 두 요인을 하나씩 넣으면 된다. 문단에서는 첫 번째로 로마의 법률을 꼽고 있으므로 Ⓐ를 선택하면 되고, 두 번째로 상대방을 압도하는 병사 수를 언급하였으므로 적들에 비해 많은 수의 병사들로 구성되었다는 Ⓓ를 선택하면 된다. Ⓑ와 Ⓒ는 문단에서 언급되지 않았다.

[어휘] **principal** 주요한 **assimilate** 동화시키다, 융화하다 **conquer** 정복하다 **territory** 영토 **legal** 법률의 **strict** 엄격한 **regulate** 통제하다 **abide by** 따르다, 지키다 **superior** (수나 양적으로) 우세한, 뛰어난 **opponent** 상대방, 적

02 Ⓒ, Ⓓ

[해석] 천문학은 별과 행성과 같은 천체, 또는 지구의 바깥 영역에서 발생하는 현상들에 대한 연구에 집중하는 자연 과학이다. 최근에는 전문 천문학자들이 관측 및 이론적 접근에 집중한다. 관측 천문학은 우주에서 자료를 수집하고 물리학의 기본 법칙을 이용하여 이를 분석한다. 이론 천문학은 천문학의 현상들을 설명하는 컴퓨터 모형을 개발한다.

천문학은 별과 행성 그리고 우주 공간에서 발생하는 현상들에 대한 학문이다.
Ⓐ 관측 천문학은 망원경의 발명으로 인해 최근에 발전한 천문학의 분야이다.
Ⓑ 이론 천문학은 천체의 현상들에 물리학의 법칙을 적용함으로써 가능해졌다.
Ⓒ 천문학자들은 우주를 더 잘 이해하기 위해 컴퓨터 모델링을 이용한다.
Ⓓ 천문학자들은 우주로부터 자료를 수집하고 정보를 분석하기 위해 관측을 이용한다.

[해설] 문단은 천문학을 간략하게 정의하고, 최근 발전한 천문학의 두 주요 분야를 설명하고 있다. 선택지 앞에 주어진 요약문이 천문학에 대한 간략한 정의를 담고 있으므로, 나머지 두 문장은 두 분야를 설명하는 문장이 오면 된다. Ⓒ는 이론 천문학을 설명하고 있고 Ⓓ는 관측 천문학을 설명하고 있으므로 Ⓒ와 Ⓓ를 선택하면 된다. 망원경이 최근의 발명품도 아니고 문단에도 이에 대한 언급은 없으므로 Ⓐ는 선택할 수 없으며, 물리학 법칙의 적용으로 이론 천문학이 가능해졌다는 언급도 없으므로 Ⓑ도 정답이 아니다.

[어휘] **astronomy** 천문학 **concentrate** 집중하다 **celestial** 천체의, 하늘의 **realm** 영역 **observational** 관측의 **theoretical** 이론의 **analyze** 분석하다 **principle** 원리

03 Ⓑ, Ⓒ

[해석] 지난 수천 년간, 대기 중의 이산화탄소 농도는 자연스럽게 오르내렸다. 하지만 상당히 많은 과학자들이 현재 이산화탄소 농도가 우리가 화석 연료를 그렇게 많이 사용하지 않을 경우에 나올 이산화탄소 농도보다 훨씬 더 높다고 지적한다. 더 나아가 과학자들은 수백 년간의 지질학적 자료를 연구하면서, 이산화탄소의 증가가 지구 온도의 직접적인 상승으로 이어지고 있다고 주장한다.

대기 중의 이산화탄소 농도가 오르내리는 것은 오랜 시간 동안 자연스러운 현상이었다.
Ⓐ 과학자들은 이산화탄소 농도가 올라가는 것이 지구의 온도에 거의 영향을 주지 않는다고 주장한다.
Ⓑ 많은 과학자들이 대기 중에 이산화탄소 양이 증가했음을 시사했다.
Ⓒ 일부 과학자들은 지구의 온도가 상승한 것이 이산화탄소 증가의 결과라고 믿는다.
Ⓓ 대기 중의 이산화탄소의 농도는 쉽게 오르내리는 경향이 있다.

[해설] 화석 연료를 사용하지 않았던 과거보다 대기 중의 이산화탄소 농도가 올라가고 이것이 지구의 온도 상승으로 이어진다는 내용의 문단이다. 과학자들은 이산화탄소의 증가가 지구 온도의 직접적인 상승으로 이어지고 있다고 주장하므로 이산화탄소가 증가했다는 Ⓑ와 이것이 온도 상승으로 이어졌다는 Ⓒ가 본문 내용을 잘 요약하고 있다. 그러므로 정답은 Ⓑ와 Ⓒ이다.

[어휘] **carbon dioxide** 이산화탄소 **fluctuate** 오르내리다, 등락을 거듭하다 **fossil** 화석

04 Ⓐ, Ⓓ

[해석] 18세기에 미국이 수출한 가장 중요한 품목은 면화였다. 이 직물은 가공과 생산이 다른 재료들에 비해 무척 간단했는데, 이는 조면기의 발명으로 무명 섬유를 분리하는 것이 용이해졌기 때문이었다. 면화의 생산성이 높아진 결과, 생산 회사들은 면화에 대한 많은 수요를 맞출 수 있었고, 면화 재배가 급증하여 다른 모든 제품들을 앞지르게 되었다.

면화는 18세기에 미국의 가장 중요한 수출품이었다.
Ⓐ 18세기에 생산 회사들은 면화에 대한 높은 수요를 맞출 수 있었다.
Ⓑ 조면기의 발명은 일부 면화 공장에 적용 가능했다.
Ⓒ 면화의 급증은 미국의 경제 발전에 도움이 되었다.
Ⓓ 면화 생산의 단순화는 조면기 덕분에 가능했다.

[해설] 18세기에 면화 산업이 미국에서 매우 중요한 산업이었음을 설명해주는 글이다. 조면기의 발명으로 면화 생산이 단순화되고 생산업체들이 많은 수요를 맞출 수 있었다고 나와 있으므로 Ⓐ는 문단의 내용을 잘 설명하고 있는 문장이다. 또한 생산의 단순화가 조면기의 발명으로

ANSWER KEYS

가능해진 것이므로 ⓓ 또한 대량의 면화 생산이 어떻게 가능해졌는지를 설명하는 문단의 내용과 일치한다. 그러므로 정답은 Ⓐ와 ⓓ이다.

[어휘] **manufacture** 생산하다, 생산 **extremely** 무척이나, 극도로 **cotton gin** 조면기 **facilitate** 용이하게 하다 **fiber** 섬유 **productivity** 생산성 **cultivation** 재배 **surge** 급증하다 **surpass** 앞지르다, 능가하다 **applicable** 적용할 수 있는

BASIC DRILLS ▶ p. 124

01 Ⓑ, ⓓ

[해석] 인상주의는 현대 생활의 사실적인 장면들을 작고 가는 붓놀림으로 그리는 것을 선호한, 파리의 한 화가 모임과 함께 시작된 19세기의 예술 사조이다. 이들은 사실주의 화풍의 프랑스 미술계의 권위였던 주류 Académie des Beaux-Arts가 선호하던 역사적 대상과 종교적인 주제나 초상화를 그리는 전통적인 화풍에서 과감하게 벗어났다. 1860년대까지 인상파 화가들은 그들의 작품이 Académie의 명망 높은 Salon de Paris 연간 전시회에서 심사위원들로부터 거절당하고 멸시당하는 것을 일상적으로 지켜보았다. 하지만 그 후 십 년 동안, 대중은 이들의 화풍을 신선하고 독창적인 시각으로 인정하게 되었다.

19세기 파리에서 활동했던 당대의 미술가와 풍경화가들은 인상주의라 불리는 예술 사조를 선도하였다.
Ⓐ 인상주의 화가들은 Académie des Beaux-Arts를 졸업한 이들로 이 학교의 가르침에 이의를 제기하였다.
Ⓑ 인상주의는 전통적인 화풍의 화가들에게 존중 받지 못하기 일쑤였다.
ⓒ 인상주의 화가들은 Salon de Paris의 연례 전시회에서 종종 상을 받곤 하였다.
ⓓ 인상주의 화가들은 현재의 경관과 장면을 그리는 것을 선호하였다.
Ⓔ 인상주의 화가들은 그들 시대의 종교적 주제에서 영감을 얻었다.

[해설] 프랑스의 인상주의 예술 사조의 시작과 그 성격에 대해 간단하게 설명하고 있다. 인상주의 화가들이 Académie des Beaux-Arts를 다니거나 졸업했다는 언급은 없었고(Ⓐ), 이들이 Salon de Paris의 연례 전시회에서 상을 받았다는 내용 또한 없다(ⓒ). 그리고 인상주의 화가들은 종교적 주제를 그리는 전통적인 화풍에서 벗어났다고 하였으므로 Ⓔ도 정답이 될 수 없다. 인상주의 화가들이 연례 전시회의 심사위원들로부터 멸시 당하고 거절되었다는 언급이 있었고, 이들이 그리고자 했던 것이 현대 생활의 사실적인 장면들이었으므로 Ⓑ와 ⓓ가 문단의 내용을 잘 요약하는 문장이라 할 수 있다. 그러므로 정답은 Ⓑ와 ⓓ이다.

[어휘] **movement** 사조, 움직임 **brush stroke** 붓놀림 **venture** 과감히 나아가다 **authority** 권위 **routinely** 일상적으로 **look down upon** 멸시하다 **judge** 심사위원 **prestigious** 명망 있는 **appreciate** 인정하다, 진가를 알아보다

02 Ⓐ, Ⓔ

[해석] 개미는 군집을 형성하는데, 군집들의 크기는 매우 다양하여 100마리 이하의 개미가 작은 집단을 이루어 사는 것부터 수백 만 마리로 구성된 엄청나게 큰 군집까지 있다. 거대한 군집을 종종 초개체(超個體)라고 부르는데, 그것은 개미들이 군집의 상태를 보존하기 위해 집단 단위로 공동 작업을 하기 때문이다. 그처럼 많은 수의 개미가 같은 공동체에서 살고 있지만, 그것들은 페로몬을 이용해서 효과적으로 상호 의사소통을 한다. 개미는 그들의 길고 가늘고 움직이는 더듬이를 사용하여 이 페로몬의 냄새를 감지한다. 대부분의 개미는 땅 위에서 살기 때문에 그들은 다니는 길의 표면에 페로몬 자취를 남기며, 다른 개미들이 이를 읽어낼 수 있다.

대부분의 개미는 군집이라 불리는 다양한 규모의 대규모 집단에서 산다.
Ⓐ 개미는 흔히 군집을 이루어 공동 작업을 하는 사회적 피조물이다.
Ⓑ 개미는 100마리 이하로 구성된 고립된 군집에서 사는 것을 선호한다.
ⓒ 개미는 매우 효과적인 의사소통 방법을 가지고 있는데, 이는 다른 개미 군집과 전투할 때 매우 유용하다.
ⓓ 규모가 큰 군집을 초개체라고 부른다.

ⓒ 개미는 다른 개미들이 읽어낼 수 있는 냄새인 페로몬을 이용하여 의사소통한다.

[해설] 문단은 개미의 다양한 규모의 집단 생활과 그들 사이의 의사소통 수단에 대해 설명하고 있다. 지문에서 초개체에 속한 개미가 공동 작업을 하는 것을 언급하였으므로 Ⓐ는 문단의 내용을 잘 설명하고 있으며, ⓒ는 개미가 다니는 길에 페로몬이라는 호르몬을 남겨 이것을 다른 개미들이 읽게 함으로써 의사소통한다는 본문 내용을 다른 식으로 설명해 놓은 것이다. 개미가 선호하는 군집의 규모에 대한 언급은 없었으며(Ⓑ), 개미의 의사소통 방법이 다른 개미 군집과의 전투에서 이용된다는 언급 또한 없다(ⓒ). 규모가 큰 군집을 종종 초개체라 부르기도 하지만 이는 개미들이 그 군집을 유지하기 위해 공동 작업을 하기 때문이지 규모의 크기만이 초개체로 부르는 것을 결정하는 것은 아니다. 그러므로 정답은 Ⓐ와 ⓒ이다.

[어휘] **colony** 군집, 식민지   **vary** 다양하다   **massive** 거대한   **super organism** 초개체(超個體)   **pheromone** 페로몬(호르몬의 일종)   **trait** 자취, 흔적   **creature** 피조물, 생명체   **isolated** 외딴, 고립된   **scent** 냄새

03 Ⓓ, Ⓔ

[해석] 선사 시대에 멸종의 원인들은 대부분 지각의 지질적인 변화나 주요 기후 현상과 같은 지구의 자연적인 과정들이었다. 예를 들어, 공룡의 멸종을 설명하는 주요 이론들 중의 하나는 화산 활동의 가능성이나 거대한 소행성의 충돌을 공룡을 몰살시킨 지구의 환경을 조성한 예로 든다. 하지만 현생 인류가 등장하면서 대부분의 멸종은 인간의 활동에 의한 것이었다. 지난 수 세기 동안 멸종의 속도가 더 빨라지고 종의 다양성이 줄어든 것은 인구의 증가와 농업의 확대 및 도시 건설로 인한 환경 파괴에 의해 초래되었다.

심각한 기후 변화와 같은 자연 재해가 대규모 멸종의 주된 원인이었다.
Ⓐ 농업의 발달은 최근 역사에서 발생한 멸종의 주요 원인이다.
Ⓑ 공룡은 자신들을 순식간에 몰살시킨 지질학적 현상들 때문에 멸종되었다.
ⓒ 많은 과학자들은 공룡의 멸종이 소행성의 충돌로 발생했다고 믿는다.
Ⓓ 현생 인류가 나타나기 전에는 멸종의 원인들이 자연 현상들이었다.
Ⓔ 인간이 처음 존재한 이래로, 멸종의 원인들은 대개 인간의 활동이었다.

[해설] 현생 인류가 등장하기 전에는 동물 종들이 대체로 자연적인 이유로 멸종되었지만, 인류의 등장 이후에는 인류의 활동이 종의 멸종의 주요 원인이 되었다는 것이 문단의 주된 내용이다. Ⓐ는 농업의 발달이 멸종의 주요 원인이 아니라 농업의 확대로 인한 환경의 파괴가 주요 원인이므로 문단의 내용에서 벗어난다. Ⓑ는 공룡의 멸종 원인을 지질 현상의 하나인 화산 활동으로 보는 이론들도 있지만, 공룡을 단번에 죽였다는 내용은 언급되어 있지 않으므로 본문 내용과 일치하지 않는다. ⓒ는 공룡의 멸종 원인을 소행성 충돌로 보는 주요 이론이 있기는 하지만, 이를 얼마나 많은 과학자들이 지지하는지 문단에서 언급되지 않으므로 내용에서 벗어난다. Ⓓ는 현생 인류의 등장 이전에 대한 문단의 내용을 잘 대변하고 있으며, Ⓔ는 현생 인류 등장 이후의 멸종 원인을 문단과 같은 입장에서 설명하고 있으므로 정답이다.

[어휘] **prehistorically** 선사 시대적으로   **extinction** 멸종   **predominantly** 대개, 대부분   **geological** 지질의, 지질학의   **transformation** 변화   **Earth's crust** 지각   **cite** (이유·예를) 들다   **asteroid** 소행성   **emergence** 등장   **acceleration** 가속   **biodiversity** 생물의 다양성   **catastrophe** 재앙, 재난

04 Ⓐ, ⓒ

[해설] 1848년부터 1855년까지 이어진 캘리포니아 골드러시 때에는 전 세계에서 약 30만 명의 사람들이 막대한 부에 대한 가능성을 품고 캘리포니아로 몰려들었다. 처음에는 흩어져 있는 금 덩어리들을 땅에서 떼어내어 모았으며, 이후에는 개울이나 강 바닥에서 금을 찾았다. 결국 금을 채취하기가 더 힘든 금 매장지에서 돈을 벌기 위해 광산 회사들이 생겨났다. 결과적으로 이러한 활동은 사회적으로 그리고 기술적으로 엄청난 영향을 미쳤다. 그 예로 샌프란시스코 시는 자그마한 이주민 정착지에서 수천 명의 사람들이 사는 번화한 도시로 성장하였다. 새로운 증기선과 기차가 정기 운행을 하게 되면서 운송 또한 발전하였다.

1800년대 중반에 골드러시는 부자가 되려는 사람들을 캘리포니아에 몰아 넣었다.

Answer Keys 63

ANSWER KEYS

Ⓐ 캘리포니아에 있는 도시들은 사회 기반 시설의 발달로 규모가 커졌다.
Ⓑ 캘리포니아의 골드러시는 지나친 채굴로 대부분의 땅을 망가뜨렸다.
Ⓒ 금을 얻기 위해 전 세계에서 엄청나게 많은 사람들이 캘리포니아로 갔다.
Ⓓ 캘리포니아의 모든 이들이 금에서 얻어지는 부의 일부를 보장 받았다.
Ⓔ 캘리포니아의 금의 양은 무한대이며 여전히 채굴되고 있다.

[해설] Ⓐ와 Ⓒ는 본문의 내용을 잘 요약해 놓은 문장이다. Ⓒ는 골드러시로 사람들이 캘리포니아에 몰려든 상황을 설명하였고 Ⓐ는 골드러시의 결과로 증기선과 기차 등의 사회 기반 시설이 확충되고 사람 수가 늘어나면서 도시의 규모도 커진 상황을 설명한다. Ⓑ와 Ⓓ, Ⓔ는 문단만으로는 알 수 없는 내용들이다.

[어휘] **flock** 떼로 모이다 **promise** 전망, 가능성 **loose** 여기저기 흩어진 **reserve** 매장지 **settlement** 정착지 **thrive** 번영하다 **infrastructure** 사회 기반 시설, 사회 간접 자본 **excessive** 지나친 **guarantee** 보장하다 **unlimited** 제한이 없는

READING PRACTICE ▶ p. 128

[PASSAGE A]

01 Ⓒ   **02** Ⓐ, Ⓓ, Ⓕ

[해석] 태양계의 지구와 달, 그리고 다른 행성들은 우주 공간을 날아다니는 물체들과 계속해서 부딪히고 있다. 지구에는 대기가 있어서 이들 물체의 대부분이 지표면에 도달하기 전에 대체로 전소된다. 하지만 달에는 물이나 지각 활동은 물론이고 대기도 없으며, 이러한 사실은 달이 날아다니는 물체와의 충돌에 더 많이 영향을 받을 것임을 의미한다. 이러한 이유 때문에 달에는 그 지표면에 원 모양으로 움푹하게 파인, 엄청난 수의 충돌 분화구가 있다.

달의 분화구 형성은 NASA의 달 충돌 감시 프로그램에서 연구된다. 이들은 분화구가 사라지지 않기 때문에, 분화구 중 일부가 20억년 이상 된 것으로 밝혀지기도 한다는 것을 알아냈다. 이들은 달의 대형 분화구들이 그 내부에 몇 개의 작은 분화구를 포함하고 있는지를 분석하여 대형 분화구의 연령을 밝혀낼 수 있는데, 이는 일반적으로 오래된 분화구 내부에 작은 분화구들이 모이기 때문이다. 분화구의 크기와 모양은 표면의 지질뿐만 아니라 충돌하는 물체의 속도와 크기 같은 요인들에 따라 달라진다. 물체가 달에 빨리 접근할수록 분화구는 더 커지게 된다.

01. 다음 중 지문에서 분화구들의 형성을 막는 요인으로 언급되지 않은 것은?
Ⓐ 물
Ⓑ 지각 활동
Ⓒ 중력
Ⓓ 대기

02. 지문의 가장 중요한 생각들을 표현하는 3개의 선택지를 선택하여 요약문을 완성하라.
이 문제는 2점이다.

달은 외부의 충격에서 오는 지속적인 영향을 더 많이 받는다.
Ⓐ 달에는 외부 충격의 영향을 없앨 물리적 힘이 없다.
Ⓑ 지구는 달보다 더 많은 충돌과 분화구 형성을 받아들인다.
Ⓒ 달의 대기가 표면에 생기는 각 분화구의 크기를 정한다.
Ⓓ 달 표면에는 많은 충돌 분화구가 있다.
Ⓔ 태양계에서 달에 가장 많은 분화구가 있다.
Ⓕ NASA는 달의 충돌 분화구를 연구한다.

[해설] **01.** 필자는 지문에서 달에는 물과 지각 활동, 대기가 없기 때문에 우주 공간에서 날아다니는 물체와의 충돌에 더 많이 영향을 받는다고 하

였다. 즉, 달 표면에 분화구가 많고 이들이 오래 남아 있는 것은 물과 지각 활동, 대기가 없기 때문이다. 다시 말하면, 이것들이 분화구 형성을 막는 요인인 것이다. 그러므로 여기에서 언급되지 않은 ⓒ gravity(중력)가 정답이다.

02. 지문은 지구와는 다른 양상으로 나타나는 달의 분화구 현상에 대해 설명하고 있다. 요약 문장으로 달이 외부의 충격을 더 많이 받는다는 내용이 제시되었다. 이어 외부 충격으로 인한 달의 분화구가 오래 가는 이유를 설명하는 Ⓐ를 넣고, 그로 인해 분화구 숫자가 계속해서 늘어나서 많은 수의 분화구가 있음을 설명하는 Ⓓ를 넣으면 된다. NASA가 달의 충돌 감시 프로그램을 통해 분화구 형성을 연구하고 있다고 하였으므로 Ⓕ도 본문의 내용 일부를 잘 요약하고 있다. 그러므로 정답은 Ⓐ, Ⓓ, Ⓕ이다. Ⓑ는 지문 내용과 상반된다. 분화구 크기를 결정하는 것은 충돌하는 물체의 크기 및 속도라고 하였으므로 Ⓒ는 지문 내용과 일치하지 않고, Ⓔ는 지문에 언급되지 않았다.

[어휘] **atmosphere** 대기 　**substantially** 대체로 　**tectonic** 지각 구조상의 　**susceptible** 영향받기 쉬운, 민감한 　**crater** 분화구 　**lunar** 달의

[PASSAGE B]

01 Ⓐ　**02** Ⓐ, Ⓓ, Ⓔ

[해석] 지난 수천 년 동안 극장의 무대는 그 모양과 배치에서 진화해 왔다. 극장의 주요 목표는 관객으로부터 정서적 반응을 유발해내는 것이기에, 이러한 반응을 끌어내기 위한 다양한 배치가 고안되어 왔다. 고대 그리스의 최초 공연들에서부터 오늘날에 이르기까지 주로 사용된 주무대는 프로시니엄 무대와 원형 무대, 그리고 돌출 무대이다.

가장 흔하게 쓰이는 무대는 프로시니엄 무대인데, 이 무대의 배치는 관객들이 안을 들여다보는 그림의 액자를 닮았다. 프로시니엄 무대에는 양쪽 측면에 끝이 있어서, 무대 장치에서 매우 정교한 연출을 할 수 있다.

원형 무대의 배치에서는 무대가 중앙에 있고 관객들이 전 방향에서 이를 둘러싼다. 이러한 형태의 목표는 관객과 배우 사이에 더 큰 친밀감을 제공하기 위함이다. 하지만 그 모양 때문에, 배경 장치가 제한되며 배우들은 관객들 사이로 입장하고 퇴장해야 한다.

돌출 무대는 관객 안으로 돌출되어 있고 관객들은 이 무대의 3면을 둘러싼다. 돌출 무대의 장점은 관객과의 친밀감을 여전히 유지하면서도 배경 무대를 실용적으로 사용할 수 있다는 점이다.

01. 지문에 의하면 원형 무대의 장점은 무엇인가?
Ⓐ 배우와 관객 사이에 더 큰 친밀감을 자아낼 수 있다.
Ⓑ 관객이 무대에 접근할 수 있게 해준다.
Ⓒ 연출의 정교한 디자인이 가능하다.
Ⓓ 야외 공연을 개최하는 것이 용이해진다.

02. 지문의 가장 중요한 생각들을 표현하는 3개의 선택지를 선택하여 요약문을 완성하라.
이 문제는 2점이다.

역사를 통틀어 극장 무대는 양식과 배치에서 진화해 왔다.
Ⓐ 프로시니엄 무대는 그림의 액자와 같은 기능을 한다.
Ⓑ 돌출 무대는 대규모의 작품을 위해 무대의 전체 면을 둘러싼다.
Ⓒ 원형 무대는 친밀한 특성 때문에 관객들이 선호한다.
Ⓓ 원형 무대는 배우와 관객 사이에 더 큰 친밀감을 허락한다.
Ⓔ 돌출 무대는 무대 뒷공간의 유용성과 관객과의 친밀감을 모두 얻는다.
Ⓕ 프로시니엄 무대에서의 공연은 연출하는 데에 비용이 많이 든다.

[해설] 01. 지문에 의하면 원형 무대는 사방에 관객이 있는데, 이는 배우와 관객 사이의 친밀감을 형성하기 위함이라고 하였다. 이것이 원형 무대를 사용하는 목적이므로 다른 무대에는 없는 장점이다. 그러므로 정답은 Ⓐ이다.

02. 지문은 극장 무대가 역사적으로 진화해 왔으며, 세 가지의 무대가 주로 사용된다고 한다. 그리고 각 무대의 특징을 설명하고 있다. Ⓐ는 프로시니엄 무대에 대한 설명이며, Ⓓ는 원형 무대에 대한 설명이다. Ⓔ는 돌출 무대에 대한 설명이다. Ⓑ는 무엇이 무대의 사

ANSWER KEYS

방을 둘러싸는지 설명되어 있지 않고, ⓒ는 지문에서 관객들이 선호하는 무대 형태에 대한 언급이 없기 때문에 정답이 아니다. ⓕ 또한 지문에서 비용에 대해 언급하지 않았기 때문에 정답이 될 수 없다.

[어휘] **layout** 배치 **bring about** 유발하다, 야기하다 **elicit** 끌어내다 **principally** 주로 **proscenium** 앞 무대 **thrust** 돌출, 갑자기 찌르기 **wing** (연극 무대의 양쪽) 끝 **production** 연출 **elaborate** 정교한 **intimacy** 친근감 **protrude** 돌출하다, 튀어나오다 **retain** 유지하다 **access** 접근하다 **facilitate** 용이하게 하다 **scale** 규모 **favor** 선호하다 **combine** 결합하다

iBT PRACTICE ▶ p. 132

01 Ⓐ **02** Ⓐ **03** Ⓓ **04** Ⓑ, Ⓓ, Ⓕ

[해석] **미국의 금주법**

1920년부터 1933년까지 미국은 모든 알콜 음료의 생산과 수입, 운송을 헌법으로 금지하였다. 이 법은 금주법으로 알려져 있다. 종교적 목적, 예를 들어 예배 중에 포도주를 사용하는 경우 등을 위해 일부 예외 조항을 두었지만, 금지령을 강제하기 위한 엄격한 규정들이 마련되었다. 연방법 하에서는 개인적으로 술을 소유하는 것이 엄밀히 말해 불법은 아니었지만, 대부분의 지역 법률은 술의 소유를 금지하였다. 금주법은 헌법 수정 제 21조에 의해 1993년 12월 5일, 마침내 종료되었다.

금주법은 여러 유명한 사회적 집단에 의해 뜨겁게 논의되었던 사안이었다. 한편으로는, "dries"라고 불리던 금주법 지지자들이 이 법을 19세기 대중의 타락을 물리친 승리로 여겼다. 이들은 알코올 중독과 약물 오남용, 도박과 기타 사회적 병폐들이 사회적 도덕과 사회를 전반적으로 저하시킨다고 느꼈다. 논쟁의 반대편에는 "wets"가 있었다. "dries"가 상대적으로 부유한 신교도 경향이 있었던 반면, "wets"는 대부분 날마다 일상처럼 술을 마시는 노동자 계층의 사람들이었으며, 술 금지령을 그들의 권리에 대한 침해라고 생각했다. 이들은 지지자를 얻기 위해서 연방정부가 사회 기반 시설의 향상을 위해 쓸 수 있는 세금이 엄청나게 준다는 점을 강조했다.

종국에는, 금주법은 암시장을 생성하였고 도시 범죄 조직의 성장으로 이어졌다. 금지법에도 불구하고 많은 시민들이 집에서 술을 담그거나 술을 구하는 다른 불법적인 수단을 찾아서, 음주는 전국적으로 여전히 만연했다. 이러한 예기치 않은 결과에도 불구하고, 금주법은 1920년대 동안에 술 소비량을 누그러뜨리는 데 확실히 성공하였고, 술의 총 소비량을 절반까지 감소시켰다.

01. 첫째 단락에 나온 forbade와 가장 뜻이 유사한 단어는?
Ⓐ 금지했다
Ⓑ 참았다
Ⓒ 허용했다
Ⓓ 말렸다

02. 다음 중 주류 판매와 관련하여 무엇을 유추할 수 있는가?
Ⓐ 주류세는 정부 세입의 큰 재원이었다.
Ⓑ 주류에서 거두는 세금은 사회 기반 시설을 개선하는 데에 사용되었다.
Ⓒ 주류에 부과하는 세금은 범죄 행위를 줄이는 데에 도움이 되었다.
Ⓓ 시민들은 주류세를 내지 않아도 된 것을 다행으로 여겼다.

03. 필자는 둘째 단락에서 그들의 권리에 대한 침해를 왜 언급하는가?
Ⓐ wets 집단의 전형적인 행동들의 예를 들기 위하여
Ⓑ 노동자 계층이 일상적으로 술을 마시는 이유를 설명하기 위하여
Ⓒ dries 집단이 당시 도덕적 타락에 대해 걱정하는 이유를 보여주기 위하여
Ⓓ 금주법에 관한 wets 집단의 관점을 제시하기 위하여

04. 지문의 가장 중요한 생각들을 표현하는 3개의 선택지를 선택하여 요약문을 완성하라.
이 문제는 2점이다.

66

미국의 헌법에 의한 금지령, 금주법이 1920년부터 1933년까지 주류에 시행되었다.
Ⓐ 금주법을 지지하는 이들은 자신들만의 술을 은밀하게 불법적으로 생산하였다.
Ⓑ 예기치 못한 불법 활동의 증가에도 이 법률은 술 소비를 저하시켰다.
Ⓒ 금주법은 엄청난 세수로 인해, 미국 경제의 발전에 크게 공헌하였다.
Ⓓ 금주법을 지지하는 이들은 술 소비를 사회 도덕을 약화시키는 일로 여겼다.
Ⓔ "wets"는 대부분이 노동자 계층이었던 반면, "dries"는 주로 부유한 엘리트 계층이었다.
Ⓕ 금주법을 비판하는 이들은 이러한 금지를 그들의 권리에 대한 침해로 여겼다.

[해설] 01. forbade는 '금지하다'를 의미하는 동사 forbid의 과거형으로 Ⓐ banned(금지했다)와 동의어이다.

02. 금주법을 반대하는 쪽의 주장을 살펴보면 금주법으로 인해 정부 세입이 크게 줄어드는 것은 사실인 것으로 보인다. 다만 이들의 주장을 자세히 들여다보면 이렇게 거두지 못한 돈이 사회 기반 시설을 확충하는 데에 "쓰일 수" 있는 것이지, 용도가 딱 정해져 있던 것은 아닌 것으로 보인다. 그러므로 Ⓑ는 잘못된 유추이고, Ⓐ가 올바른 유추이다. 그러므로 정답은 Ⓐ이다.

03. 필자는 둘째 단락에서 금주법을 놓고 지지와 반대로 대치한 두 집단에 대해 설명하고 있다. 금주법을 지지하는 쪽의 입장을 먼저 설명하고 이와 대치되는 이들의 입장을 설명하였는데, 술을 마시는 것이 일상이었던 이들의 입장에서는 이를 금지하는 것이 그들의 권리에 대한 침해였을 것이다. 즉, 권리 침해를 언급한 것이 이것이 금주법에 관한 wets 집단의 관점을 가장 명료하게 대변해주기 때문이다. 그러므로 정답은 Ⓓ이다.

04. Ⓐ는 본문에서 언급되지 않은 내용이며, 실제 사실에도 어긋날 수 있는 내용이다. Ⓑ는 본문에서 언급된 내용을 담고 있는데, 특히 금주법의 여러 부작용에도 불구하고 술 소비를 줄인 긍정적인 면이 잘 드러나 있다. Ⓒ는 금주법으로 세수가 상당히 줄어들었을 가능성이 크기 때문에 실제 내용과 반대될 수 있다. Ⓓ는 금주법을 지지하는 이들이 술 소비를 사회 도덕의 타락과 연관시켜 보았던 것과 같은 내용이다. Ⓔ는 wets의 대부분이 노동자 계층인 것은 맞지만 dries는 상대적으로 부유한 신교도들이었지 부유한 엘리트 계층이었다는 말은 없다. Ⓕ는 금주법을 그들 권리에 대한 침해로 여기고 이를 비판한 것과 일치하는 내용이다. 그러므로 Ⓑ, Ⓓ, Ⓕ가 지문의 내용을 잘 담고 있어서 요약문을 완성할 수 있는 정답이다.

[어휘] **impose** 시행하다　**constitutional** 헌법의　**ban** 금지　**importation** 수입　**transportation** 운송, 수송　**enforce** 집행하다, 시행하다　**forbid** 금지하다　**possession** 소유　**prominent** 유명한　**depravity** 타락, 부패　**alcoholism** 알코올 중독　**abuse** 오남용　**protestant** 신교도　**routine** 틀에 박힌 일상　**infringement** 침해　**infrastructure** 사회 기반 시설, 사회 간접 자본　**black market** 암시장　**rampant** 만연한　**moderate** 완화하다　**overall** 전체적인

ANSWER KEYS

CHAPTER 10 Schematic Table Chart

STRATEGY APPLICATION
[A Comet - Ⓐ], [An Asteroid - Ⓓ]

BUILDING SKILLS
01 [Overfishing – Ⓐ, Ⓔ], [Predation – Ⓑ]
02 [American Depictions – Ⓑ, Ⓓ], [European Depictions – Ⓔ]
03 [Interview – Ⓒ], [Survey – Ⓑ, Ⓓ]
04 [First Stage – Ⓐ, Ⓓ], [Second Stage – Ⓒ]

BASIC DRILLS
01 [Horizon A – Ⓓ], [Horizon B – Ⓔ], [Horizon C – Ⓒ]
02 [Rise of Empire – Ⓐ], [Decline of Empire – Ⓓ, Ⓔ]
03 [Megabats – Ⓐ, Ⓓ], [Microbats – Ⓑ]
04 [Utilitarianism – Ⓒ, Ⓔ], [Libertarianism – Ⓐ]

READING PRACTICE
[PASSAGE A] 01 Ⓐ 02 Ⓑ 03 [GDP – Ⓐ, Ⓒ, Ⓕ], [GNP – Ⓓ, Ⓖ]
[PASSAGE B] 01 Ⓓ 02 Ⓐ 03 [Slash and Burn – Ⓒ, Ⓔ], [Inga Alley Cropping – Ⓑ, Ⓕ]

iBT PRACTICE
01 Ⓑ 02 Ⓓ 03 Ⓒ 04 [Archaic Indians – Ⓑ, Ⓒ, Ⓕ], [Paleo Indians – Ⓐ, Ⓓ]

BUILDING SKILLS ▶ p. 136

01 [Overfishing – Ⓐ, Ⓔ], [Predation – Ⓑ]

[해석] 바다사자의 개체 수가 왜 줄어들고 있는지에 관한 여러 이론이 있다. 가장 유력한 설명들 중의 하나는 남획의 결과이다. 상업적인 어업이 바다사자가 먹이를 잡는 곳에서의 먹이의 양을 감소시키고 있으며, 이것이 영양 부족으로 이어졌다. 이들의 개체 수 감소를 설명하는 두 번째 유력한 이론은 범고래에 의한 바다사자의 포식 때문이라는 것인데, 범고래는 그 개체 수가 대단히 늘어났다.

Ⓐ 먹이의 감소
Ⓑ 범고래의 개체 수 증가
Ⓒ 심각한 환경 변화
Ⓓ 바다사자 개체 내에서의 질병 확산
Ⓔ 영양 부족

[해설] 문단은 바다사자의 개체 수가 줄어드는 이유를 설명하는 주요 이론 두 가지를 소개한다. 하나는 남획으로 인한 바다사자의 먹이 부족을 이유로 들고, 다른 하나는 이들의 포식자인 범고래의 개체 수 증가를 이유로 든다. Ⓐ는 남획의 직접적인 결과이고 Ⓔ는 그로 인해 발생하는 간접적인 결과이다. Ⓑ는 문단에서 언급된 내용이며 포식자의 증가와 관련이 있다. Ⓒ와 Ⓓ는 문단에서 언급되지 않았다.

[어휘] **sea lion** 바다사자 **predominant** 유력한 **overfish** 남획하다 **fishery** 어업 **deficiency** 부족 **predation** 포식 **killer whale** 범고래, 흰줄박이물돼지

02 [American Depictions – Ⓑ, Ⓓ], [European Depictions – Ⓔ]

[해석] 18세기 동안 유럽의 식물화 그림은 대부분이 귀족 사회를 위해 그려졌다. 미술 작품들의 주요 주제들은 식민지에서 유럽으로 돌아올 때 가져온 기이한 식물과 꽃을 그리는 것이었다. 그에 반해, 미국의 식민지 주민들은 미국 동부 해안의 자연 서식지와 식물군을 기록하는 식물화를 만들어 냈다. 그 외의 삽화들은 의사들에 의한 약초 치료에 유용한 식물들을 문서화하였다.

Ⓐ 음식 재료
Ⓑ 약제
Ⓒ 풍경
Ⓓ 토종 식물
Ⓔ 식민지의 식물

[해설] 문단의 내용은 식물만을 대상으로 그리는 식물화 중에서 특히 18세기의 식물화의 양상을 유럽과 미대륙으로 나눠서 비교하고 있다. 유럽에서는 식민지에서 돌아올 때 가져온 기이한 식물을 그림에 담는 것이 대부분이었다면, 미국에서는 식물의 서식지와 식물군을 기록하고, 또는 약초 치료에 쓰이는 식물들을 그렸다. 그러므로 Ⓑ와 Ⓓ는 미국의 식물화와 관련이 있고 Ⓔ는 유럽의 식물화와 관련이 있다. 음식 재료나 풍경을 그렸다는 내용은 없었다.

[어휘] **painting** 그림 **botanical** 식물학의 **aristocracy** 귀족 사회 **depict** (그림으로) 표현하다 **habitat** 서식지 **flora** 식물군 **coast** 해안 **illustration** 삽화 **document** 문서화하다 **herbal** 약초의 **remedy** 치료

03 [Interview – Ⓒ], [Survey – Ⓑ, Ⓓ]

[해석] 어떤 사람이나 사건에 대한 정보를 얻는 가장 흔한 방법은 면담이나 설문을 실시하는 것이다. 면담에서는 면담자가 사실이나 진술을 얻기 위해 질문을 하는데, 이는 매우 자세한 정보를 얻어내는 데에 유용한 기술이다. 반면에, 설문은 인구의 상당한 부분을 대변하는 정보를 얻을 때 사용하는 방법이며 비용이 저렴하다. 하지만 그 정보는 면담에서 얻는 정보만큼 정확하지 않을 수 있다.

Ⓐ 과학 연구에서 흔히 사용된다
Ⓑ 비용이 적게 든다
Ⓒ 자세한 정보를 제공한다
Ⓓ 많은 수의 사람들을 대상으로 한다
Ⓔ 부정확도가 높다

[해설] 문단의 내용은 흔히 사용되는 면담 조사와 설문 조사를 비교·약술하고 있다. 면담은 질문을 통해 자세한 정보를 얻을 수 있으므로 Ⓒ는 면담과 관련이 있다. 설문은 비용이 적게 들고 인구의 상당한 부분을 대변하기 위해 많은 수의 사람을 대상으로 하므로 Ⓑ와 Ⓓ는 설문과 관련이 있다. Ⓐ는 언급되지 않았고 Ⓔ는 설문이 면담보다 정확도가 떨어질 수 있다고 언급되어 있지만 부정확도가 높다는 언급은 없으므로 답이 될 수 없다.

[어휘] **conduct** 실시하다 **represent** 대변하다 **accurate** 정확한

04 [First Stage – Ⓐ, Ⓓ], [Second Stage – Ⓒ]

[해석] 지구의 석유 매장층 형성은 수백 만 년 동안 일어난 과정이다. 첫 단계에서, 미세한 식물과 동물이 태양으로부터 에너지를 흡수하는데, 이것은 나중에 이들의 체내에 탄소 분자로 저장된다. 이것들은 죽은 뒤에 바다 밑바닥까지 가라앉고 여러 층의 침전물로 덮인다. 그 다음 단계에서, 지구 내부 깊은 곳으로부터의 고열과 고도의 압력이 이 유기 물질을 석유로 전환되도록 하였다.

Ⓐ 바다 바닥에 가라앉기
Ⓑ 천연 가스와의 반응

Answer Keys 69

ANSWER KEYS

Ⓒ 지구 내부의 열과의 반응
Ⓓ 태양 에너지의 흡수
Ⓔ 탄소 분자의 방출

[해설] 지구의 석유 층이 어떤 식으로 형성되는지를 간략하게 설명한 문단이다. 단계를 두 개로 나눠 설명하였는데, 첫 단계는 태양 에너지를 유기체가 흡수한 뒤 이들이 바다 밑바닥에 가라앉고 침전물이 그 위를 덮는 것으로 끝난다. 그리고 두 번째 단계에서 지구 내부의 열과 압력으로 이들이 석유로 변하게 되는 과정을 거친다. 그러므로 Ⓐ와 Ⓓ는 첫 번째 단계와 관련 있고 Ⓒ는 두 번째 단계와 관련 있다. Ⓑ와 Ⓔ는 언급되지 않았다.

[어휘] **deposit** (광물) 매장층 **microscopic** (현미경으로 봐야 할 정도로) 미세한 **carbon** 탄소 **molecule** 분자 **sediment** 침전물 **organic** 유기체의 **reaction** 반응

BASIC DRILLS ▶ p. 140

01 [Horizon A – Ⓓ], [Horizon B – Ⓔ], [Horizon C – Ⓒ]

[해석] 갈색 삼림토는 적도 북쪽, 위도 35도와 55도 사이에 주로 분포해 있는 흙의 종류이다. 이 지역은 초원과 낙엽림 지대로 특징지어진다. 게다가 갈색 삼림토가 천연적으로 비옥하기 때문에, 이 땅의 많은 부분이 농사에 사용된다. 지질학자들은 일반적으로 갈색 삼림토를 세 종류로 분류하는데, 이를 층위라 부른다. A 층위는 주로 부엽토로 구성되며 깊이가 약 20cm이다. B 층위는 주로 무기물 물질로 구성되며 지렁이와 같은 유기체들이 옮겨 놓은 다른 유기 물질도 들어 있다. C 층위는 점질 양토와 같은 모재로 구성되며, 일반적으로 투과성이 높다.

Ⓐ 상록수림지대
Ⓑ 박테리아
Ⓒ 점질 양토
Ⓓ 부엽토
Ⓔ 유기 물질

[해설] 문단은 갈색 삼림토에 대해 자세하게 설명하고 있다. 갈색 삼림토의 종류를 세 가지 층위로 나눴는데, Ⓐ의 경우 갈색 삼림토가 위치한 지역의 특성이기는 하지만 어느 층위에 속하는지 설명되어 있지 않다. Ⓑ는 문단에서 언급되지 않았고 Ⓒ는 마지막 층위 설명에서 나왔으므로 C 층위와 연관이 있다. A 층위는 주로 부엽토로 구성된다고 했으므로 Ⓓ는 A 층위와 관련이 있다. B 층위에는 유기체들에 의해 옮겨진 유기 물질이 있다고 하였으므로 Ⓔ는 B 층위에 해당된다.

[어휘] **brown earth** 갈색 삼림토 **parallel** 위도, 평행선 **equator** 적도 **grassland** 초원 **deciduous** 낙엽성의, 매년 잎이 떨어지는 **woodland** 삼림 지대 **fertility** 비옥함 **horizon** 층위, 수평선 **humus** 부엽토 **organism** 유기체 **clay** 점토 **loam** 양토 **permeable** 투과성의

02 [Rise of Empire – Ⓐ], [Decline of Empire – Ⓓ, Ⓔ]

[해석] 오스만 제국은 1299년에 세워져서 제1차 세계대전 직후까지 지속되었다. 이 제국은 3개 대륙에 걸친 방대한 영토를 가지고 있었다. 처음에는 제국이 피정복민들을 군대로 편입시키고 이들을 그 지역의 정부 자리에 배치함으로써 영토 확장이 가능했다. 하지만 18세기 즈음에는 통치하는 술탄들이 일반적으로 무능한 것으로 여겨졌고, 전반적인 부패와 군사력의 쇠퇴가 제국의 쇠퇴로 이어졌다. 결국 제국은 평화와 질서를 지속시킬 수 없었고 유럽의 떠오르는 열강들이 제국의 과대 확장된 국경을 위협하면서 제국은 와해되었다.

Ⓐ 피정복민들의 동화

ⓑ 종교 개혁
ⓒ 유럽 열강의 문화적 우월성
ⓓ 효과적으로 통치하지 못하는 술탄들
ⓔ 영토의 과대 팽창

[해설] 필자는 오스만 제국이 영토를 확장하는 것이 가능했던 것은 피정복민을 군대로 편입시켜 정부 자리에 배치한 정책에 있다고 설명한다. 즉, 피정복민들 위에 군림하기보다는 이들을 안으로 끌어들였다는 얘기이므로 동화시켰다는 ⓐ의 설명과 일치한다. ⓑ의 종교 개혁이나 ⓒ의 유럽 열강의 문화적 우월성에 대한 언급은 전혀 없었으며, 제국이 쇠퇴할 무렵 술탄들이 무능했다고 했으므로 통치를 못했다는 ⓓ의 설명과 관련이 있다. 유럽 열강이 과대하게 확장된 제국의 국경을 위협했다는 언급이 있으므로 제국의 쇠퇴 당시 영토가 과도하게 팽창했음을 알 수 있다. 그러므로 ⓐ는 제국의 발흥과 ⓓ와 ⓔ는 제국의 쇠퇴와 관련이 있다고 할 수 있다.

[어휘] **vast** 방대한 **span** 걸치다 **incorporate** 통합시키다 **incompetent** 무능한 **decline** 쇠퇴 **sustain** 지탱하다 **dissolve** 와해되다, 흩어지다 **assimilation** 동화 **superiority** 우월성

03 [Megabats – ⓐ, ⓓ], [Microbats – ⓑ]

[해석] 과일박쥐로도 알려져 있는 큰박쥐류는 날개 폭이 1.7미터에 이르는, 비교적 큰 생명체이다. 이들의 커다란 크기에도 불구하고 큰박쥐류는 육식동물이 아니며, 오히려 과일류의 먹이로 연명한다. 대부분의 큰박쥐류는 훌륭한 후각을 가지고 있어서 먹이를 찾을 때 후각을 이용하여 길을 찾는다.

큰박쥐류와는 상반되게, 대부분의 작은박쥐류는 곤충을 먹고 살며 주변 환경을 탐사하거나 다른 종족들과 의사소통할 때 반향 위치 측정법을 이용한다. 생김새와 관련해서는 작은박쥐류에는 일반적으로 꼬리가 있는 반면 큰박쥐류에는 항상 꼬리가 없다. 또한, 작은박쥐류는 앞다리의 두 번째 발가락에 발톱이 없으며 이 두 번째 발가락이 세 번째 발가락과 함께 거의 접합되어 있는데, 이것은 그들이 비행을 더 잘 할 수 있도록 돕는다.

ⓐ 꼬리가 없는 것으로 알려져 있다
ⓑ 길을 찾기 위해 반향 위치 측정법을 이용한다
ⓒ 주로 고기로 된 먹이를 먹고 산다
ⓓ 매우 발달한 후각을 가지고 있다
ⓔ 비행에 도움이 되는 발톱이 있다

[해설] 큰박쥐류는 항상 꼬리가 없다고 하였고, 후각이 발달하여 이를 이용하여 먹이의 위치를 파악하고 길을 찾는다고 하였다. 그러므로 ⓐ와 ⓓ는 큰박쥐류와 관련 있는 것으로 연결하면 된다. 작은박쥐류는 반향 위치 측정법을 이용하여 주변 환경을 탐사하고 의사소통도 한다고 하였는데, 주변 환경을 탐사하기 위해서는 이를 이용해서 길도 찾아야 함을 추론할 수 있다. 그러므로 ⓑ는 작은박쥐류와 관련이 있다. 고기를 먹이로 삼는 박쥐류에 대한 설명은 없었고, 비행을 잘하기 위해 발톱이 없이 발가락이 붙어 있다고 하였다. 그러므로 ⓒ와 ⓔ는 두 박쥐류와 관련이 없다.

[어휘] **relatively** 비교적 **sizeable** 꽤 큰 **span** 폭 **carnivore** 육식동물 **subsist on** ~으로 연명하다 **navigate** 길을 찾다, 항해하다 **echolocation** 반향 위치 측정 **claw** 발톱 **forelimb** 앞발 **bond** 접합시키다

04 [Utilitarianism – ⓒ, ⓔ], [Libertarianism – ⓐ]

[해석] 농업 철학은 농업과 땅의 사용에 관한 결정을 내리는 것에 기여하는 윤리와 철학적 틀에 중점을 두는 연구 분야이다. 이 철학에는 여러 분파가 있는데, 그중 공리주의와 자유의지론이 가장 흔한 분파이다. 공리주의는 도덕적으로 옳은 행동이 인간들에게 가장 좋은 것을 낳는다고 보는 관점이다. 농사에서 이것이 의미하는 바는 사람들이 필요로 하는 작물을 길러서 인간을 이롭게 하는 데에 농장을 사용하는 것이다. 자유의지론은 다른 사람들의 권리를 침해하지 않는 한, 각각의 사람들에게는 자유에 대한 권리가 있다는 믿음이다. 이것이 의미하는 바는 다른 누군가를 해롭게 하지 않는 한, 농부는 원하는 어떠한 방법도 사용할 수 있다는 것이다.

ANSWER KEYS

Ⓐ 농사 방법을 선택할 자유를 지지한다
Ⓑ 농사는 최대의 이익을 위해야 한다고 주장한다
Ⓒ 도덕적으로 옳은 농사 방법에 대해 믿는다
Ⓓ 농사를 위한 부동산의 취득을 용인한다
Ⓔ 사람들이 필요로 하는 작물 재배를 선호한다

[해설] Ⓐ는 자유의지론의 입장과 관련이 있다. 공리주의라면 농사 방법을 결정할 자유 자체가 없이, 사람들에게 이로운 방법으로 농사를 지어야 한다. Ⓑ와 Ⓓ는 문단에서 언급되지 않은 내용이며, Ⓒ는 지문에서 설명한 공리주의의 기본 관점과 일치하며, Ⓔ는 공리주의가 농사에서 의미하는 바에 대한 문단의 설명과 일치한다. 그러므로 Ⓒ와 Ⓔ는 공리주의와 Ⓐ는 자유의지론과 연관이 있는 것으로 연결하면 된다.

[어휘] focus on ~에 중점을 두다, 집중하다　framework (생각의) 틀　branch 분파　morally 도덕적으로　farmland 농장
interfere with ~에 간섭하다, 방해하다　acquisition 취득　property 부동산

READING PRACTICE ▶ p. 144

[PASSAGE A]

01 Ⓐ　02 Ⓑ　03 [GDP – Ⓐ, Ⓒ, Ⓕ], [GNP – Ⓓ, Ⓖ]

[해석] 국내 총생산(GDP)와 국민 총생산(GNP) 모두 한 경제의 규모와 힘을 가늠할 때 사용되지만, 계산하고 이용하는 방식은 서로 다르다. GDP는 한 국가의 영토 경계 안에서 생산된 상품과 용역의 총 가치의 추정 값이다. 반면에 GNP는 한 나라의 모든 국민이 생산한 재화와 용역의 총 가치의 추정 값으로, 이것들이 국내에서 생산되든 국외에서 생산되든 관계가 없다. 일반적으로 GDP는 한 국가의 지역 경제 활동에 대한 정보를 더 많이 제공하는 반면, GNP는 한 국가의 경제적 역량, 다시 말해 그 국가의 국민 모두의 세계적 생산성에 대해 더 많은 것을 알려준다. 상황에 따라 변경될 수는 있지만, 일반적으로 GNP와 GDP는 둘 다 1년의 과정에 대해 계산된다.
GNP가 여전히 계산되고는 있지만 많은 국가들, 특히 미국은 지난 20년 동안 그들의 주요 경제 잣대로 GDP를 쓰는 것으로 바꿔왔다. 이는 전 세계 대부분의 국가들이 GDP가 자국의 경제 규모와 방향을 측정하는 데에 더 믿을 만하다고 느끼기 때문이다. 그 결과, GNP 숫자는 GDP 수치보다 더 적게 쓰인다.

01. 첫째 단락의 they는 무엇을 가리키는가?
Ⓐ 재화와 용역
Ⓑ 한 국가의 국민들
Ⓒ 경제 활동
Ⓓ GNP 수치

02. 필자는 둘째 단락에서 미국을 왜 언급하는가?
Ⓐ GNP에 더 중점을 두는 한 국가의 예로서
Ⓑ GDP에 더 중점을 두는 한 국가의 예로서
Ⓒ GDP와 GNP 양쪽 모두를 동등하게 사용하는 한 국가의 예로서
Ⓓ GDP의 계산법을 수정한 한 국가의 예로서

03. 선택지에서 적절한 문구를 골라서 이와 관련 있는 범주에 연결하라. 선택지 중에 2개는 사용되지 않는다. 이 문제는 3점이다.
Ⓐ 현재 흔히 사용되는 경제적 척도이다
Ⓑ 한 국가의 국민들의 수입을 나타낸다
Ⓒ 지역 경제에 대한 정보를 제공한다
Ⓓ 한 국가의 국내외 재화와 용역의 가치이다
Ⓔ 이웃한 국가들의 경제를 서로 비교할 때 사용된다
Ⓕ 한 국가 내에서 생산된 상품과 용역의 가치이다

ⓖ 한 국가의 경제적 역량에 대한 정보를 제공한다

[해설] **01.** 첫째 단락의 they 뒤에 연결되는 are produced 이하를 볼 때 생산되는 '무엇'임을 알 수 있다. whether는 양보절을 이끌고 있으므로 they는 양보절 바로 앞에 나오는 goods와 services를 가리킨다는 것을 알 수 있다. 이 문장 바로 앞의 문장과 On the other hand로 대구를 이루고 있으므로 앞선 문장에서 products와 services가 are produced의 주어라는 점을 감안해도 뒤 문장에서 are produced의 의미상 주어가 goods and services임을 알 수 있다. 그러므로 정답은 Ⓐ이다.

02. 필자가 둘째 단락에서 미국을 언급한 것은 GNP보다 GDP를 경제의 척도로 사용하는 국가들을 언급하면서 전 세계의 경제에 상당한 영향력을 미치고 있는 미국도 이들 중의 하나라는 점을 들면 GDP의 사용이 더 보편적이라는 것을 암시할 수 있었기 때문이다. 즉, 미국이 언급된 것은 GDP를 사용하는 나라의 좋은 예이기 때문이다. 정답은 Ⓑ이다.

03. 둘째 단락에서 GDP를 더 흔히 쓴다고 필자가 언급하고 있으므로 Ⓐ의 최근에 흔하게 쓰이는 경제 척도는 GDP와 관련이 있다. Ⓑ는 한 국가의 국민들의 수입을 언급하고 있는데, 얼핏 GNP 같지만 지문에서는 수입을 언급한 일이 없으므로 정답이 될 수 없다. 첫 번째 문단의 GDP에 대한 설명에서 지역 경제에 대해 더 많은 것을 알려준다고 하였으므로 Ⓒ는 GDP와 관련 있다. GNP는 국가 경계와 관련 없이 국민들이 국내외에서 생산한 것을 모두 합친 것이므로 Ⓓ는 GNP와 관련이 있으며, 반대로 Ⓕ는 GDP와 관련 있다. 다른 나라의 경제와 비교하는 것에 GDP나 GNP를 사용한다는 언급은 없었으므로 Ⓔ는 정답이 될 수 없고, 한 국가의 경제적 역량을 알려주는 것은 GNP이므로 Ⓖ는 GNP와 관련 있다. 정리하면 Ⓐ, Ⓒ, Ⓕ는 GDP와 Ⓓ, Ⓖ는 GNP와 관련이 있다.

[어휘] **gross** 총, 모두 합친 **domestic** 국내의 **estimate** 추정하다 **territorial** 영토의 **boundary** 경계 **productivity** 생산성 **shift** 바꾸다, 갈아타다 **reliable** 의존할 수 있는 **modify** 수정하다

[PASSAGE B]

01 Ⓓ **02** Ⓐ **03** [Slash and Burn – Ⓒ, Ⓔ], [Inga Alley Cropping – Ⓑ, Ⓕ]

[해석] 화전은 농사의 한 방법으로 농사에 적합한 밭을 조성하기 위해서 숲이나 삼림지대의 초목을 베어내고 불태우는 것으로 구성된다. 이 방법의 첫 번째 이점은 땅을 불태우는 과정이 토양에 영양분을 제공할 수 있다는 점이다. 보통은 건기 몇 달 전에 숲을 베어내는데, 이렇게 해서 땅이 마를 수 있도록 한다. 이어지는 건기에는 땅을 태워 토양을 비옥하게 하는 재를 생성한다. 이 방법의 다른 이점은 잡초와 해로운 박테리아를 옮기는 원치 않는 초목을 제거할 수 있다는 점이다. 이들은 이따금 제거되지 않으면 생태계에 해로운 영향을 줄 수 있다. 이상적으로는, 농사에 사용되는 부지를 여러 해에 걸쳐 번갈아 사용하면, 땅은 무기한으로 사용될 수 있다. 하지만 이러한 기법은 인구가 많은 곳에서는 지속 가능하지 않은데, 그것은 나무가 상당히 많지 않으면 토양의 질이 작물을 지속시킬 정도가 안 되기 때문이다.

이런 점에서, 잉가 앨리 농사법이 화전법의 한 대안으로 제안되어 왔다. 이 방법에는 잉가 나무의 열 사이에 농작물을 심는 것이 포함된다. 매년 토양의 비옥함과 좋은 수확을 유지할 수 있으며, 기름진 부지를 얻기 위해 열대 우림을 태울 필요가 없어진다.

01. 첫째 단락의 These가 가리키는 것은?
Ⓐ 토양의 영양분
Ⓑ 화전 농사법의 이점들
Ⓒ 생태계
Ⓓ 박테리아가 있는 초목들

02. 지문에서 잉가 앨리 농사법에 대하여 유추할 수 있는 것은 무엇인가?
Ⓐ 농부와 토양의 지속 가능성 모두에 득이 된다.
Ⓑ 비용 효율이 높은 농사법이다.
Ⓒ 몇몇 동물종이 멸종된 원인이 되었다.
Ⓓ 개발도상국에 유용한 기술이다.

03. 선택지에서 적절한 문구를 골라서 이와 관련 있는 범주에 연결하라. 선택지 중에 2개는 사용되지 않는다. 이 문제는 3점이다.
Ⓐ 잉가 나무를 수확하는 데에 유용하다
Ⓑ 열대 우림의 파괴를 방지한다

ANSWER KEYS

Ⓒ 필요 없는 초목을 제거한다
Ⓓ 균등한 농사로 이어진다
Ⓔ 인구가 많은 곳에서는 지속 가능하지 않다
Ⓕ 매년 땅을 재사용할 수 있도록 해준다

[해설] **01.** 첫째 단락의 These는 복수이므로 이것이 가리키는 것은 바로 앞의 bacterium의 복수형인 bacteria나 잡초와 bacteria를 옮기는 초목들이다. 그렇게 해야 생태계에 악영향을 미치고 종종 제거되는 대상이 될 수 있다. Ⓓ의 박테리아가 있는 초목이 정답이다.
02. 이 농사법을 쓰면 매년 토양을 쓸 수 있을 정도로 비옥함을 유지하고 좋은 수확을 얻을 수 있다고 했으므로 농부와 토양 지속 가능성 모두에 도움이 된다고 할 수 있다. 그러므로 정답은 Ⓐ이다. Ⓑ, Ⓒ, Ⓓ는 지문만으로는 알 수 없다.
03. 잉가 나무의 수확이나 균등한 농사와 관련된 얘기는 지문에 언급되지 않았다. 그러므로 Ⓐ와 Ⓓ는 분류 대상이 되지 않는다. 잉가 농법은 열대 우림을 태우는 화전을 대체할 수 있으므로 열대 우림 파괴를 방지할 수 있고 매년 땅을 재사용 할 수 있다고 하였다. 그러므로 Ⓑ와 Ⓕ는 잉가 앨리 농사법으로 분류하면 된다. 화전은 필요 없는 잡초와 초목을 불태워 농지를 마련하지만 인구가 많은 경우 사용할 수 없는 농법이라 했으므로 Ⓒ와 Ⓔ가 관련이 있다. 그러므로 이것들은 화전 농사법으로 분류하면 된다.

[어휘] **slash-and-burn** 화전의   **woodland** 삼림 지대   **nutrient** 영양분   **fertilize** 비옥하게 하다   **detrimental** 해로운   **ecosystem** 생태계   **alternate** 번갈아 하다   **plot** 부지   **indefinitely** 무기한으로   **sustainable** 지속 가능한   **substantial** 상당한   **crop** 작물   **in this regard** 이런 점에서   **harvest** 수확   **eliminate** 없애다   **rainforest** (열대) 우림

iBT PRACTICE ▶ p. 148

01 Ⓑ   **02** Ⓓ   **03** Ⓒ   **04** [Archaic Indians – Ⓑ, Ⓒ, Ⓕ], [Paleo Indians – Ⓐ, Ⓓ]

[해석] **북아메리카의 고대시대**

후기 홍적세의 인디언은 북아메리카 대륙의 최초의 거주자였는데, 이들은 먹을거리와 입을거리 그리고 도구의 주요 공급원으로 털북숭이 매머드나 대형 들소, 엘크처럼 큰 사냥감을 사냥했다. 이들은 사냥감을 따라다니기 위하여 매우 작은 무리를 지어 끊임없이 육지를 돌아다녀야 했다. 빙하기가 끝나면서 동물 무리들이 줄어들기 시작했고, 이는 대형 동물들의 멸종과 후기 홍적세 인디언들의 삶의 변화로 이어졌다. 이 기간 동안 고대 인디언들은 서서히 홍적세 인디언들을 대체했다. 이 기간을 이른바 고대 시대라고 하는데, 대략 기원전 8,000년부터 1,000년 사이의 기간이다. 기후에 광범위한 변화를 야기하면서 빙하기가 끝나자, 북아메리카 대륙에 살던 민족은 식생활을 상당히 바꾸기 시작하였다. 고대 인디언들은 더 작은 동물들을 사냥하고 물고기를 잡기 시작했으며, 야생 과일과 작물을 채집하는 것을 대단히 중시하기 시작했다.

고대 민족은 작물이 자라나는 계절에 맞춰 익숙한 지역들로 돌아다니기 시작했다. 봄과 여름, 이른 가을에는 여자들이 씨앗과 견과류와 과일을 수확했다. 남는 식량은 모두 나중을 위해서 저장되었다. 북아메리카에서 가장 중요했던 씨앗 중의 하나가 해바라기씨였는데 이는 지방과 탄수화물을 충분히 공급해주었다. 이들은 심지어 씨앗을 갈기 위한 다양한 연장과 도구들을 개발하였는데, 이것으로 요리에서 창의성이 크게 증가하였다.

재배된 식량의 다른 예들에는 호두와 버터너트, 도토리가 있다. 고고학적 증거에 의하면 고대 시대가 끝나가면서 애리조나와 뉴멕시코 같은 지역에서는 옥수수가 주요 수확 작물이었다고 한다. 미국의 좀 더 북쪽 지역에서는 박 모양의 호박이 식량으로 이용되었을 뿐 아니라 그릇이나 부엌용품, 심지어는 어망 부표 같은 실용적인 목적으로도 사용된 것으로 밝혀졌다.

01. 첫째 단락의 They가 가리키는 것은 무엇인가?
Ⓐ 거대한 사냥감들
Ⓑ 후기 홍적세의 인디언들
Ⓒ 거주자들
Ⓓ 털북숭이 매머드들

74

02. 다음 중 북아메리카의 고대 민족이 수확한 식량이 아닌 것은?
Ⓐ 과일
Ⓑ 옥수수
Ⓒ 호박
Ⓓ 퀴노아

03. 필자는 왜 해바라기씨의 중요성을 언급하는가?
Ⓐ 고대 민족이 독이 든 음식을 먹는 것을 어떻게 극복했는지 설명하기 위하여
Ⓑ 해바라기씨가 얼마나 쉽게 자라나는지를 설명하기 위하여
Ⓒ 해바라기씨를 에너지를 얻는 영양의 원천으로 강조하기 위하여
Ⓓ 새로운 도구를 창조해야 할 필요성을 설명하기 위하여

04. 선택지에서 적절한 문구를 골라서 이와 관련 있는 범주에 연결하라. 선택지 중에 2개는 사용되지 않는다. 이 문제는 3점이다.
Ⓐ 육지에서 계속에서 돌아다녔다
Ⓑ 주로 작물과 과일, 씨앗을 먹었다
Ⓒ 물건을 갈기 위해 도구를 개발했다
Ⓓ 거대한 동물을 사냥했다
Ⓔ 물고기 잡는 것을 매우 강조했다
Ⓕ 익숙한 장소에 정착할 수 있었다
Ⓖ 식량을 두고 싸웠다

[해설] 01. 바로 앞 문장에서 거대한 사냥감을 사냥한 것이 Paleo Indians라고 했고, 이어지는 문장에서도 They가 바로 그 사냥감을 쫓아 이동을 한다고 나왔기 때문에 They는 Paleo Indians이다. 그러므로 정답은 Ⓑ이다.

02. 북아메리카의 고대 민족은 과일과 작물을 채집하는 것을 매우 중시했다고 하였다. 그리고 고대 기간이 끝나갈 무렵에는 옥수수가 주요 수확 작물이었다는 증거도 있다고 언급했고, 박 모양의 호박이 여러 용도로 사용되었다는 얘기도 있으므로 Ⓐ, Ⓑ, Ⓒ는 고대 민족이 수확한 식량일 것이다. Ⓓ의 퀴노아는 지문에서 언급되지 않았다.

03. 필자는 해바라기씨를 중요한 씨앗 중의 하나였다고 했는데, 이는 지방과 탄수화물을 충분히 공급하는 식량원이었다는 점에서 그러했다. 탄수화물과 지방이라는 구체적인 영양소를 들어 설명한 것이므로 에너지를 얻는 영양의 원천으로 해바라기씨를 강조하려 했던 것으로 보인다. 그러므로 정답은 Ⓒ이다.

04. Ⓐ와 Ⓓ는 큰 사냥감을 위해 끊임없이 돌아다닌 후기 홍적세 인디언들에 관한 내용이다. Ⓑ는 빙하기 이후 과일과 작물을 모으는 것을 중시하고 씨앗을 수확했다는 내용이 나오므로 고대 인디언들과 관련이 있고, 이들이 씨앗을 갈기 위한 여러 종류의 연장과 도구를 개발했다는 언급이 지문에 있으므로 Ⓒ도 고대 인디언들과 관련 있다. 그리고 고대 인디언들이 작물이 자라는 계절에 맞춰 익숙한 장소에서 돌아다녔다고 언급하므로, 이는 익숙한 장소를 중심으로 정착했음을 의미한다. 그러므로 Ⓕ도 고대 인디언과 관련이 있다. 낚시는 언급되었지만 매우 중요시되었다는 언급은 없으므로 Ⓔ는 정답이 아니고, Ⓖ도 언급되지 않았으므로 정답이 아니다. 정리하면 Ⓑ, Ⓒ, Ⓕ는 Archaic Indians와 관련이 있고 Ⓐ와 Ⓓ는 Paleo Indians와 관련이 있다.

[어휘] **Paleo Indian** 후기 홍적세의 인디언 **inhabitant** 거주자, 주민 **game** 사냥감 **bison** 들소 **elk** 엘크, 사슴류 **herd** 집단, 떼 **shrink** 줄어들다 **extinction** 멸종 **Archaic** 고대기의 **harvest** 수확하다 **surplus** 나머지, 잔여 **store** 저장하다 **adequate** 충분한 **carbohydrate** 탄수화물 **implement** 도구 **acorn** 도토리 **maize** 옥수수 **gourd** 박 **squash** 호박 **utensil** 부엌용품 **fishnet** 어망 **poisonous** 독성이 있는 **nutritional** 영양의

ANSWER KEYS

ACTUAL TEST 1 ▶ p. 150

PASSAGE 1
01 Ⓐ 02 Ⓓ 03 Ⓑ 04 Ⓑ 05 Ⓒ 06 Ⓐ 07 Ⓓ 08 Ⓐ 09 Ⓒ 10 Ⓒ
11 Ⓒ 12 Ⓑ 13 Ⓓ 14 Ⓒ, Ⓔ, Ⓕ

PASSAGE 2
15 Ⓐ 16 Ⓑ 17 Ⓒ 18 Ⓑ 19 Ⓐ 20 Ⓓ 21 Ⓐ, Ⓒ 22 Ⓐ 23 Ⓑ 24 Ⓒ
25 Ⓓ 26 Ⓒ 27 [North – Ⓒ, Ⓔ, Ⓖ], [South – Ⓐ, Ⓕ]

PASSAGE 3
28 Ⓑ 29 Ⓐ 30 Ⓓ 31 Ⓐ 32 Ⓓ 33 Ⓐ 34 Ⓑ 35 Ⓒ 36 Ⓒ 37 Ⓑ
38 Ⓐ 39 Ⓒ 40 Ⓒ 41 Ⓐ, Ⓑ, Ⓕ

ACTUAL TEST 2 ▶ p. 168

PASSAGE 1
01 Ⓑ 02 Ⓒ 03 Ⓓ 04 Ⓑ 05 Ⓐ 06 Ⓓ 07 Ⓐ 08 Ⓐ 09 Ⓑ 10 Ⓒ
11 Ⓑ 12 Ⓓ 13 Ⓒ 14 Ⓐ, Ⓒ, Ⓓ

PASSAGE 2
15 Ⓑ 16 Ⓑ 17 Ⓓ 18 Ⓒ 19 Ⓑ 20 Ⓑ 21 Ⓓ 22 Ⓑ 23 Ⓑ 24 Ⓐ
25 Ⓓ 26 Ⓓ 27 [Non-Renewable Sources – Ⓑ, Ⓓ, Ⓕ], [Renewable Sources – Ⓒ, Ⓖ]

PASSAGE 3
28 Ⓒ 29 Ⓐ 30 Ⓑ 31 Ⓓ 32 Ⓒ 33 Ⓒ 34 Ⓐ 35 Ⓓ 36 Ⓑ 37 Ⓒ
38 Ⓓ 39 Ⓑ 40 Ⓒ 41 Ⓐ, Ⓑ, Ⓔ